우리가 외로움이라고 부르는 것에 대하여

.

A BIOGRAPHY OF LONELINESS
ⓒ Fay Bound Alberti 2019

우리가 외로움이라고 부르는 것에 대하여

페이 바운드 알베르티Fay Bound Alberti 지음

서진희 옮김

미래의창

서문

누구도 홀로 외딴 섬일 수 없다

왜 하필 외로움^{loneliness}인가? 이 책을 쓴다고 했을 때 사람들은 내게 이렇게 물었다. 물론 모든 이가 그런 건 아니었다. 살면서 외로워본 적이 없고, 그 어두운 아픔의 끝을 느껴보지 못한 사람들이 주로 그러한 질문을 던졌다. 그런데 내가 글을 쓰기 시작한 지 1년도 되지 않아, 외로움은 도처에 만연한 주제가 되었다. 언론에서도 줄곧 외로움을 이야기한다. 영국에서는 전역에 퍼진 외로움을 따로 관장하기 위해 장관직이 신설되기까지 했다. 21세기 초반 우리는 '외로움이라는 유행병'의 한가운데서 이것이 점차 피할 수 없는 현상이 될 것을 염려하고 있다. 외로움에 관한 담론은 더욱더 확산했으며 이제는 사회 구조를 이루는 한 부분이 되었다. 외로움이 수많은 불만족스러운 상태를 대변하는 일종의 대용품이 된 것도 같다. 마치 온갖 감정을 담을 수 있는 커다란 주머니처럼 말이다. 행복하지 않으며 관계가 단절된 느낌, 우울, 소외감, 고립을 나타내는 약칭으로 '외로움'이란 말이 쓰이게 된 것이다. 예외가 있기는 하다. 때로는 외로움을 추구하고 이를 바라는 이들도 있다. 나름의 역사를 지닌 고독solitude만이 아니라 신체, 감정, 상징, 감각, 사고방식이 타인과 다르거나 단절되었다는 고통스러운 느낌인 외로움도 그 대상이다. 그렇다면 외로움이란 무엇이며, 왜 그렇게 흔한 현상이 된 걸까? 감정과 육체를 함께 지닌 인간을 오랫동안 탐구해온 문화 역사가인 나로서는 사람들이 인지는 했으나 아직 규정하지 못한 감정 상태로 인해 얼마나 빠른 속도로 문화적인 공황 상태에 빠질 수 있는가와 같은 문제에 강한 호기심이 발동한다. 분노, 사랑, 두려움, 슬픔 등의 다른 감정들처럼 외로움이 맥락에 따라 얼마나 다른 의미를 나타낼 수 있을지도 흥미롭다. 외로움이 정신적인 동시에 육체적이기도 하다는 사실 역시 마찬가지다. 그리고 개인적인 경험인 외로움이 어떻게 성별, 민족성, 연령, 환경, 종교, 과학, 심지어 경제와 같은 더 큰 사회적 이해관계에 따라 생겨나고 동시에 그것을 반영하는지도 궁금해졌다.

살면서 나는 줄곧 외로웠다. 어린 시절과 10대, 작가, 엄마, 아내, 이혼녀라는 다양한 방식으로 나는 외로움을 경험했다. 삶의 단계마다 우리가 어떤 명패를 부여하든 나는 그것을 통해 외로움에 대한 아이디어를 얻었다. 외로움에도 나름의 생애 주기가 있다. 고정된 것이 아니라 시간에 따라 계속 변화하는 살아 있는 동물 같은 존재인 것이다. 역사적으로 외로움은 '근대의' 정서로서 처음 그 모습을 드러냈으며 여러 의미가 내포된 개념이었다. 이 책에서 나는 몸과 마음, 대상, 장소에 따라 외로움이 나타나는 다양한 방식과 함께, 역사 속에서의 외로움이라는 개념에 대하여 살펴볼 것이다.

사람뿐 아니라 장소 또한 외로움을 경험하는 데 있어 중요한 요소다. 나는 영국 웨일스의 외딴 언덕 꼭대기에서 자랐다. 내가 10대였던 1980년대에는 인터넷도 없었고, 가정에 전화기도 대부분 없었다. 가장 가까운 이웃도 1~2킬로미터는 떨어진 곳에 있었다. 우리 가족은 그곳에서 가난과 불행, 상처를 경험했다. 우리는 너무나도 영국인다웠기 때문에 웨일스어를 사용하는 마을 사람들과 잘 어울리지 못했다. 우리 가족은 그곳에서 히피 같은 존재였으며 이방인이었다. 나는 고립되어 있었고 외로웠다. 그렇다고 내가 버티기만 했던 건 아니다. 나는 외로움을 즐겼다. 천성적으로 내성적인 나는 숲속에서 이야기를 짓고 나만의 친구들을 만들어내며 지냈다. 그래서 당시 내 교우 관계는 허구의 인물들로 가득했다. 그런데 과연 이걸로 충분했을까?

어린아이였을 땐 괜찮았지만 더 커가면서는 아니었다. 우리가 변화할 때 욕구도 그에 따라 바뀐다. 외로움에 대한 경험 또한 마찬가지다. 젊은 시절의 외로움이 노년기까지 습관처럼 이어질 수 있으므로 노인들이 겪는 우울함을 줄이기 위해서는 최대한 빨리 개입해야 되는 것이다. 외로움, 특히 결핍과 관련된 만성적인 외로움은 치명적이다. 사회적·정서적으로 다른 사람들로부터 단절되면 병이 날 수 있다. 만성적인 외로움은 정신적·육체적 건강 문제나 중독, 학대 등으로 오랜 기간 고통을 받은 사람들이 느끼는 경우가 많다.

반대로 대학에 진학하면서 이사하거나 직장을 옮기고 이혼하는 등 살면서 잠시 겪는 일시적인 외로움은 때로 개인 성장에 자극이 되고 다른 이들과의 관계에서 자신이 원하는 바가 무엇인지 생각해볼 기회를 주기도 한다. 사람들은 군중 속 외로움, 혹은 상대방이 곁에 있어도 그 사람과 분리된 듯한 외로움은 원하지 않을 것이며, 이는 가장 원치 않는 결핍의 상태다. 하지만 외로움이 어두운 그림자가 아닌 삶의 선택이자 동반자가 될 수도 있다. 때로는 외로움도 긍정적이고 발전적인 결과를 불러일으킨다. 그를 통해 생각하고 성장하고 배울 수 있는 계기가 될 수 있는 것이다. 이때의 외로움은 그저 고독이나 혼자 있는 상태를 의미하는 게 아니라, 자신의 한계를 제대로 인식하고 이를 통해 다시 회복될 수 있는 상황을 말하는 것이다. 어떤 이들은 외로움에 발을 들여놓았다가 다시 빼냈다 하면서 외로움을 물웅덩이보다 조금 더한 정도로 가볍게 생각하기도 한다. 그러나 어떤 사람들에게는 외로움이란 끝이 보이지 않는 망망대해와 같이 막막하게만 여겨진다.

외로움은 과연 치료할 수 있는 것일까? 더 정확히 말해, 스스로 원하지 않는 외로움을 고칠 수 있을까? 모든 상황이 같은 게 아니므로 치료 여부 또한 각 상황에 따라 달라지겠지만, 즉시 효과가 나타나는 특효약이나 만병통치약 같은 건 없다. 근대 사회의 고통인 외로움은 덜 포괄적이고 덜 집단적이며, 좀 더 과학적이고 의학적인 개인주의에 기반을 둔 새로운 사회가 형성되던 시기에 그 틈을 타고 성장했다. 개인은 세상과 단절될 때 가장 외로움을 많이 느낀다. 이러한 단절은 신자유주의와 떼려야 뗄 수 없는 특징이지만, 살면서 절대 피할 수 없는 인간 조건인 것은 아니다.

1624년 시인 존 던John Donne은 이렇게 말했다. "나는 그 누구의 죽음에도 상처받는다. 왜냐하면 나는 인류의 일원이기 때문이다." 우리는 필연적으로 자신보다 더 큰 집단에 속하게 된다. 노인들이 곁에 아무도 없이 홀로 나이 드는 것을 두려워하고, 폭행 피해자가 정서적으로 어떤 도움도 받지 못하며, 노숙자들이 취약한 상태에 놓이는 이런 모든 상황이 불가피한 것이라 말할 수는 없다. 이처럼 집단으로 발생하는 강제적인 외로움은 환경과 이데올로기로 인해 생기는 결과다. 부자들도 외롭고 고립될 수 있다(사실 그런 경우가 자주 있다). 돈이 '친밀한 관계'를 보장하는 것은 아니기 때문이다. 하지만 이것은 가난으로 인한 사회적 고립과는 다른 종류의 외로움이다. 18세기부터 자기 자신과 세계 그리고 개인과 사회, 공공과 민간 사이에 발달한 여러 가지 구분과 분열과 계층이 개인주의 철학과 정치를 통해 구체화되었다. 같은 시기에 외로움이라는 단어가 생겨난 것이 단지 우연의 일치일까?

외로움이 유행병 같은 것이라면 그것이 우리 사회에 자리 잡기 전에 뿌리째 뽑아버려야 할 것이다. 그렇다고 모든 외로움이 나쁘다거나, 무언가 결핍감을 느끼는 외로움이 근대 이전에 존재하지 않았다는 얘기는 아니다. 외로움의 근대성에 대한 반박도 있다. "외로움이란 단어가 1800년 이전에 존재하지 않았다는 이유만으로 당시 사람들이 외로움을 느끼지 않았다고 할 수는 없다." 이에 대해 나는 간략히 이렇게 말하고자 한다. 외로움이라는 단어를 만든다는 자체가 새로운 감정 상태를 규정하는 것이라고. 근대 이전에는 고독을 부정적으로 보기도 했으며, 홀로 있는 상태를 안 좋게 여기기도 했다. 그러나 당시에는 철학과 정신의 틀 자체가 지금과 달랐다. 근대 이전에는 신에 대한 보편적인 믿음(보통 가부장적인 신이 세상에 대한 의식을 제공했다)을 통해서 그것이 좋든 나쁘든 세상에서의 관계나 소속감이라는 틀을 제공했지만, 지금은 그러한 틀이 더 이상 존재하지 않는다. 은둔하며 홀로 살면서도, 정신적으로는 언제나 신과 함께 하는 중세 시대 수도승이 느끼는 상실감과 결핍은 그러한 서사적 틀을 지니지 못한 현대인들이 느끼는 그것과는 다를 것이다. 21세기를 살아가는 우리는 스스로 알아서 자신의 삶을 만들어가게 되었으며 집단적인 소속감보다 자기 확신과 개성이 훨씬 중요해진 세상을 살아가고 있다.

이 책을 통해 외로움에 대해 완벽히 알 수 있다고 말할 수는 없다. 이 책은 그저 외로움에 대한 하나의 일대기일 뿐이다. 그래도 현 시대의 외로움을 바라보고 탐색하는 새로운 방식을 열고, 그 신체적·심리적 의미를 통찰해볼 수는 있을 것이다. 또한 몸과 마음이 분리되어 있는 이중성을 살펴보기 위해서는 오랜 기간 동안 더 확대된 시각으로 접근해야 할 것이다. 근대 초기에는 몸과 마음이 분리되어 있지 않았으며, 감정(또는 열정)을 전인적인 시각에서 바라보았다. 하지만 오늘날에는 외로움을 정신적인 고통으로 여기게 되었고, 그러면서도 마음을 돌보는 만큼 몸을 아끼는 태도 또한 중요하게 생각한다.

나는 이 책을 쓰는 동안 육체적인 외로움에 깊은 흥미를 가지게 되었다. 가령 외로움으로 얼마나 뱃속이 텅 빈 느낌이 들 수 있는지와 같은 것이다. 나는 외로움이 내 몸에 어떻게 구현되는지 관찰했다. 자극적인 향이 나는 비누와 향초를 마구 사들이고, 음악 감상과 명상을 이어갔으며, 개들을 쓰다듬고 아기들 목에서 나는 향내를 맡았다. 우리 아이들을 안아주고, 아령도 들었으며, 하루에 몇만 보씩 걷기도 했다. 그리고 채소를 썰고 요리하고 잠을 잤다. 내 몸을 돌보다 보니 내가 속한 공동체에 대해서도 생각해보게 되었다. 육체에 주목하고 정서적인 경험을 인식하니 마음이 편안해졌으며, 어떤 이성적 사고에 대한 인지보다도 훨씬 크게 느껴졌다. 다른 감정 상태와 마찬가지로 외로움 역시 정신적이면서도 육체적이라는 점을 다시 한번 확인할 수 있었다. 어쨌든 우리는 몸으로 구현된 존재이며 그러므로 우리가 속한 세상 또한 믿음 체계, 사물, 동물, 사람과 같은 다른 존재와의 관계를 통해 정의된다.

나는 이런 생각을 바탕으로 이 책을 쓰게 되었다. 그리고 다음 단계를 모색하던 중 나를 지지해준 사람들을 만날 수 있었다. 여러 면에서 내게 힘을 실어준 그들에게 감사의 인사를 전하고 싶다. 엠마와 휴 알베르티, 제니 칼코인, 니콜라스 케스너, 스테프 이스토우, 패트리샤 그린, 조 젠킨즈, 마크 제너, 브리짓 맥더모트, 패디 리카드, 바버라 로젠와인, 바버라 테일러, 산드라 비건 그리고 2017년 유럽 철학 협회에 감정의 역사에 대한 기조연설자로 초청해준 하비에르 모스코소께 감사드린다. 그곳에서 나는 이 책의 몇 가지 아이디어를 시험해볼 수 있었다. 적당한 시기에 자신의 돌봄 프로젝트에 대해 알려준 사라 네틀턴에게도 감사드린다. 또한 함께 토론해주었을 뿐 아니라 외로움에 대한 유익한 통찰까지 선사해준 요크대학교 및 요크대학병원 관계자, 그중에서도 특히 홀리 스페이트, 샐리 고든, 리디아 해리스, 바베시 파텔, 이본 벅스, 앤드루 그레이스, 케이트 피켓, 닐 윌슨, 캐런 블로어께 감사의 마음을 전한다. 나는 소니아 존슨과 알렉산드라 피트먼이 이끄는 '정신 건강 네트워크Mental Health Network'의 'UCL University College London 외로움과 사회적 고립Loneliness and Social Isolation'의 일원이 되어 무척 행복했다. 토론에 초대해준 '외로움 끝내기 캠페인 Campaign to End Loneliness'의 켈리 페인과 자신의 연구를 공유해준

스테파니 카치오포, '경제·사회 연구위원회 ESRC 칼럼'에 참여할 수 있게 해준 파멜라 퀼터께도 감사드린다. 아이디어를 논하며 그토록 열렬하고 감성적인 반응을(게다가 감사하게도 예술적인 시각까지) 보여준 밀리 바운드와 제이콥 알베르티께도 감사를 전한다. 마지막으로 내가 홀로 있음^{oneliness}의 상태에서 외로움으로 넘어가던 시기에 통찰력 있는 너그러운 조언을 선사해준 《이모션리뷰$^{Emotion\ Review}$》의 피터 스턴스와 익명의 평가자들께도 진심으로 감사의 마음을 전하고 싶다.

런던에서
페이 바운드 알베르티

차례

외로움은 좋지도 나쁘지도 않다. 그것은 끝없이 강렬하게
자신을 인지하는 순간이며, 완전히 새로운 감성과 인식을
가능하게 함으로써 자기 존재와 타인 그리고 자기 자신과
근본적으로 깊이 있게 만나는 시작점이 된다.

클라크 무스타카스Clark Moustakas, 《외로움》

사람은 홀로 태어나 혼자 죽음을 맞는다.
두 지점 사이의 가치는 믿음과 사랑에 있다.
기하학적으로 원이 하나인 것도 이 때문이다. 모든 것은
타인에게서 온다. 그러므로 타인에 닿을 수 있어야 하며,
그렇지 않으면 혼자가 될 것이다.

루이즈 부르주아Louise Bourgeois, 《아버지의 죽음》

'현대의 유행병' 외로움

외로움은
21세기의 역병이다.

《이코노미스트》, 트위터 2018

비틀즈의 〈리볼버Revolver〉 앨범에 실린 '엘리너 릭비Eleanor Rigby'
는 그룹의 전설적인 멤버인 폴 매카트니가 만든 노래다. 매카
트니는 어린 시절부터 노인들을 불쌍히 여겼는데, 결혼식장
에서 혼자 쓸쓸하게 쌀알(결혼식을 축하하기 위해 꽃가루 혹은 쌀
을 뿌리는 풍습이 있었다 – 옮긴이 주)을 줍고 있는 엘리너 릭비를
묘사함으로써 '나이 들고 외로운 독신 여성'의 이미지를 노래
에 담았다. 더 넓은 관점에서 봤을 때 이 노래는 1960년대 영
국과 미국에서 일어난 사회 변동과 관련 있는, 현대 사회를 향
한 우려를 다룬 것이다. 시민 평등권 운동이나 베트남 반전 운
동과 같은 반체제 정서가 퍼진 가운데, 사회·경제 구조의 변
화와 도시화의 심화는 더 많은 이가 전통적인 가족 형태에서
벗어나 홀로 살고 있음을 의미했다. 영국에서는 노숙자와 빈
곤 문제 그리고 그에 따른 의학적·사회적인 병폐가 증가하고
있었다. 비틀즈는 "이 모든 외로운 사람, 이들은 모두 어디서
온 걸까?"라는 '엘리너 릭비'의 가사에서 점차 심각해지는 현

대 사회의 외로움에 사람들의 이목을 집중시켰다.

반세기가 지난 후 외로움은 공중 보건에 치명적이고,《이코노미스트》에 따르면 정서적으로 역병에 비견할 만한 '유행병'이 되었다. 외로움이 역병처럼 전염되며 심신을 쇠약하게 한다는 의미다. 외로움은 어떻게든 막아야 하는 두려운 대상이며 사회 곳곳에 퍼져 있는 일반적인 현상이 되었다. 유수한 영국 의학잡지를 비롯해 일반 언론들마저 이구동성으로 영국이 외로움이라는 유행병을 앓고 있다고 말한다. 연구에 따르면 영국과 북미의 설문 응답자 가운데 대략 30~50퍼센트가 외로움을 느낀다고 답했다고 한다. 사실 영국은 '외로움에 있어서 유럽의 수도'라 불려왔다. 이런 표현은 영국이 자진해서 브렉시트라는 정치적으로 외로운 선택을 고려하기 이전부터 만들어진 것이다. 아이들도 외롭고 10대도 외롭다. 젊은 엄마들도 그러하며, 이혼한 사람, 노인, 유가족 또한 외롭다. 우리는 분명 정신적인 공황 상태의 한가운데 놓여 있다.

외로움에 대한 우려가 커지자 2018년 1월 영국 정부는 외로움에 대처하기 위한 부서를 신설하고 장관직에 트레이시 크라우치Tracey Crouch를 임명했다. 크라우치는 2년 전 극우 지지자에 의해 비참하게 살해된 노동당 하원의원 조 콕스Jo Cox가 하던 일을 계속하게 되었다. 하지만 같은 해 연말 크라우치는 개혁이 늦춰진다는 이유로 스스로 자리에서 물러났다. 그 자리에 대한 언론의 관심은 지대했지만 외로움에 대한 인구 통계학적 불평등을 초래할 수 있는 사회 보장과 복지 혜택 감축 같은 사안에 대하여 어떻게 정부의 긴축 목표에 대응해야 할지 참고할 만한 자료가 전혀 없었던 것이다. 조 콕스는 생전에 사회적으로 고립되고 경제적으로 취약한 상태에 있는 소수집단과 난민들을 지원하는 일에 몸바쳐왔다. 콕스가 하던 사업은 '조 콕스 외로움 위원회Jo Cox Loneliness Commission'를 통해 계속되고 있다. 콕스는 영국의 EU 탈퇴 여부를 결정하는 국민투표를 준비하는 와중에 살해됐다. 영국독립당이 유권자들에게 EU에 남는 선택을 하면 이민자들이 영국에 벌떼처럼 몰려들게 될 거라며 경고하던 때였다. 콕스 살해범은 "영국을 위해서" 콕스를 죽였다고 말했다.

콕스 살해범은 오랫동안 정신 건강 문제와 더불어 외로움과 고립을 겪어온 사람이었다. 언론에서는 그를 (주로 테러를 저지르고, 이웃이나 친구들과 어울리지 못하는 사람들에게 쓰는 용어인) '외톨이loner'라고 지칭했다. 우리는 이 비극적인 상황을 통해 외로움에도 두 종류가 있음을 알 수 있다. 조 콕스가 말했던 사회적인 접촉이 필요한 사람들의 외로움이 있고, 위험한 반사회 성향을 지닌 '외톨이'가 될 징후로 보이는 외로움이 있는 것이다. 이러한 차이점은 외로움에 대하여, 즉 그 어원이나 뜻은 무엇이고 고독과는 어떤 관련이 있으며 다양한 사람이 외로움을 어떻게 경험하는지 그리고 결정적으로 외로움이 시간에 따라 어떻게 변화하는지에 대해 우리가 얼마나 모르고 있는지를 알려준다.

이 책에서 나는 외로움의 역사와 의미를 사회·심리·사회·경제·철학의 맥락에서 살펴보려 한다. 또한 외로움이 근대에 유행병처럼 출현하고 이후 '엘러너 릭비'가 나온 때부터 명백히 폭발적으로 증가하게 된 과정을 살펴볼 것이다. 1966년과 2018년 사이에는 무슨 일이 있었기에 외로움이 정치적·대중적 의식의 맨 앞에 놓이게 된 것일까? 현대의 외로움은 과거와 어떤 관련성이 있을까? 인간이 늘 외로웠던가? 외로움이 왜 이토록 문제가 된 걸까?

이에 대한 답 가운데 하나는 외로움을 어떻게 규정하느냐에 달려 있다. 외로움을 두려워하면 더 외로워진다. 이런 현상은 나이 들수록 혼자가 되고 취약해질 것을 두려워하는 노인들에게서 발견된다. 더욱이 1960년대부터 사회·경제·정치에서의 커다란 변화가 시작되면서 외로움이 대중과 정부의 인식 전면에 떠오르게 되었다. 외로움을 불러일으킨 변화로는 생활비 상승, 인플레이션, 이주민 문제, 가족 사회 구조의 변동이 있으며, 1980년대 마거릿 대처의 '자유 방임주의 laissez-faire(불어로는 말 그대로 '하게 내버려 둔다'라는 뜻임) 정책' 그리고 개인화에 따른 사회와 집단 개념에 대한 인식 저하를 들 수 있을 것이다. 사회·경제·정치적 변동 속에서 질병에 소요되는 재정적인 비용을 둘러싸고 강한 정치적 이해관계가 생성되었다. 광범위하게 정서와 신체의 질병을 일으키는 외로움은 국가적·경제적 부담으로 이어진다. 외로움과 관련 있는 질병은 우울증과 불안 증세부터 심장마비, 뇌졸중, 암, 면역력 저하까지 그 원인과 진행 방향에 따라 다양한 분류가 가능하다. 외로움 그리고 정신과 육체의 허약함 간의 관련성은 특히 노인들을 대상으로 면밀히 관찰되고 있다. 영국 국민건강보험 NHS 홈페이지에 발표된 내용에 따르면 외로운 노인이 그렇지 않은 노인들보다 심장질환과 뇌졸중, 치매, 우울증, 불안 증세로 인해 더 일찍 사망할 확률이 30퍼센트 높다고 한다.

위와 같은 상황을 감안하면 외로움을 현대의 '유행병'이라고 부르는 것도 당연해 보인다. 하지만 이 용어에는 정치적·사회적으로 강한 파급효과가 뒤따른다. 외로움이 어떤 의미를 지니고 왜 생기는지에 대해 깊이 있게 역사적인 정보에 기반한 논의를 하는 대신 뻔한 정치적 문구나 만들어낼 수도 있는 것이다. 특히 외로움을 노년기의 불가피한 현상으로 여기거나 신체 증상에 대해 호르몬 변화와 같은 과학적인 원인에만 집중하는 것보다는 다른 생활 습관에서 원인을 찾아보는 것이 좋다. 가령 먹는 데서 위안 찾기, 비만, 신체 활동 부족 같은 요소 그리고 심장약을 복용할 시간을 알려줄 동반자가 없다는 실질적인 문제가 실제 외로움과 어떤 관계가 있는지를 살펴보는 편이 나을 것이란 이야기다. 외로움은 아무 이유 없이 그냥 생기는 것이 아니라 정신·신체·심리 건강의 모든 측면과 깊이 연계되어 있다. 색다르고 자주 언급되지만 적절한 반의어를 찾기 힘든 외로움은 어떻게 정의해야 할까? 노인들과 사회 취약 계층의 보건 사회 문제 연구에 있어서 가장 앞서가는 나라 중 하나인 스웨덴 린셰핑Linköping대학교 사회복지학과의 라즈 앤더슨Lars Andersson 교수가 외로움에 대한 현대적이고 유용한 정의를 내린 바 있다. 앤더슨은 "어떤 이가 다른 이들에게 소외되고, 이해받지 못하며, 거부당한다고 느낄 때, 또한(혹은) 원하는 활동, 특히 사회적인 유대감과 정서적인 친근감을 느낄 수 있는 활동을 함께할 만한 적당한 사회적인 동반자가 없을 때, 그로 인한 감정적인 고통이 지속되는 상태"가 외로움이라고 설명했다.[1] 외로움은 단순히 혼자 있는 상태를 말하는 것이 아닌데도, 그렇게 잘못 알려져 있을 때가 많다. 외로움은 의미 있는 사람들과 멀어지고 사회적으로 단절되었음을 느끼는 의식적이고 인지적인 감정이며, 세상에서의 자기 위치에 대해 불안해하는 정서적인 결핍상태라 할 수 있다.

외로움은 전적으로 주관적인 것이다. 하지만 외로움을 주관적인 경험으로만 포착하려는 시도는 문제를 낳게 된다. 서구에서는 역사적으로 외로움이 개인적인 실패와 관련되어 있어서 외로움을 수치스럽게 여기고 숨기려는 경향이 강하다. 한편 외로움을 줄이기 위해 그저 다른 이들과의 접촉을 늘리라고 권장하는 경우도 많다. 그러나 사회 접촉과 '의미 있는' 사회 접촉 간의 차이에 대해, 혹은 건강상의 문제라든가 수줍음과 같은 성격 특성 때문에 다른 이들과 접촉하고 싶어도 그럴 수 없는 제약에 대하여 반드시 고려해야 한다.

외로움을 주관적이나 객관적으로 포착하기 힘든 또 다른 이유는 이것이 단순히 하나의 감정 상태가 아니기 때문이다. 나는 이 책에서 외로움을 분노, 억울함, 슬픔부터 질투, 수치심, 연민에 이르기까지 다양한 감정이 섞여 있는 감정의 '조합'으로 표현하고자 한다. 외로움을 이루는 구성 요소는 개인의 인식과 경험 그리고 그 사람이 처한 상황과 환경에 따라 달라진다. 상반되는 감정이 동시에 느껴질 수도 있고, 시간의 흐름에 맞춰 다양한 문화 요소, 기대, 욕구에 의해 달라질 수도 있다.

외로움이라는 감정에 대한 이런 해석은 종잡을 수 없고 복잡한 감정이라는 개념의 역사를 살펴보는 데 도움이 될 것이다. 감정이라는 영역에 대한 역사가 급속도로 확장하는 가운데 왜 외로움의 역사는 제외되어 있는가를 설명하기에도 좋을 것이다. 외로움의 역사는 오늘날 외로움을 이해하고 그 외로움이 어떻게 서로 다른 장소와 시간 그리고 문화에 따라 처음 생기게 되었는지를 이해하는 데 중요한 역할을 한다. 외로움이라는 유행병을 원치 않는다면 더욱 그럴 것이다. 만일 우리가 외로움을 다른 감정들처럼 인간의 보편적인 정서로 축소해버린다면 어떨까? 정서적인 경험 형성에 도움이 되는 중요한 믿음(개인이 다른 사람들이나 신과 맺는 관계, 인간의 힘과 욕구 그리고 개인 경험의 배경이 되는 사회적인 기대 사이의 관련성을 들 수 있다)을 소홀히 여기는 것은 아닐까? 외로움은 개인이 살아가며 세상과 교류하는 사회 구조 및 기대와 개인 간의 근본적인 단절이라기보다는 인간으로서 겪게 되는 위험요소라 할 수 있을 것이다.

나는 안면 손상과 얼굴 이식 수술에 대해 연구하면서 외로움의 역사를 공부하고 싶다는 생각이 들었다. 신체적 차이와 장애가 있을 때 얼마나 흔하게 사회적인 고립과 외로움을 겪는지 알게 됨과 동시에, 외로움의 역사에 대한 접근이 얼마나 힘든지 또한 깨달았다. 외로움에는 사랑, 분노, 두려움 같은 감정에 대한 역사적 서술이 존재하지 않았다. 다만 집단으로 얼굴을 맞대고 살아가는 농경 사회에서 도시화·익명화된 사회로 변화하며 증가한 외로움을 상기시키는 사회적·경제적인 구조 변화 그리고 혼자 사는 삶에 관한 연구들이 있었다. 종교와 관련된 고독을 다루는 중요한 연구들도 있었다. 이 연구는 예를 들어 신에게 더 가까이 가는 수단인 고독이라는 이상理想과 수도원 생활에 주목한다. 최근에는 작가인 올리비아 랭Olivia Laing이 고독과 외로움의 차이점을 탐색하면서, 두 개념 모두 창의적이고 긍정적인 측면이 있음을 확인했으며, 현대 서구 사회에서는 이 두 상태의 차이를 간과하는 경향이 있다고 지적했다.[2]

　그렇다면 외로움이 감정의 역사에 등장하지 않는 이유는 무엇일까? 한 가지 이유는 언어에 있다. 그리고 또 하나는 감정 분류에 대한 역사적 해석 때문이다. 외로움은 여전히 기본적인 감정, 즉 얼굴 표정과 관련된 '대표적인 여섯 가지' 감정 목록에 들어 있지 않다. 이 여섯가지 감정은 미국 심리학자인 폴 에크만Paul Ekman의 연구에 나오는 혐오, 슬픔, 행복, 두려움, 분노, 놀라움이다.[3] 또 다른 학자들은 대조적인 감정끼리 묶어

기쁨-슬픔, 분노-두려움, 신뢰-불신, 놀라움-기대라는 8가지 기본 감정이 있다고 주장했다.[4]

1990년대부터는 감정에 대한 더 섬세한 접근법들이 역사적인 학문 분야를 포함한 기존의 생물학적인 환원주의 모델을 비판해왔다. 이러한 새로운 접근법은 감정이 보편적인 것이 아닌 복잡한 역학 관계 속에서 발달하며, 역사적으로 특정 학문의 관점에 따라 규정된다는 사실을 밝혀냈다. 실제로 이러한 학문 가운데 하나인 신경과학은 최근의 연구에서 '분노, 슬픔, 두려움'의 감정을 각 개인으로 한정 짓는 개념에 대해 이의를 제기하고 있다.[5]

흥미로운 점은 고대 이론가들이 근대 이후의 많은 작가보다 더 섬세한 접근을 했다는 것이다. 가령 아리스토텔레스는 감정을 온전한 단 한 가지 상태가 아닌 '즐거움이나 고통을 수반한 느낌'으로 보았으며, '분노와 두려움, 기쁨, 사랑'뿐 아니라 '자신감, 증오, 갈망, 경쟁, 연민' 또한 이러한 감정에 포함시켰다.[6] 감정에 대한 고대의 사고가 오늘날보다도 더 포괄적이라 할 수 있다. 그들은 인간의 몸이 4가지 체액으로 이루어져 있다는 철학의 영향을 받아, 현재 우리가 생각하는 것과는 달리 몸과 마음을 분리된 것이라 여겼다.[7]

주제가 복잡한 만큼 내가 말하고 싶은 바를 밝히자면 역사적인 개념이자 경험이라는 두 가지 측면 모두에서 외로움이 무엇인지, 또 외로움이 얼마나 다양한 사람들의 일생에 걸쳐 서로 다른 영향을 주는지 우리가 더 잘 이해해야 한다는 것이다. 따라서 우리는 외로움을 비만처럼 '문명사회의 질병'이자 만성적이고 병적인 상태로 인식하고, 현대 서구 산업화사회에서 살아가는 방식에 관한 문제로 봐야 할 것이다. 외로움과 비만 사이에는 확실히 유사한 점이 많다. 둘 다 공공 의료 서비스에 과도한 부담을 주며, 날로 커져가는 사회의 기대에 개인이 부응하지 못하는 상황과 관련 있다. 게다가 두 가지 상태 모두 자신의 한계 안에(병적인 비만의 경우는 몸에 그리고 외로움은 마음속에) 병적으로 갇힌다는 특성이 있다.

외로움의 일대기

과거에도 인간은 외로웠을까? 외로움은 시간과 장소, 역사와 상관없이 모든 이를 괴롭히는 것일까? 외로움이 보편적이라는 주장이 그야말로 보편적이라지만 나는 그렇게 생각하지 않는다. "불가피한, 끝없는 외로움이 인간 존재에 유일하게 치명적인 것은 아니다." 이는 미국의 심리학자인 클라크 무스타카스Clark Moustakas가 개인적인 경험을 바탕으로 쓴 1960년 대 논문에서 한 말이다. 그는 또 이렇게 썼다. "외로움은 인간이 새로운 관용과 아름다움을 경험하도록 해주는 악기이기도 하다."[8] 그는 외로움을 인간 조건의 필수적인 요소라고 여겼고, 외로움이 부정적이면서도 긍정적이라는 사실을 인정했다. 바로 이 점이 전에는 논의된 적 없는 정서적인 경험의 깊이를 낳게 해주었다. 이 책에서는 이런 내용을 함께 살펴보고자 한다.

서구 사회의 '외로움'을 거시적인 역사 속에서 살펴보면 근대적인 의미의 외로움이 용어나 경험적 측면 모두에서 사교성과 세속주의가 사회적·정치적으로 부각한 직후인 1800년을 전후하여 처음 생겨났으며 정신·신체 과학, 경제 구조, 철학, 정치 등 모든 이념을 아우르는 개인주의가 출현하면서 강화되었음을 알 수 있다. 외로움이라는 용어의 변화 과정은 근대 이후 외로움이 점차 어떻게 발전해왔는지를 담고 있다. 종교의 쇠퇴에서 산업 혁명에 이르기까지 많은 다양한 요소가 이 변화 과정에 영향을 주었고, 그중에서도 신자유주의neoliberalism의 영향력은 가장 최근까지도 계속해서 이어지고 있는 가장 핵심적인 요인이다.[9]

외로움은 개인의 일생을 거쳐 변화하는 감정의 조합이

며 특히 사람마다 그 감정들이 '한꺼번에 몰려와 막히는' 때가 다른 만큼 인생의 특정한 시기들을 연구할 필요가 있다. 이 책은 외로움이 역사 속에 어떻게 나타나며, 사람들에게 그들이 위치한 생애 단계에 따라 어떤 영향을 미치는지도 함께 살펴볼 것이다. 만성적으로 외로움을 느끼는 사람들은 미국 작가 실비아 플라스Sylvia Plath처럼 아동기와 청소년기에도 외로움에 시달린다고 한다. 플라스의 경우, 정서적으로 불안정했던 아동기와 이른바 폭력적인 결혼 생활을 거치며 끝없는 외로움에 시달렸으며 만성적인 정신 건강 문제로 결국 자살하기에 이른다. 아동기와 청소년기에 형성된 외로움은 이후 인생에서도 정형화되어 나타나는 것으로 보이며, 이러한 주제에 대해서는 앞으로도 더 많은 연구가 필요할 것이다. 젊은 시절의 외로움은 노년기 못지않게 문제가 되지만 기대와 능력, 환경에 따라 다양한 방식으로 나타난다.

21세기 젊은이들의 외로움에 대한 논의는 디지털 문화와 소셜미디어에 초점이 맞춰지는 경향이 있다. 그러나 영국 빅토리아 시대 아이들도 분명 찰스 디킨스 소설에 나오는 고아들처럼 외로움이라는 문제를 안고 있었다. 그래도 외로운 청소년이라는 이미지는 디지털 혁명이 시작된 이후 급격히 부각되었다. 소셜미디어가 확산하면서 특히 영국 밀레니얼 세대들 사이의 사회적 교류 양식에 변화가 생겼다. 새로운 앱과 플랫폼이 끊임없이 개발되었고, 그에 따라 부모 세대로서는 그에 대한 위협과 이득은 둘째 치고 따라잡기도 힘든 상황이 되었다. 부모들만 그런 게 아니다. 전 세계적으로 법적인 사회 기반 시설들이 따로 정해진 규칙도 없고 전통적인 가치나 관습을 따르지도 않는, 지식을 창출하고, 교환하고, 보급하는 새로운 형태를 따라잡기 위해 애쓰고 있다. 나이가 적든 많든 모두 똑같이 매일 자기 일상을 지속적으로 보여주면서 디지털 미디어를 통해 교류하기 위해 안간힘을 쓰고 있다. 차이가 있다면 디지털 자아는 다양하고 서로 상충할 수 있으며, 그로 인한 만족이 실생활에서의 만족감에 비해 반드시 지속가능하고 충족감을 주는 건 아니라는 점일 것이다.

외로움이 21세기에 그토록 문제가 되는 결정적인 이유는 외로움이 더 광범위한 사회적·경제적·정치적 위기로 이어질 수 있기 때문이다. 노인들이 외로움을 걱정하는 현상은 서구 사회의 노인 인구 수에 대한 우려가 커지고, 가족 체계 대부분이 와해된 개인주의 시대에 어떻게 노인 세대가 지원을 받을 수 있을 것인가에 대한 심각한 불안을 나타낸다고 할 수 있다. 따라서 대부분의 정부 지원 정책은 노인들에 집중되어 있다. 노년의 외로움이 사회 및 의료 보장에 미치는 영향이 상당하기 때문이다. 특히 사회에서 가장 취약한 이들은 혼자 사는 80세 이상의 초고령 노인들이다.

홀로 살아간다는 것은 중요한 주제다. 고독과 외로움 사이엔 차이점이 있지만, 특별한 누군가를 원하면서도 찾지 못한 상태라면 나이를 불문하고 외로울 수 있다. 나에게 맞는 '단 한 사람'을 발견하지 못하면 그로 인한 결핍감으로 외로움이 생길 수 있기 때문이다. 서구 문화에서 '영혼의 동반자soulmate'라는 수사 어구는 낭만주의 시대에 처음 모습을 드러냈으며, 이는 엄청난 정서적 고통 그리고 세상으로부터 동떨어져 있고자 하는 욕구(마치 바이런 풍의 영웅 모티프와 같이)와 관련 있다.

나이 든 사람들도 젊은이들처럼 인터넷을 통해 영혼의 동반자를 찾으려 한다. 노인들의 성생활에 대한 문제는 보건 정책 조항에서 거의 고려되지 않고 있는, 확실한 틈새시장이다. 한편 상실로 인한 외로움은 노인들이 마주하는 또 하나의 중요한 삶의 단계다. 배우자나 사랑하는 사람이 죽으면 외로워지게 되고, 정서적으로 동떨어진 느낌이 들 것이며, 만일 사회에서 고립된 상태라면 육체적으로도 그러할 것이다. 이런 종류의 외로움은 모든 이에게 상당히 공평하게 적용된다. 홀아비나 미망인이 되면 부자든 가난뱅이든 상관없이 사회와 가족으로부터 심각한 단절을 경험한다.

홀아비나 미망인의 외로움은 상실한 이에 대한 그리움이 주가 된다. 그리움이라는 감정은 외로움과 많은 면에서 공통점이 있으며 외로움에 영향을 미치기도 한다. 소속감을 느끼지 못하는 향수병 또한 마찬가지다. 향수병은 외로움이라는 개념에 매우 중요한 부분을 차지한다. 소속감의 부재는 집이라 할 만한 곳이 없는 노숙자와 난민에게 가장 심각하게 나타난다. '지붕도 없고', '뿌리도 내리지 못하는' 사람들에게는 특별한 종류의 외로움이 있다. 이들은 노숙자와 난민이라는 상태로 인해 집, 음식 등 가정에 대한 상징성으로 연결되는 고립감을 느끼게 된다. 하지만 외로움을 이해하는 문제에서 노숙자들은 사회적·정치적으로 가장 도외시되는 이들에 속한다. 민족성 또한 외로움에 중요한 변수가 되지만 민족성, 가난, 외로움이라는 서로 연관된 변수에 대한 연구 역시 충분치 못하다. 동성애 혐오증, 혹은 전통적인 관습에 따라 살지 않는 사람들에 대한 편견 때문에 사회적인 배척이 더 커지는 현상에 대한 연구 역시 많지 않다.

계층과 성별 차이 또한 외로움을 경험하는 데 중요한 요소이며, 나는 이 점을 이 책에서 분명히 표현하고자 했다. 남자들은 여자들보다 더 외로움을 많이 타는 경향이 있다. 아마도 한쪽 성에 치우치게 혹은 동성끼리만 교류하도록 하는 사회화 그리고 여성들이 비교적 감정 표현을 더 잘 한다는 인식이 있기 때문일 것이다. 통계는 계층, 성별, 성적 정체성을 비롯한 변수들의 영향을 받는다. 가장 외로움을 심하게 느끼는 이들은 사회에서 가장 가난한 집단에 속한 사람들로 보이며, 이는 늘어나는 상대적 박탈감에 비해 그에 대한 지원망이 무너져 있음을 나타내는 것이다.

몸으로 구현되는 외로움

앞에서도 간략하게 언급했듯이 외로움은 마음만큼이나 몸과도 관련되어 있다. 이 책에서 외로움에 대한 신체적이고 물질적 문화를 살펴봄으로써 폭넓게 다루게 될 주제가 바로 이것이다. 외로움의 실질적인 경험보다는 과학적·의학적 측면에서 몸과 마음의 역사를 다루는 것이다. 서양 사회에서는 외로움을 정신적인 고통으로 여기고, 그에 대한 처방 또한 마음을 털어놓는 요법과 독서회 그리고 다른 이들과 교류함으로써 우울함과 불안을 떨쳐내도록 하는 개입인 경우가 많다. 고대부터 18세기까지는 외로움에 대한 물질적인 특성을 의식했으나 오늘날에는 이런 물질적인 측면을 매우 소홀히 여기고 있다. 그래도 몸에 관한 언어에 외로움이 나타나긴 한다. '차가운' 사람이라는 비유를 통해 냉담한 이를, '따뜻한' 사람이란 표현으로 우정을 보여주는 이를 나타내기도 하며, 몹시 외로운 사람들은 자신도 모르게 '뜨거운' 목욕이나 '따뜻한' 옷과 같은 말을 자주 사용한다.

외로움과 유대감의 물질성은 우리가 물질세계를 구성하는 방식에서도 명백히 드러난다. 사물을 통해 외로움을 회피하기도 하고 감정을 교류하기도 하는 것이다. 하지만 과도하게 물질주의적이 되면 더 외로워지고 그래서 더 많은 결핍감이 생기게 된다. 그렇다고 외로움이 늘 나쁜 것만은 아니다. 실제로 고독의 사치를 찬양한 많은 문학 작품이 있다. 윌리엄 워즈워스, 버지니아 울프, 메이 사튼May Sarton과 같은 예술가들의 작품에서 볼 수 있듯 외로움은 우리에게 짐이 될 수 있지만 선물도 될 수도 있다. 그런데 이러한 인식이 21세기 외로움을 다루는 데 도움이 될까? 외롭지 않으면서 위대한 예술 작품을 만들어낼 수 있을까? 외로움에서 오는 기쁨이, 별로 외롭지도 않고 위대한 예술 작품을 만들지도 않는 사람들과는 어떤 관련이 있을까?

이 책을 쓰며 내가 바라는 점은 이러한 질문에 대한 어느 정도의 답을 마련해보는 것이다. 또한 외로움이라는 주제를 복합적이며 역사적으로 생성되는 감정 상태로서 더 일반화시키고자 하는 것이다. 역사, 인류학, 지리를 통한 비교 분석 역시 권장하고 싶다. 이 책이 전반적으로 서구 사회를 배경으로 하고 있으므로, 개인을 그다지 우선시하는 문화가 아니라면 외로움에 대한 반응과 경험이 다르게 나타날 수도 있을 것이다. 집단주의 사회 구성원들이 개인주의 사회에 속한 이들보다 '더' 외롭다는 표현을 하긴 하지만 이것이 집단의 가치를 인식하는 문화에서 외로움에 대해 더 편안하게 말하고 덜 부끄럽게 여긴다는 사실을 반영하는 것인지는 확실치 않다. 가족과 친구에 대한 결핍감 또한 문화 간에 서로 비교해볼 수 있을 것이다. 예컨대 집단주의 사회에서는 외로움이 가족의 지원이 부족한 결과라고 보는 반면, 개인주의 사회에서는 가족 이외의 관계가 부족한 상태를 외로움이라고 본다.[10] 이러한 점을 통해 과연 '외로움'이라는 말이 집단주의 문화와 개인주의 사회에서 같은 뜻을 지니는가 하는 더 폭넓은 의문을 제기할 수도 있을 것이다. 한 가지 예를 들자면, '외로운lonely'이라는 단어가 아랍어로는 'wahid'라고 번역되는데, 이것은 영어로 '하나' 또는 '혼자'라는 의미다. 이런 사실은 외로움이 영국에서 개인에 더 주안점을 두게 되면서 생겨났다는 주장을 뒷받침하는 듯하다. 아랍 세계에서는 '가족'의 의미가 개인보다 크다. 사람들 간의 유대관계가 개인과 공동체 정체성의 중심인 것이다.

그러한 사회적 맥락 속에 개인이 매몰되어 있다는 것은, 18세기 영국에서와 같이 아랍에서도 외로움이라는 언어가 존재하지 않았다는 뜻일 것이다. 그렇다고 불충분한 근거를 들어 아랍 세계의 외로움에 대해 확실히 말할 수는 없을 것이다(아랍 세계가 서양보다 덜 '발달했다'는 뜻 또한 결코 아니다. 이는 내가 말하고자 하는 바와 거리가 멀다). 보건 정책과 사회사업 대부분은 외로움을 문제로 보는 북서부 유럽이나 북미 같은 산업화된 지역에 집중되어 있다. 연구의 표본 또한 편향되어 있을 때가 많아서 문화적인 다양성을 다루기는 쉽지 않다. 그러나 다양하면서도 빠르게 변화하는 문화들 간엔 분명 어떤 중요한 연결점이 있을 것이다.

현대 사회의 외로움은 과학·철학·산업 측면에서 집단보다는 개인에, 세상보다는 자기 자신에 점점 더 주목하게 된 19세기의 산물에 가깝다. 여기서 중요한 질문은 오직 한 가지뿐이다. 수 세기 동안 그저 '홀로 있음'으로 여겨지던, 내면의 감정과 상관없이 그저 혼자인 상태가 어떻게 현대에 들어 하나의 유행병이 되었는가 하는 점이다.

1장

'홀로 있음'이 '외로움'으로

현대적 감정의 탄생

21세기 외로움의 의미와 그 유행을 이해하기 위해서는 외로움의 역사에 대해 알아야 한다. 그동안은 이런 역사적인 부분이 도외시되어왔다. 물론 외로움에 대한 책들과 텔레비전, 라디오 프로그램, 자기계발서들은 존재했다. 이들은 급증하는 외로움이 건강과 행복에 대한 21세기의 시험대라고 한탄하고 현대의 '유행병'이라고 부르고 있다. 하지만 외로움의 역사와 의미, 생애 주기는 어떻게 되는 것일까? 외로움은 시간의 흐름에 따라 어떻게 발달해왔을까?

'외로움'은 상대적으로 말해서도 그렇고 (논란의 여지는 있겠으나) 경험 측면에서도 비교적 현대적인 현상에 속한다. 우선 언어부터 살펴보자. 감정을 언어로 나타내는 것은 언제나 어려운 일이다. 사랑하는 사람을 보며 심장이 빨리 뛰는 것 같은 감정을 적절하고 사용 가능한 수용체(이 경우엔 욕구)와 언어, 문자, 몸, 물질을 통한 방법으로 정확히 표현할 수 있을지는 늘 불확실한 일이기 때문이다. 과거 감정의 흔적을 발견해도 그것이 우리에게 낯선 방식으로 표현되어 있을 수도 있다. 예컨대 과거에는 가구나 가정용품의 교환은 사랑과 서약이라는 심오한 감정이 아닌 결혼 과정에서의 실용적인 면을 나타낸 것이었다. 정서적인 언어의 변화에서 외로움 또한 예외는 아니다. 그래도 나는 현재 나타나고 있는 외로움이 서양 후기 산업사회에 나타난 현상이라고 생각한다.

만들어진 외로움

18세기 말 이전까지는 영어로 된 출판물에 '외로움loneliness'이라는 말은 거의 쓰이지 않았다. 정말이지 간혹 나오더라도 무시할 만한 정도였다. 그러나 1800년경부터 이 용어가 점차 자주 사용되더니 20세기 말에는 절정에 이르렀다.

외로움의 의미 또한 바뀌었다. 16~17세기에는 외로움이라는 단어에 오늘날과 같은 관념적이고 심리적인 뜻이 없었다. 외로움은 그저 '홀로 있음'이라는 의미로 심리적이거나 정서적인 경험보다는 물리적인 경험을 가리키는 것이었다. '외로운lonely'이라는 단어에서 파생된 홀로 있음loneliness은 그저 혼자 있는 상태를 뜻했다. 이 홀로 있음은 신과의 교감을 가능

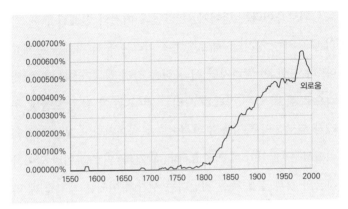

1550~2000년 사이 영국의 인쇄물에 등장한 '외로움loneliness'이라는 단어

하게 하는 종교체험의 맥락에서 흔히 볼 수 있었다.

1656년 고서 연구가이자 사전 편찬자인 토머스 블라운트Thomas Blount가 《용어사전Glossographia: 오늘날 기품 있는 영어로 사용되는 모든 어려운 단어에 관한 설명》을 출간했다. 이 책은 개정판이 여러 번 나왔으며 초기 사전 중에서는 가장 규모가 컸다. 1661년 판에서 블라운트는 외로움에 대해 '혼자, 홀로 있는 상태 또는 외로움, 독신이나 그러한 상태'라고 설명했다. 영국의 사전편찬학자이자 속기사인 엘리샤 콜스Elisha Coles는 1676년 《영어사전》을 출간하면서 '외로움'을 '고독' 또는 '홀로 돌아다니기'라고 정의했는데 여기에는 어떤 현대적인 의미나 부정적인 감정도 들어 있지 않다.

외로움이라는 단어가 1800년대 이전의 인쇄된 글에 거의 나오지는 않지만, '외로운lonely'이라는 용어 자체는 존재했다. 다시 한 번 말하자면 이 표현은 감정 상태가 아니라 신체적으로 홀로 있는 상태를 가리킨 것이다. 이 점은 오늘날 우리가 외로움의 특성을 보편적이고 불가피하다고 보는 시각을 비평하는 데 있어 매우 중요하다. 과거의 '외로운'이란 단어가 지금의 것과 같은 뜻을 지닌다는 생각에 이의를 제기할 때 역시 그러하다. 오늘날의 이러한 생각이 문제가 되는 이유는 감정을 보통 시간이 흘러도 변하지 않는 정적인 것으로 보기 때문이다. 이러한 시각은 셰익스피어 연구에서 흔히 발견되는데, 예를 들어 햄릿의 고독을 인간이 지닌 끝없는 외로움의 결과로 해석하는 식이다.[1]

《옥스퍼드 영어사전》에서는 16세기가 되어서야 등장한 '외로운'이라는 단어에 대하여 두 가지로 정의를 내리고 있다. '1. 친구나 함께할 사람이 아무도 없어서 슬픈, 동반자가 없는, 고독한. 2. (장소) 인적이 드물고 외진'. 이 가운데 '인적이 드물고 외진 장소'라는 두 번째 뜻만 1800년경 이전에 자주 사용되었다. 이보다 전에는 외로움에 대한 해석은 대체로 놀라운 일이 일어나는 고립된 공간에 대한 물리적인 묘사와 함께 종교적 계시 그리고 인간의 죄악에 대한 도덕적인 설명과 관련되었다. 예를 들어, 성경에서 외로움이란 단어는 "예수가 외진 곳으로 물러나 기도했다"(누가복음 5장 16절)와 같이 '다른 이들에게서 따로 떨어져 있었다'는 의미를 나타낸다. 새뮤얼 존슨Samuel Johnson조차 그의 《영어사전》에서 '외로움'을 순전히 홀로 있는 상태('홀로 있는' 여우) 혹은 동떨어진 장소('후미진 바위')로 묘사했다. 이 단어에는 그 어떤 감정적인 의미도 내포되어 있지 않았다.

고독의 중요성

물리적으로 홀로 있는 것처럼 의도적으로 혼자 있기로 하는 행동은 근대 초기 신과의 교감 혹은 18세기에 증가한 자연과의 교감과 관련이 높다. 새로운 땅과 '원시 부족'의 발견과 관련된 많은 양의 문헌이 있었고, 그 안에 고독이 존재할 수밖에 없었지만 심각하게 여겨지지는 않았다. 실제로 조난 사고를 당한 한 남자가 28년간 열대의 외딴 섬에서 홀로 살아가는 이야기를 담은 대니얼 디포의 《로빈슨 크루소》에서도 특별히 외로운 감정이 묘사되지는 않는다. 이는 크루소가 프라이데이와 주종관계를 맺고 있어서만은 아니다. 소설에서 주인공이

'외롭다'는 감정을 느끼거나 '외로움'을 경험한다는 언급은 단 한 번도 없다. 크루소가 혼자 있긴 했지만 그렇다고 자신이 외롭다고 정의한 적은 없다. 이러한 현상 혹은 경험은 현대의 독자들로서는 이해하기 힘든 부분일 것이다.

이와는 대조적으로 저메키스 감독의 2000년 영화인 〈캐스트 어웨이〉는 《로빈슨 크루소》에서 모티프를 따온 것으로, 페덱스 직원인 척(톰 행크스 분)이 외딴 섬에 좌초되며 생기는 일을 그리고 있다. 척은 얘기할 사람이 아무도 없어서 배구공에 얼굴 모양을 그려 넣고 '윌슨'이라고 불렀다(윌슨은 미국의 스포츠용품 제조사이며, 지금은 기업 홈페이지에서 영화 속 윌슨과 같은 모양의 공을 판매하고 있다). 현대의 시청자들에게는 동반자를 갈구하는 인간의 내재적인 욕구 그리고 외딴 곳에 고립될 경우 정신 건강에 치명적인 해를 입을 수 있다는 〈캐스트 어웨이〉의 관점이 훨씬 자연스럽게 느껴질 것이다.

그러나 디포가 살던 시절에는 고독이 꼭 문제가 되는 건 아니었다. 존슨의 《영어사전》을 한 번 살펴보자. 이 사전 또한 '고독solitude'을 '외로운 삶', 즉 홀로 있는 상태라는 뜻으로 정의했다. 1550년과 1800년 사이 고독은 '외로운'이란 단어와 유사하게 간헐적으로만 문헌에 등장했다. 고독이 21세기에는 즐겨 사용되는 단어에서 밀려나게 되었지만, 한때는 널리 쓰인 적도 있었다. '고독'이란 용어는 라틴어 'solitudo'에서 유래한 것으로, 단순히 '홀로 있는 상태' 그리고 '외진 혹은 인적 없는 장소'라는 두 가지 의미를 지녔다. '외로운'과 마찬가지로 고독에 반드시 감정적인 체험이 따라야 하는 건 아니었으며, 두 단어 모두 단지 '홀로 있음'이라는 신체적 경험과 연관 있었다.

19세기 중반부터는 '고독'이라는 말이 문헌에 덜 사용되었다. 이러한 감소는 홀로 있는 상태와 외롭다는 경험을 모두 나타내는 표현으로 '외로움'이라는 단어 사용이 증가한 데 따른 것으로 보인다. 그래서 '고독'이란 말의 사용이 줄고, 동시에 외로움 그리고 외롭다는 말이 더 흔히 쓰는 말이 되었다.

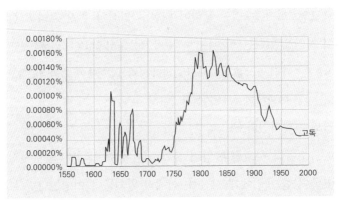

1550~2000년 사이 영국 인쇄물에 등장한 '고독solitude'이라는 단어

18세기 후반 이전까지는 외로움이나 외로운 상태가 논의되지 않았으므로 이 용어들 또한 의학 문헌에 언급되지 않았다. 당시에는 외로움을 몸과 마음의 고통을 일으키는 병적인 상태로 여기는 오늘날과 같은 시각이 없었다. 고독 또한 외로움과 마찬가지로 역사적으로 소홀히 여겨졌지만, 고독은 감정의 역사에 있어서 중요한 측면을 차지하기도 했다. 다시 한 번 말하지만, 고독이 반드시 부정적인 정서 반응을 일으키는 것만은 아니었다. 오히려 고독을 즐기고 음미할 수도 있었다. 역사학자인 바버라 테일러Barbara Taylor는 특히 18세기 자연과 자연 생태계에 대한 열정과 관련해 철학자 장 자크 루소와 영국의 철학자이며 작가인 메리 울스턴크래프트Mary Wollstonecraft가 쓴 고독의 즐거움에 대해 언급했다. 개인의 행복을 찾기 위한 자연으로의 '회귀'는 전원 문학에 대한 심리적인 뿌리 그리고 신이 자연에 있다는 이신론deism(신이 세상을 창조했음은 인정하지만, 창조된 이후의 세상은 신이 아닌 합리적인 자연법칙에 따라 움직인다고 보는 17~18세기 계몽사상가들의 종교관 - 옮긴이 주)적 사고와 연결되는 것이었다.[2]

고독이 사회성과 양립 불가능한 것도 아니었다. 일시적 고독이 한 개인에게 정신적·신체적 활기를 불어넣는다면 사회생활도 더 잘 해나갈 수 있을 것이기 때문이다. P.L. 쿠르티에 P.L. Courtier는 《고독의 즐거움 The Pleasures of Solitude》에서 고독의 가치를 이렇게 표현했다. "군중의 소란에서 벗어나, 숲속의 서늘한 상쾌함을 호흡하려는 것이다! 애틋하게 아끼며 진정으로 원하는 모든 걸 위해, 뭐든 마음 내키는 대로, 삶이 허용치 않는 것 투성이인 어지러운 곳에서 벗어나고 싶은 것이다." 이는 다른 사람과의 교류를 기피하는 것과는 거리가 멀다. 이와 유사하게 G. 지머맨 G. Zimmerman과 J.B. 메르시에 J.B. Mercier는 《고독이 마음에 미치는 영향에 대한 성찰》에서 이렇게 말하고 있다.

> 위대한 인물의 토대는 오직 고독을 통해 만들어진다.
> 생각을 견고히 하고, 사고하기 좋아하며, 나태함을
> 질색하는 '영웅'과 '현자'의 특성은 오직 고독을 통해서만
> 가장 먼저 습득되는 것이다.

이와 같이 고독이라는 가치에 대한 찬사는 영적인 길을 걸으며 고립되었던 고대 은둔자의 이상을 떠오르게 한다. 신 앞에서의 홀로 있음은 의도적으로 고립을 택한 자들에게(광야의 그리스도와 같이) 창조적이고 영적인 강렬한 사색의 주제가 될 수 있었다. 창의적인 사람들 또한 마찬가지였다. 그들에게

는 언제나 더 높은 영적인 힘과의 연결을 비추고 드러내는 고
독이 함께했다.

고독 그리고 성별과 계층

이와는 대조적으로 예술적인 목적으로 홀로 있기를 선택하
는 것은 중산층에게나 가능한 일이었는데 이는 경제 활동에
서 벗어난 시간과 물리적 공간이 있어야 가능했기 때문이다.
즉, 전통적으로 보면 특권을 지닌 백인 남성들에 해당하는 이
야기였다. 흑인 작가들에게는 이같은 혜택이 적용되지 않았으
며, 여성들은 오랜 기간 개인적인 성취보다는 가족구조에 의
해 정체성을 부여받았다.

　모든 감정 상태와 표현은 과거와 같이 지금도 역시 성별
이 나뉘어져 있다. 성 구분의 가장 중요한 요소 중 하나는 감
정 표현이 어떻게 정당화되며, 어떤 식으로 전통적인 사회관
계를 유지하는가다. 16세기에는 눈물을 흘리는 여성들이 남
성들보다 더 나약하며 남성에 비해 몸에 열이 부족하다고 여
겨졌다. 19세기에는 눈물이 여성의 상징 같은 것이며 따라서
공적인 자리에 여성이 적합하지 못하다는 점을 입증하는 것

이었다. 이는 여성들이 남성과는 완전히 다른 (그러나 여전히 영향력은 있는) 방식으로 열등하게 인식된다는 의미다.[3]

이와 유사하게 외로운 여성 또한 문학에서 반복적으로 등장하는 표현이며, 여성들, 특히 머물 수 있는 공간이 점차 집으로 국한되었던 18세기 후반 이후 중산층 여성에게 기대되는 수동성을 반영하고 있다. 근대 초기 문학에서 주변 사람들의 관리를 받지 않는 독신 여성이나 미망인 등의 외로운 여성은 사적·공적 영역을 오가며 가부장적 질서에 위협이 되는 색다르고 전복적인 모습을 보인다. 따라서 당시 고독한 여성은 다소 위협적인 존재로 여겨졌다.[4]

하지만 남성의 고독은 좀 다르게 해석되었다. 그중 한 가지로 남성들이 신앙심이나 지적인 능력을 고양하기 위해 고립된 채 은자나 학자로 일생을 보내는 경우를 들 수 있다. 실제로 루소 또한 고독을 추구했고 스스로를 이처럼 표현했다. 여성들도 종교적인 이유로 '홀로 있을 수 있었으며' 후에는 창작을 위해 그렇게 하기도 했지만, 서구 문학에서 그들은 사랑하는 이에게 버림받거나 외면당하는 등의 흔한 문학적 사연으로 고독을 강요당하는 경우가 훨씬 더 많았다. 자제와 인내는 여성의 몫이었으며, 이는 스스로 선택하는 이상적인 고독과는 매우 다른 것이었다.

고독과 건강

지나친 고독은 건강에 해가 되기도 한다. 고독은 특히 스스로 택하기보다 외부적으로 강요당했을 때 문제가 되었다. 또한 18세기 후반 직전부터 근대 서구 의학을 지배했던 체액 중심 이론의 시각에서 볼 때 고독은 심리적·육체적 건강의 균형에 영향을 미치는 것으로 볼 수 있었다.

건강은 네 가지 체액의 내적인 균형과 관련 있었으며, 격정이나 '순리에 어긋나는 것', 수면과 운동, 음식과 음료, 배설과 같은 체액의 불균형은 우울증부터 비만까지 여러 다양한 정신적·신체적 질병을 유발한다고 보았다. 혼자 있는 시간이 부족하고 활동량이 지나치게 많으면 영혼이 고갈될 수 있고, 혼자 있는 시간이 너무 과해도 기능이 저하되며 우울증에 걸릴 수 있다고 여겼다. 1700년대 의학 서적을 쓴 작가들이 지나친 고독을 정신적 고통, 걱정, 자기 회의와 관련 있다고 본 이유가 바로 이 때문이다.

1621년 로버트 버턴Robert Burton이 쓴《우울의 해부Anatomy of Melancholy》에서는 옥스퍼드대학교의 성직자인 저자가 오랜 기간 우울에 시달린 후 자신의 경험을 통해 그 원인을 다양하게 열거하고 있다. 책에는 '외로움'이나 심지어 '고독'이란 표현조차 일절 나오지 않지만, 저자는 너무 많은 생각을 하게 된 원인이 '홀로 있는 상태'에 있다고 여러 번 언급했다. 체액 중심의 의학에서는 학자들이 지나치게 심사숙고하기 때문에 특히 우울해지기 쉽다고 생각했다.

　18세기 스코틀랜드 내과 의사인 윌리엄 컬런William Cullen의 진료 상담 편지들에도 외로움이 건강과 대인관계에 미치는 영향에 대한 많은 정보가 담겨 있다. 18세기에 돈과 지위가 있고 글을 아는 사람들이 의사에게 편지를 보내 건강에 대해 상담하고 치료받는 일은 흔했다. 예컨대 컬런은 자기 환자인 레이Rae 부인에 관한 편지(1779)에서 그녀가 "지루할 때가 많지만 그다지 위험하지는 않은 신경쇠약"으로 힘들어하고 있음을 언급하고 있다. 컬런은 레이 부인의 마음과 몸이 활성화될 수 있도록 그녀에게 운동 특히 승마를 권했다. 컬런이 보기에 커피와 차는 자극적이어서 피해야 하지만, 무엇보다 중요한 점은 레이 부인이 어딘가에 몰두하며 지내야 한다는 사실이었다. 컬런에 의하면, "레이 부인은 몸만큼 마음도 신경 써야 한다. 집이나 바깥 어디서든 친구들을 만나는 일이 아무리 꺼려져도 즐거움과 가벼운 몰입을 추구해야 하며 침묵과 고독은 피해야 한다." '히스테릭하고 우울한' 앨런Allan 부인 또한 이처럼 다른 이들과 교제하고 대화에 참여하라는 권유를 받았다. 그러나 컬런이 히스테릭한 부인들에게 효과가 크리라고 생각한 자신의 처방에 어떤 논거를 지녔던 것은 아니었다.[5]

19세기에는 서구 의학에서 정신과 신체 건강을 구분하는 새로운 방법을 발견하였다. 따라서 정신적·신체적 행복에 대하여 그리고 신체 조직과 체계, 구성 요소에 대해 전문적인 연구가 이루어지기 시작했다. 근대 의학이 전과 많이 달라진 부분은 체액 중심 의학과는 대조적인 고독에 대한 해석으로 고독의 긍정적인 측면이 거의 사라져버렸다는 점이었다. 정신 건강에 있어 중요한 요소인 사회성이라는 개념에 너무 얽매이다 보니 홀로 있는 것의 긍정적인 측면을 잘 보지 못했고, 마음뿐 아니라 신체에 미치는 영향 또한 제대로 살피지 못했다. 그래도 독일 철학과 문학에서는 1945년까지 독일어로 '아인잠카이트Einsamkeit'라고 하는 외로움의 이점이 강조되었다.[6] 지난 세기 고독에 대한 추구를 떠올리게 하는 이 용어는 정신 없이 바쁜 진보에서 자발적으로 물러나, 개인이 사색하고 명상하면서 신이나 더 높은 창조적 힘과 교감한다는 뜻이다.

사회성(어떤 면에서 고독의 반의어라 할 수 있는)이 영국의 식자층 사이에서 중요시되던 18세기 후반에 들어서는 고독이 철학적·정치적인 맥락에 맞추어 생리학·의학적으로 더 문제시되었다. 사회성은 정중함 그리고 예절, 세속성, 품위에 대해 신경 쓰는 것이라고 할 수 있다. 18세기 사회의 이러한 세련된 측면은 상징적이고 구체적인 몸짓과 언어로 이루어진 표현의 규칙과도 관련 있었으며 이를 통해 사람들이 사회성을 발휘했다. 이러한 철학적 규범들은 대개 물리적인 신체라는 메타포를 통해 표현되었다. 사람들을 이어주는 감정이 상징적으로 한 사람을 다른 이에게 그리고 국가와 정치 조직이라는 몸으로 연결해주는 신경과 섬유질 내에서 메아리치는 것이다. 사회성과 구성원 간의 연결이 사회 조직에 근본적으로 중요하던 때의 변화에 관한 서술을 하다 보면, 왜 고독이라는 단어가 1750~1850년에 간행된 문헌에서 더 자주 등장하는지, 그 이유가 시민들의 사교적인 사회를 만들어내는 데 반대하는 세력 때문인지, 아니면 정신없이 돌아가는 세상에서 개인들이 평화를 추구해서인지를 밝히는 데 도움이 될 것이다. 점점 기계화되어가는 산업 시대에 개인에 대한 탐색은 문학적 혹은 감정적 충만을 위해 고독하게 정처 없이 돌아다니는 특권을 누렸던 낭만주의 시인들의 작품 활동에 많은 영향을 미쳤다.

근대적 외로움의 탄생

외로움이 어떻게 사회적 분리의 상징이자, 사회적인 단절을 나타내는 고독과 홀로 있음을 대체하는 두드러진 감정의 뭉치가 되었을까? 어떤 경로를 통해 외로움이 사회적·정서적 상태이자 현대의 '문제점'이 된 것일까? 인구학을 연구하는 역사학자들은 이러한 현상을 구조적인 변화에 그 이유가 있다고 설명한다. 즉, 외로움이 고도로 발달하고 세계화된 세속적인 후기 근대 사회에서 생겨난 직접적이며 불가피한 결과라는 것이다. 역사학자인 키스 스넬Keith Snell은 외로움의 가장 의미 있는 원인이 대개 가족이 사망한 후 혼자 사는 데 있다고 했다.[7] 이렇게 홀로 사는 주거 형태는 전통적으로 얼굴을 맞대고 사는 면대면 농업 사회에서(여러 세대가 같은 집에 함께 살고, 사회 이동이 적으며, 마을 밖으로 이동하는 이가 거의 없었다) 노동력이 이동하는 도시 사회로 바뀌면서 발생했으며, 이로써 새롭게 독립한 가정들이 만들어졌다.[8]

　사회적인 인구 이동이 외로움의 원인 중 하나인 것은 틀림없지만 그렇다고 유일한 이유라고 말할 수는 없다. 외로움이 공간과 불가분의 관계인 것도 아니다. 작가인 올리비아 랭은《외로운 도시The Lonely City》(2017)에서 1인 주거 형태를 외로움을 악화시키는 요인이라고 보고 있다. 그러나 그녀 역시 다른 이들과 물리적으로 한 공간을 쓴다고 해서 이것이 '정서적인' 공간 공유로 해석되지는 않는다고 말한다. 환경이 변하면 필연적으로 감정상의 변화가 일어난다는 생각은 자기 자신과 그 감정 자체만으로는 바뀌지 않는다는 전제를 하는 것이다. 그러므로 외로움의 다른 원인은 무엇인지 질문해봐야 할 것이다.

'외로움'이 모두가 느끼는 감정으로 받아들여지게 된 것은 인구통계학적 변화와 도시화가 이루어지면서 점점 더 개인주의적이고 세속적이 되고 소외감을 느낄 만한 여러 가지 또 다른 중요한 요인들이 수반되었기 때문이다. 이러한 요소에는 몸과 마음에 대한 근대의 과학적인 믿음 그리고 영혼을 어떤 해석의 근거로 삼는 일이 줄어들었다는 점 또한 포함된다. 프랑스 철학자인 데카르트는 초기 신경학 연구에서 인간의 몸을 하나의 자동 기계 장치로 여기고, 심장박동과 같은 신체 운동을 영적인 존재가 아닌 생리적인 자극이라고 주장했다. 또한 그는 몸과 마음은 분리가 가능한 상태이며 몸은 뇌와 마음의 통제를 받는다고 여겼다.

이러한 과학적·영적 변화에 따라 대규모 산업화와 도시화가 이루어졌으며 전통적인 가내수공업이 대규모 공장에서의 분할 작업으로 대체되었다. 경제·사회의 변화를 뒷받침해 준 것은 찰스 다윈의 연구와 진화 생물학의 출현이었으며 이 들은 다양한 허구의 이야기와 사회적 메타포를 통해 표현되고 소통되었다. 개인에 관한 철학이 지배적이 되었으며 개인이 사회보다 중요해지고 사회와 대립하게 되었다.

빅토리아 시대 소설들이 심리적인 성장과 자유를 추구하며 적대적이고 무정한 세상에 대항하는 외로운 인물로 가득한 것도 그리 놀라운 일이 아니다. 19세기 소설에서 홀로 동떨어져 있는 상태와 그로 인한 외로움의 서술에서 가장 두드러진 특징은 1740년 새뮤얼 리처드슨Samuel Richardson의 《파멜라: 보상받은 선행Pemela : Virtue Rewarded》이 출간된 이후 점차 강조되어온 심리적 사실주의와 산업화라는 배경(그에 수반되는 사회에 대한 이미지와 메타포까지), 공적·사적 영역의 구분이 점점 커져가는 것을 들 수 있을 것이다. 그리고 이로 인해 여성들은 가정이라는 영역 안에서 정서적인 만족과 동지애를 더 원하게 되었다.[9]

18세기부터 발달하기 시작한 부르주아 문학은 여가시간이 많고 연애와 개인주의라는 문학적 수사에 익숙한 독자층을 겨냥하고 있는데, 여기서도 뭔가 부족한 감정 상태를 나타내기 위해 외로움을 차용했다. I. D. 하디I. D. Hardy의 《사랑, 명

예, 순종》(1881)에서와 같이 사회적인 참여와 결핍 그리고 연애할 상대를 향한 바람이 뒤섞여 있을 때가 많았다.

> 젭은 계단 옆에 서서 주변에 있는 사교적인 사람들을
> 바라보며 약간 외롭다는 생각이 들었다. 그때 한
> 신사(저녁 식사 전 그녀에게 관심을 보이던 분으로 식사할
> 때는 그의 자리가 그녀로부터 멀리 떨어져 있었다)가 다가와
> 어둑한 조명 아래서 그녀가 자신이 봤던 '검은 눈동자의
> 그 예쁜 여성'이 맞는지 확인하려는 듯 베일을 쓴 얼굴을
> 찬찬히 들여다보았다.

빅토리아 시대 소설들에는 샬럿 브론테의 《빌레트Villette》부터 앤 브론테의 《와일드펠 홀의 소작인Tenant of Wildfell Hall》까지 그리고 조지 엘리엇의 《플로스 강변의 물방앗간》부터 토마스 하디의 《테스》에 이르기까지 외로운 여자 주인공들이 곳곳에 등장한다. 이들은 많은 경우 정서적인 저항이나 순교라는 주제를 지니고 있으면서도, "조각상에 어릴 듯한 인내를 품고 앉아 비통함에 미소 지었다"와 같은 문장에서 보듯이 이전 시대 여성들의 특징 또한 어느 정도 유지하고 있었다. 물론 여주인공들이 외로움을 극복할 수도 있을 것이다. 그러나 그

것은 전형적으로 "독자 여러분, 마침내 그와 결혼했습니다"라는 식으로 현재 상태를 그대로 묵인한 채 이상적이고 낭만적인 사랑을 충족시키는 것이었다.

찰스 디킨스의 작품은 무정하고 기계적인 산업 사회를 배경으로 외로움을 겪는 여러 유형, 특히 어린아이들을 그리곤 했다. 따라서 디킨스 소설의 남녀 주인공들(예컨대《위대한 유산》의 핍, 혹은《올리버 트위스트》의 주인공인 올리버)은 자신을 황량하고 적대적인 세상에서 아무도 없이 혼자이며 버림받고 친구도 없는 존재로 인식했다. 이러한 인물들을 통해 19세기 산업에 대한 메타포 안에서 심리적인 모순점에 사람들의 이목을 의도적으로 집중시킬 때가 많았다. 한편으로 노동자 계급은 기계의 톱니바퀴처럼 작업해야 했으며 이는 형편없이 야만적인 대우를 받는 사람들을 포함해 모든 인간을 비인간적으로 만들 가능성이 높았다. 실수나 나약함 때문이든 냉혹한 사회 구조나 불운으로 인한 것이든 사회 밖으로 내몰린 외로운 개인에 대한 시적인 묘사는 진화 생물학의 원리와 마찬가지로 초기 정신의학의 대상인 개인(불가분의 실체이며 한계가 있는 인간이 세상과 맞서는)의 출현과도 잘 맞아떨어진다. 정신과학에서는 18세기에 과도한 고독으로 인해 나타난 온갖 종류의 신경 쇠약을 신경학과 생물학 원리로 해석하기 시작했다.

이는 정신분석 이론과 오스트리아의 신경학 전문의인 지그문트 프로이트와 같은 이론가의 저서에 상당한 영향을 받은 것이다. 특별히 외로움에 대해 언급한 것은 아니었지만, 프로이트는 홀로 되는 두려움에 대한 글을 남겼다. 그는 언제쯤 '밝아질지' 고모가 말해주지 않으면 어둠을 무서워하는 한 어린 아이의 일화를 들었다. 어둠과 밝음, 차가움과 따뜻함을 외로움과 연관지어 볼 수도 있을 것이다. 프로이트의 연구 대상이었던 도라Dora는 히스테리 환자로 진단받았는데, 그녀가 비사교적이며 멀리 떨어져 있는 한 여인에 대한 과도한 그리움에 사로잡혀 있었다. 프로이트의 다른 글들에 의하면 아마도 이 여성은 도라의 어머니인 것으로 보인다.[10]

자아가 부적절하게 발달하여 앞으로의 환경에 적응하고 성장할 수 없는 신경증으로 나타나는 것도 외로움과 관련이 있음을 보여준다. 정신과 의사인 칼 구스타프 융을 포함한 다른 작가들이 볼 때 외로움은 인류가 직면한 현대의 딜레마가 드러난 것이었다. 융에게 있어 인간이 겪는 삶의 여정은 다른 이들로부터 자기 자신을 차별화하는 과정이었다. 개성화 과정은 존재의 의식적·무의식적 요소를 따로 분리해내는 것을 의미하며, 개인이 유용한 언어와 상징을 비롯한 집단 무의식의 가장 중요한 주제들을 활용하는 것이다. 융은 개인이 외부 세상과 어떻게 교류하느냐에 따라 '내향적인' 그리고 '외향적인' 유형으로 분류했다. 이때 내향성과 고독에의 추구는 어느 정도 신경증과 관련 있다 할 수 있다.

21세기 초반, 현대의 외로움은 마음의 작용과 관련 있는 정신적인 문제로 부각되었다. 사회적 고립에 대한 연구는 공공의 가치 하락과 심각한 고립에 중점을 두었으며, 근대화가 시작되고 개인이 다른 이들과 심하게 단절되며 생겨난 외로움이 인간 심리의 역기능과 부정적인 면임을 강조했다. 칼 마르크스와 에밀 뒤르켐Émile Durkheim 등은 소외의 다섯 가지 주요한 특징이 무기력, 무의미, 무규범, 고립, 자기소외라고 보았다.[11]

소외는 실존주의와 현상학과 같은 철학의 관점에서 볼 때 외로움이라는 복잡한 불가피함(적어도 실존주의자에게는)만이 아닌 세상에 대한 개인의 무력함이라 할 수 있었다. 그러나 가령 마르틴 하이데거와 같은 독일 철학자에게 지적인 진실과 자유는 고독뿐 아니라 외로움에서도 발견할 수 있는 것이었다. 외로움이야말로 진정한 자기 인식으로 가는 길이기 때문이다. 여기서 지적인 고립주의를 통해 의미를 추구하던 초기 수도원 은자들이 (하이데거가 신학적인 발언을 거부하긴 하지만) 떠오른다. 소위 첫 번째 실존주의자라 불리는 키에르케고르

(그의 저서는 특히 하이데거에게 영향을 미친다)를 포함한 다른 이들 또한 이와 비슷한 개념을 언급했다(사르트르는 자신의 연극 《닫힌 방》에서 "타인은 지옥이다"라고 했다).[12]

　프로이트가 특별히 이러한 사회 고립이라는 개념을 표현한 적은 없지만, 그의 잠재의식 대對 의식 그리고 자아ego-초자아super-ego-이드id 개념을 살펴보면 개인과 사회 사이에 어떤 틈이 있고, 자기self와 사회 사이에 단절이 생김을 알 수 있다. 막스 베버가 자본주의 경제의 토대를 개신교의 개인주의로 인식한 것과 같은, 20세기에 생긴 다양한 철학적 관점을 여기서 모두 열거하고자 하는 건 아니다. 20세기에 생긴 가장 중요한 시각은 경제적·정치적 구조와 신념에 도입되었으며, 21세기 서구 사회에서 여전히 지적인 논의를 지배하는, '자기 대 세상'과 '개인 대 사회'라는 개념이었다. 외로움이 그 양극단에서 그저 인간의 파편화된 상황이기만 한 것이 아니라, 타인과의 상호작용 능력과 관련된 분명한 심리 상태로 인식되기 시작한 것이다.

　프로이트는 '독실하고 본질적인 종교'가 외로움에 어떤 완충 장치가 되어줄 수 있다고 인정했다. 21세기에 종교에 대한 추구가 외로움으로 인한 것인지, 아니면 사람들이 신에게서 위로를 받기 때문인지의 문제는 흥미로우면서도 아직 제대로 탐구되지 않은 영역이라 할 수 있다. 물론 종교가 완전히 의미없어졌다거나 현대의 삶이 돌이킬 수 없이 세속적이라고 말하려는 건 아니다. 교리문답과 설교의 시행 면에서 보면 17세기부터 현재까지 뚜렷하게 변화하긴 했다. 그렇다고 사람들이 이전보다 덜 영적임을 의미하는 건 아니다. 그저 사람들의 영성이 다른 방식으로 표현되며, 매일 실천하는 그 무엇이 아니게 된 것이다. 더 정확히 말하자면, 시민들의 철학적인 동향을 확인하는 것이며, 그 경향에 의한 사회 현상으로서의 외로움이 반드시 가부장적인 신이나 내면화된 믿음 체계와 관련해 발달하는 것이 아니라, 유대감을 위한 의식을 대외적으로 행하며 서로 나누는 동년배 집단, 공동체와 함께 외적이며 세속적인 공감을 통해 성장하는 자기self라는 한 형태에 따라 달라진다는 것이다.

모든 사회에는 의식이 있다. 근대 초기에는 의무적으로 교회에 출석하고 교리문답을 포함한 예배 의식 등이 있었다. 반면 21세기 초의 의식으로는 사람들이 쇼핑백을 함께 풀어보는 유튜브의 '쇼핑몰 하울' 동영상을 들 수 있을 것이다. 종교적이든 세속적이든 어떤 활동이 이루어지고 그 의식이 반복되고 뚜렷해지면, 사회구성원들에게 일시적으로나마 어떤 의미와 소속감을 발견하게 해준다. 불안정과 경쟁, 소비문화로 특징지을 수 있는 디지털 포스트 모더니즘의 파편화된 풍조 속에서 어떤 정체성과 소속감을 나타낸다는 것은 만성적이고 불안정한 힘이 깃들어 있는 외로움의 개념을 강화하는 것이라고 할 수 있을 것이다.

어쨌든 21세기는 자아의 개성이 요구되면서 무수히 많은 관계의 중심에 자신을 두는 새로운 방식이 이어졌다. 그리고 그로 인해 감정도 연출이 되고 재생산되었다. 소셜미디어의 모순은 그것이 극복하고자 하는 고립과 외로움을 똑같이 생산한다는 것이다. 자살이 사회적 전염(1912년 프랑스 사회학자인 에밀 뒤르켐이 한 표현이다. 그는 이상이 붕괴되면서 어떻게 개인과 사회가 불안정해지는지 설명하며 '아노미anomie'라는 용어를 사용한다)이 되어 사람들 사이에 퍼졌던 것과 마찬가지로 외로움은 근대 후기의 사회적 산물로 여겨졌다. 이런 상황에서 사회적 유대감은 모든 사람의 관계망을 가로지르며 흐트러지고, 사회 조직을 와해시킬 수 있는 것이다. 신경과학자인 존 카시오포 John Cacioppo는 소셜 네트워크가 "마치 코바늘로 뜬 스웨터 끝에서 실 한오라기가 풀려나가듯 너덜너덜해지게 된다"라고 표현했다.[13]

역사적 힘의 산물, 외로움

외로움을 역사적 힘의 산물로 바라본다면, 21세기에 외로움
이 어떻게 그렇게 심각해졌는지를 이해하는 데 도움이 될 것
이다. 늘 외로움이 '몰려들 때'가 있기 마련이다. 현대를 사는
개인으로서 자신이 통과의례를 거치고 있음을 깨닫는 순간이
있다. 즉, 사춘기의 사랑, 아이의 출생, 결혼, 생명을 위협하는
질병이나 죽음, 이혼, 이밖에도 다른 이들과 함께 혹은 홀로
겪을 수밖에 없는 수많은 중요한 순간들이 있을 것이다. 공동
체라는 환경에 변화가 생겨도 개인의 삶은 계속된다.

그러한 삶 중 내가 가장 먼저 살펴보고자 하는 것은 미국
작가이자 시인인 실비아 플라스Sylvia Plath다. 플라스의 작품과
정신질환 그리고 요크셔 출신인 영국의 계관 시인 테드 휴스
Ted Hughes와의 결혼에 대해서는 많은 글이 남아 있지만, 그녀
를 평생 괴롭힌 것으로 보이는 외로움에 관해서는 거의 알려
진 바가 없었다. 외로움과 관련된 많은 이야기 즉, 만성적이거
나 일시적인 감정 상태, 성별에 따른 영향, 어린 시절, 청소년
기, 연애, 결혼, 부모되기, 한부모 되기 등 외로움을 느낄 만한
중요한 순간들을 플라스의 일기와 편지들을 연구하면서 발견
할 수 있었다. 내가 참고한 자료 또한 그녀가 남긴 글이다.

2장

피에 새겨진 질병?

실비아 플라스의 평생에 걸친 외로움

이런,
　삶은 외로움인 걸.

실비아 플라스, 《일기》[1]

2017년과 2018년 사이 미국 작가 실비아 플라스의 편지들을 모은 책이 두 권 출간되었다.[2] 이 책에는 플라스의 정신 건강에 대한 독특한 통찰과 다른 사람들, 특히 그녀의 남편이자 동료 작가였던 테드 휴스와의 관계 그리고 플라스가 1963년 2월 11일 자살로 숨을 거둘 당시의 정신 상태 등이 쓰여 있다. 첫 번째 책은 플라스의 어린 시절과 청소년기, 대학 시절, 휴스와의 만남에 초점이 맞춰져 있었고, 두 번째 책은 플라스가 죽기 전 정신과 의사에게 보낸 편지 12개가 포함되어 있었다. 그래서인지 언론에서는 두 번째 책에 훨씬 더 많은 관심을 보였다. 이 편지들에서 플라스는 자신을 때려 유산시킨 휴스를 비난하며 죽고 싶을 만큼 괴롭다고 고백했다. 플라스와 휴스의 관계는 플라스 묘비에서 그의 이름이 훼손된 일부터 두 사람의 딸인 프리다^{Frieda}가 자기 아버지를 열렬히 변호한 것에 이르기까지 언론의 많은 관심을 끌었다.

플라스와 휴스의 딸은 자기 아버지를 향한 세상의 비난

에 마음 아파하며, 부모의 무질서하고 예술적이며 열정적인 부부 생활을 감안하여 아버지의 폭력을 이해하고 용서할 방법을 찾으려 했다. 프리다는 이 편지들로 인해 책에 있는 모든 다른 내용이 빛을 잃는다는 사실을 깨달았다. 예술이 아니라 플라스와 휴스에 얽힌 추문만 회자되었던 것이다. 프리다는 결국 중요한 것은 예술이라고 주장했다. 이는 플라스가 그녀의 편지에서 반복적으로 말하고 있는 내용이기도 하다. 그녀는 휴스가 '천재'이며, 플라스 자신이 이로 인해 얼마나 큰 경제적·신체적·정신적 대가를 치러야 하는지에 대해 분노할 때조차 그를 알게 된 것에 감사한다고 했다.

그의 삶과 예술을 구분하는 것은 결코 쉬운 일이 아니다. 여기서 나는 플라스의 결혼 생활이나 휴스의 폭력성에 대해 논쟁하거나, 플라스가 겪은 불평등, 즉 휴스는 지적으로 또 현실적으로 자유로웠던 반면 그녀는 육아와 가사 그리고 예술 사이에서 곡예하듯 살아야 했던 상황을 가늠해보고자 하는 건 아니다. 내 관심은 플라스 스스로 기록한 그녀의 삶이 외로움으로 얼마나 그늘졌는가 하는 것이다. 그녀는 삶의 마지막 순간뿐 아니라 어린 시절부터 청소년기, 성인이 되어서도 외로움으로 고통받았다. 외로움은 플라스가 휴스와 결혼하고 갈등을 겪는 동안에도 그리고 그가 그녀를 떠났을 때도 줄곧 이

실비아 플라스와 테드 휴스, 1956년 사진.

어졌다. 외로움은 그녀의 창작물에서뿐만 아니라, 일기와 편지들을 통해 공개적으로 언급한 자신의 정체성과 심리 건강과 관련된 주제에도 명백히 드러났다. 플라스의 글에 계속해서 나타나는 만성적인 외로움은 일시적인 것(더 단기적이며 삶에서 일어나는 어떤 사건들과 관련 있다)과는 성격이 다른 것이며, 시간이 흐를수록 그 영향력이 커지는데도 불구하고 소홀히 여겼음을 알 수 있다.

플라스의 작품에는 그녀의 정서적 고통과 외로움이 섞여 있다. 정신질환과 외로움이 서로 영향을 끼치며 강도가 커지는 바람에 플라스는 사회적으로 더 심각하게 고립되었다. 플라스의 글을 읽으며 그녀가 자신을 어떤 식으로 꾸미고자 했는지 (세상에 어떻게 보이고 싶어 했으며, 자신을 어떤 식으로 드러내고 싶어 했는지) 살펴보면, 플라스가 겪은 외로움이 이 세상의 정치적·사회적 요구와 환경 그리고 그녀의 문학적 포부에 따라 계속해서 커지고 변화했음을 확실히 알 수 있다. 플라스가 평생 진정한 동반자(처음에는 친구였으며 나중엔 연인이었던 누군가로, 그녀를 전적으로 이해하며, 함께 있으면 플라스가 진정한 자신을 찾을 수 있을 것이라고 생각한 자)를 찾고 싶어 했다는 사실 또한 그녀가 어머니와 친구, 남편에게 보낸 편지들을 통해 명백히 드러난다.

플라스가 버지니아 울프처럼 자신을 고통받는 예술가로 연출한 것은 겉으로 표현되는 문학적인 외로움이 플라스에게 절실히 필요한 정체성이었다는 의미일 수도 있다. 그녀의 죽음이 울프의 자살과 직접적인 관계가 있다는 뜻은 아니다. 플라스가 마릴린 먼로를 비롯한 다수의 고통받던 여성 예술가들의 자살에 관심 있었던 것은 사실이다. 그녀가 금발을 따라 하기도 한 마릴린 먼로 또한 1962년 스스로 목숨을 끊었다. 플라스가 죽기 1년 전이었다.

플라스의 삶과 작품에 주목해온 학자들은 대부분 그녀의 휴스와의 열정적인 연애 그리고 정신질환과 자살에 대해 그런 결말이 어느 정도는 불가피한 것처럼 말하곤 했다. 이것은 플라스와 휴스를 오르페우스와 에우리디케나 엘리자베스 테일러와 리차드 버튼 같은 불행하고 격정적인 연인 관계로 보고 싶어 하는 문화 때문이기도 하다. 영혼의 동반자에 대한 필요성 그리고 그 상실이나 결여는 전통적으로 젊은 여성들의 외로움을 언급할 때 핵심이 되는 주제 가운데 하나였다. 그리고 유감스럽게도 플라스의 작품에서도 이 점이 명백히 나타난다.

플라스의 편지를 보면 그녀가 외로운 아이였으며, 친구를 사귀기 힘들어하고 대체로 적응을 잘 못했음을 알 수 있다.

1932년 미국 보스턴에서 태어난 플라스는 내성적이었으며 어릴 때부터 문학적이어서 시를 쓰고 잡지와 신문에도 글을 신곤 했다. 일기나 편지도 꾸준히 썼다. 그녀의 아버지 오토 에밀 플라스Otto Emil Plath는 곤충학자로 보스턴대학교의 생물학 교수였으나 플라스가 겨우 8살이었을 때 당뇨합병증으로 사망했다. 플라스의 어머니 아우렐리아 프랜시스 쇼버Aurelia Frances Schober는 오토의 제자였다.

아버지 오토가 사망한 후 실비아 플라스와 그녀의 남동생 워런은 지역 고등학교에서 대리 교사로 근무하던 어머니 아우렐리아가 키웠다. 플라스는 매사추세츠 주 노샘프턴에 있는 여자 문과 대학인 스미스대학교에서 공부했다. 이곳에서 그녀는 자신을 극도로 몰아세우며 끊임없이 완벽을 추구했으며 친구들과 사귀느라 시간을 낭비할까 봐 걱정했다(그러면서도 친구를 간절히 원했다). 스미스대학교를 졸업한 후에는 영국 캠브리지 뉴넘대학교Newnham College에 장학금을 받고 입학했다. 그리고 이곳에서 1956년 시인인 테드 휴스를 만나고 결혼하게 되었다. 이들 부부는 처음에는 미국에서 생활하다가 영국으로 거처를 옮겼다. 그들에게는 두 명의 아이, 프리다와 니콜라스가 있었지만 1962년 별거에 들어갔다. 그리고 1963년 플라스는 가스를 틀어 놓고 자살했다.

이 유명한 일대기의 골자엔 플라스의 존재가 어떻게 외로움으로 덧입혀지는지에 대한 많은 이야기가 숨어 있다. 그녀의 인생은 아직 아이였을 때 겪은 아버지의 죽음, 강렬하면서도 문제의 소지가 있는 어머니와의 관계, 대학 생활 그리고 소속감을 느끼려던 시도의 좌절, 이성 관계와 의미 있는 '상대'의 탐색, 일에 대한 도전, 비교적 짧은 시간 안에 이루어진 결혼, 엄마 되기, 별거와 같이 특별한 위기의 순간들로 점철되어 있었다.

플라스가 자신의 정서적 경험을 표현하는 데 사용한 여성을 나타내는 언어 또한 중요하다. 잃어버린 창의성을 묘사한 유산하고, 낙태한, 변형된 태아가 그것이다. 또한 정신 건강과 사회적인 압박과 관련된 자살에 대한 비유로는 사회의 모든 것을 왜곡시키는 '벨자bell jar'(종 모양으로 된 유리 덮개. 그녀가 쓴 자전적 소설의 제목이기도 하다. – 옮긴이 주) 그리고 그녀의 시에 나타나는 물, 부패, 힘과 같은 자연의 이미지가 있다. 이런 모든 언어 그리고 열정과 욕구라는 본능을 통해 플라스가 도저히 빠져나가지 못할 외로움이라는 유령이 확고히 형성되었던 것이다.

어린 시절의 외로움

2018년 BBC에서 시행한 설문 조사에 따르면 젊은이들에게 외로움은 꽤 일상적이라고 한다.[3] 플라스의 어린 시절 또한 외로움이 일상적이었던 게 확실하다. 어린 시절 그녀는 자신이 다른 이들과 '다르다고' 느꼈으며 소외감이 들 때가 많았다. 돌아가신 아버지에 대한 플라스의 해결되지 못한 복잡한 감정은 그녀가 죽기 직전에 쓴 시, 〈아빠〉에 드러나 있다. 5행으로 된 16개의 연으로 구성된 이 시는 거칠고 직관적이며 플라스는 아버지를 더 이상 맞지 않는 '검은 신발'이라 부르고 있다. 그녀의 아버지는 '난폭하고', '대리석처럼' 무거웠지만 플라스가 꿈꾸는 로맨틱하고 성적인 관계의 틀이 되었고, 그녀가 자기 아버지에게 느꼈던 사랑과 그리움은 테드 휴스를 포함한 다른 애인들에게로 옮겨졌다.

아버지 오토는 다소 폭군 같은 사람이었지만 그래도 플라스는 그를 몹시 좋아했으며, 아버지에 대한 그녀의 동경이 이후 휴스와의 갈등으로 이어지기도 했다. 플라스는 어머니에 대해서도 정서적으로 복잡한 감정을 지니고 있었으며, 성인이 된 후에는 지그문트 프로이트와 칼 융과 같은 정신 의학, 심리학 관련 책들을 읽으며 자기 스스로 이 문제를 살펴보기도 했다. 그러나 부모에 대한 자신의 감정을 아무리 합리적으로 접근하고자 해도 성인이 되어서까지 아이처럼 부모를 필요로 하는 상태를 벗어나진 못했다. 플라스는 또래 친구보다 어머니와 접촉하고 함께하기를 고대했다. 1943년 7월 18일 플라스가 고작 11살에 집을 떠나 캠프에 가 있을 때도 어머니 아우렐리아에게 쓴 편지에 다른 아이들이 집으로 돌아가는 걸 보니 자신이 마치 '버려진' 기분이라고 썼다. 어머니에게 소식을 들을 수 없었던 플라스는 걱정이 되어 어머니가 잘 있는지 알고 싶어 했다.

플라스는 매일 어머니에게 편지를 쓰고 '실비아'부터 '시브', '시비', '당신의 실비', '당신만의 아이, 실비아', '내가'와 같이 다양한 방식으로 글을 마무리했다. 플라스의 초기 편지에서 분명히 드러나는 점은 어머니에 대한 애착 형성과 청소년기 발달 과정에서 흔히 나타나는 의식적인 자기 꾸미기 self-fashioning라 할 수 있다. 또 한 가지 확실한 것은 플라스가 공부를 열심히 하고 자신의 학업 성취에 대해 자랑스러워했으며, 그러면서도 어린 시절의 경험을 함께 나눌 특별한 친구가 없었다는 사실이다. 〈어머니를 그리워하며〉에서는 어머니와 떨어져 있을 때 느꼈던 버림받은 느낌에 관해 쓰고 있다. 플라스는 특히 대학에 가서 외로움이 심해졌을 때도 아이처럼 어머니에게 의존하며 계속해서 편지를 보냈다.

"이제 스미스 여대생이 되었어요."

1950년 플라스는 매사추세츠 주 노샘프턴에 있는 여자 문과 대학인 스미스대학교에서 대학 생활을 시작했다. 그녀는 많은 것을 배우고 친구도 사귈 수 있을 거란 생각에 신이 나고 들뜬 상태였다. 플라스를 둘러싼 물질적인 세계는 그녀가 처음으로 오래 집을 떠나 있던 기간 동안 정서적으로 적응해나가는 데 매우 중요한 역할을 했다. 어머니에게 보낸 편지에는 자기 방과 주변 환경의 물질적인 특징을 묘사했다. 단풍나무로 만든 책상은 '벨벳'처럼 부드럽고, 시계는 심장박동 소리를 내며, '손으로 만져지는 유형의 물건들'이 '친근하게' 느껴진다고 기록했다. 외로운 이들은 흔히 물질적인 대상을 의인화하고, 인간적인 면을 부여하며 특별한 위안을 얻곤 한다.

플라스는 하루에 한 번 이상 어머니에게 편지를 썼으며 학업, 로맨틱한 관계, 옷, 친구 관계, 정신 건강, 체중, 정서적인 행복, 돈 걱정(플라스는 스미스 졸업생이자 작가인 올리브 히긴스 프라우티가 후원하는 '기대되는 젊은 작가' 장학금 혜택을 받고 있었다)

까지 대학 생활을 낱낱이 알렸다. 그녀는 최고의 성적을 받으면서 일상생활, 연애, 창의력 사이에 균형을 잡을 수 있을지 걱정하며 초조해했다. 플라스는 1950년 10월 2일 스미스에 진학한 지 한 달이 채 안 됐을 때 자신이 완전히 '지쳐버렸다고' 표현했다.

공부에 매진하면서 제대로 잘하고 있는지, 잠은 충분히 자고 있는지, 앞으로 책은 낼 수 있을지 끊임없이 걱정하다 보니 정신 건강 문제가 악화되었다. 그리고 정신적인 문제는 사회적 고립으로 이어졌다. 정서적인 문제가 있다고 진단받은 이들의 과반수가 스스로에 대해 외롭다고 얘기한다. 플라스는 얼마만큼 공부하는 것이 적당하며, 얼마나 많이 공부해야 충분한지 혼란스러웠지만 다른 학생들에게 도움을 받아 외로움을 달래는 것도 쉽지 않았다. 그들을 경쟁 상대로 보거나 자기 길에 방해가 된다고 여겼기 때문이다. 그래도 그녀는 다른 이들에게 사랑받기 원했고, 친구나 연인을 통한 만족을 느끼지 못할까 봐 불안해했다.

1950년 11월 플라스는 철학 교수인 피터 베르토치의 '혼전 성관계 문제'라는 강의를 들었다. 어머니에게 보낸 편지에서 그녀는 강연의 참석자 수가 굉장히 많았다는 얘기를 하며, 자신은 지금 어떤 남자한테도 빠져 있지 않고(그녀 생각엔 그래서 그 강좌를 완전히 논리적으로 볼 수 있었다고 생각했다), 세상과 동떨어져 있는데 이것이 지속가능하지 않다고 했다.

플라스는 모든 에너지를 공부에 쏟아부었지만, 남자친구도 여자친구도 없었고 '자신을 내어줄 만한' 사람이 아무도 없다며 속상해했다. 누군가에게 자신을 쏟아붓고, 모든 것을 내어주고 싶어 하는 갈망은 플라스가 인생에 대해 지니는 태도의 특징이라 할 수 있었다. 하지만 이런 욕구는 1950년대 여성들에게 흔히 나타나는 기대이기도 했다. 플라스의 내면에서는 결혼과 가정 문제가 글을 쓰고 혼자 지내며 유명해지고 싶은 갈망과 계속해서 충돌했다.

플라스의 외로움에 대한 인식과 슬픔이 커지자 어머니가 전처럼 딸에게 정서적인 안도감을 주고 교류하지 않게 된 것이 점점 더 견디기 힘든 일이 되었다. 성장은 그녀에게 몹시 고통스러운 것이었다. 그녀는 계속 아이로 남고 싶어 했으며 여성의 의무, 심지어 자신을 가꾸는 일에서도 자유롭기를 바랐다. 플라스가 제대로 쉴 수 있는 순간은 집에 잠시 들러 어머니에게 육체적·정서적으로 보살핌을 받을 때뿐이었다. 그녀가 18살에 집을 떠나 대학에 간 것을 생각하면 이해되는 면도 있다. 플라스가 집에서 회복의 시간을 보낸 후 어머니에게 보낸 편지를 보면 보통 때처럼 '어머니'나 '엄마'라고 하는 대신 '울 엄마'라고 부르며, 자기에게 음식을 해주고 향수와 스타킹을 사주며, 늦잠을 자게 해주고 며칠간 자신을 소중히 보살펴준 것에 대해 고마워하고 있다.

플라스는 스미스대학교에 있는 동안 자신을 외부 세계와 연결해주는 편지들을 썼으며, 이것은 편지를 실제로 보내는 일만큼이나 중요한 일이었다. 편지를 쓰면 신체의 움직임을 통해 다른 이들과의 연결이 강화된다. 편지를 받는다는 건 그 관계가 존재한다는 확인이다. 편지는 물리적인 것으로 반복해서 읽을 수 있을 뿐만 아니라 외로움을 달래는 데도 도움이 된다. 플라스는 그녀의 마지막 편지들에서 어머니와의 전화 통화도 늘 기쁘지만, 외부 세계와 자신을 연결해주는 것은 편지뿐이라고 회상하곤 했다.

플라스는 어머니 외에도 독일 펜팔 친구인 한스 조아킴 뉴포트와 핵으로 인한 대참사가 일어날 가능성에 대해 함께 얘기했고, 《세븐틴》이라는 잡지에 플라스의 시 한 편이 실린 후 그녀에게 편지를 보내기 시작한 에디 코헨과도 편지를 주고받았다. 플라스는 두 사람을 통해 의식적으로 자신의 다른 정체성을 시험해보고자 했으며, 학교에서 매일 겪는 고립에 대한 대안을 찾기 바랐다. 하지만 플라스는 대부분의 시간을 외롭게 보냈다. 당시 그녀의 유일한 친구는 앤 대비도우Ann

Davidow뿐이였으며, 그녀와는 공부에 대한 압박감이나 우울과 불안으로 생기는 어려움에 관해 얘기했다. 대비도우와의 유대감을 통해 플라스는 치유되는 느낌이 들었으며 고립감도 덜 수 있었다. 그러니 대비도우가 스미스를 떠났을 때 플라스가 배신감을 느끼고 홀로 남았다고 생각한 것도 이해가 간다. 그러나 대비도우가 학교를 떠난 것은 정신 건강이 악화되었기 때문이었다. 플라스도 친구인 대비도우의 기분 변화를 느낄 수 있었으며, 명랑한 모습도 전보다 '어색하다는' 사실을 알아차렸다.

플라스는 어머니에게 보내는 편지에 대비도우와 둘이 우울함과 자살 충동에 관한 얘기를 나눴다고 썼다. 그녀가 처음으로 자살에 대한 생각을 얘기한 것도 이때다. 이후 이어지는 일기 제목이나 편지에서도 다른 이들, 특히 친구나 작가의 자살에 대한 이미지가 반복적으로 등장하며 존재라는 진절머리 나게 우울한 본질에서 빠져나갈 탈출구로 표현되고 있다. 둘 사이에는 자살과 정신질환에 대한 생각을 나누는 동료 의식이 있었으며, 대비도우 또한 플라스처럼 다른 여자애들이 '너무 파벌을 이룬다'고 생각했다. 플라스에 따르면 대비도우가 면도날을 쌓아두고 끊임없이 자살에 관한 말을 했다고 한다. 그러면서 만일 대비도우한테 자기처럼 아우렐리아 같은 어머니가 있다면, 그녀도 괜찮을 거라고 편지에 썼다.

대비도우와의 우정이 없는 대학 생활은 더 암울해졌다. 속마음을 얘기할 사람이 아무도 없었으며, 스케이트나 카드놀이 등 여자아이라면 다들 하는 어떤 것도 할 수가 없었다. 혼자가 아닌데도 외롭다고 느껴서 생기는 불안은 고독과 외로움의 근본적인 차이와 관련 있다. 이것은 사람들이 '주변에' 있느냐의 문제가 아니라 자신이 다른 이들과 공통점이 하나도 없음을 인식하는 것으로, 매우 고통스러운 과정이라 할 수 있다. 중요한 것은 의미 있는 관계다. 플라스는 다른 여학생들에게 다가가려고 해봤지만 그 애들이 자신을 '이상하게 쳐다봤다'라고 대비도우에게 보내는 편지에 쓰고 있다. 대비도우와의 관계에 모든 에너지를 쏟았던 탓에 완전히 혼자가 되어버린 것이다. 그녀는 방에 홀로 앉아 상실감에 눈물을 흘렸다. "너무 외로워. 이 1인실은 정말이지 쓸쓸하구나."

플라스는 어머니에게 보내는 편지에 대비도우가 떠난 사실을 언급하며 그녀가 자신의 유일한 친구였다고 하소연했다. 이제 함께 양말을 빨 수 있는, 매력적이면서도 정서적으로 잘 맞는, 물리적으로 매일 친근한 우정을 나눌 만한 친구가 주변에 아무도 없었다. 이처럼 매일 느끼는 소소한 유대감들이 플라스가 가장 그리워하는 것이었다. 처음에는 1인실을 쓰게 됐다고, 이제 온종일 공부에 집중할 수 있겠다며 그렇게 좋아했었는데, 결국에는 함께할 사람이 없는 현실을 견디지 못했다. 플라스는 일기장에 외로움이 마음뿐 아니라 몸 전체를 망가뜨리는 것 같다고 썼다. 그러면서 외로움이 '마치 혈액에 생긴 병처럼 자기 안의 불명확한 중심'에서 비롯됐으며, 너무 온몸에 퍼져 있는 바람에 정확히 어디부터 시작된 건지도 알 수 없다고 쓰고 있다. 외로움은 감염되는 '전염병' 같았으며, 이 용어들은 외로움을 유행병으로 개념화하는 데 자주 쓰이게 되었다.4 플라스에게 외로움과 향수병은 서로 밀접하게 연결된 것이었다. 향수병은 플라스가 자신을 지배하는 '쓰라린 감정'에 대해 다른 이들에게 설명하기에 적합한 말이 되었다. 향수병에는 외로움에 있는 부정적인 의미가 없었고, 사람들이 동조할 가능성도 훨씬 컸기 때문이다.

외로울 때는 주변의 환경이라는 물질세계가 멈춰버릴 수도 있다. 홀로 있으며 자신이 외롭다고 의식하면 이것이 감각과 정신을 압도해버리는 것이다. 지나치게 예민하거나 정서적인 허약함이 신체 감각과 연결되게 되면 평범한 사물도 새로운 의미로 다가올 수 있다.5 플라스는 한때는 위안을 주던 시계 소리가 끝없이 째깍거리고 형광등 불빛이 '인위적으로 너무 밝고 선명하다'며 불평했다. 이러한 관점에는 낭만주의 시인들이 그랬던 것처럼 자연 세계가 더 건강하며 덜 외로운 공간이라는 생각이 내포되어 있다고 할 수 있다. 확실히 플라스가 여름에 해변이나 자연에서 보낸 시간을 언급할 때 더 행복하고 건강하며 덜 울적해 보이긴 했다.

플라스가 어머니에게 보낸 밝고 쾌활한 편지와 두려워하고 고립된 자신을 표현한 일기장의 내용은 눈에 띄게 차이가 났다. 그녀는 날마다 선풍기가 윙윙 돌아가고 불빛이 비치는 도서관에 앉아서 다른 여학생들이 함께 즐겁게 지내는 모습을 바라보며 자신은 어떻게 외따로 단절된 채 있는지 기록했다. "소외감과 외로움이 너무 깊어지다 보니 정체성을 잃어버려서 마치 '얼굴 없는' 사람이 된 느낌이었다."

외로움과 자살 충동

젊은 여성인 플라스는 친구를 간절히 원했지만 자신과 다른 학생들 사이의 커다란 격차를 실감했다. 그녀는 친구들과 복도에서 지나치기만 하고 결코 알고 지내지 못하는 게 아닐까 염려하다 보니, 자신이 쓰는 글을 통해 정서적인 만족을 추구하게 되었다. 실제로 편지와 일기를 쓰면서 감정적인 울림을 얻을 수 있었다고 한다. 구체적으로는 다른 이들과 연결되는 행위이며, 비유적으로는 비어 있는 종이에 내가 여기 있다며 흔적을 남길 수 있기 때문이다. 하지만 학교의 다른 여학생들과 소속감을 느낄 수 없었던 플라스는 자신을 완성해주고 특별하게 만들어줄 로맨틱한 상대를 통해 계속해서 자기 확인을 하고자 했다. 이러한 욕구가 1950년대의 상황에서는 작가로서 명성과 성공을 꿈꾸는 자신의 또 다른 욕망과 상반된다는 사실을 그녀 또한 깨닫게 되었다. 당시에는 여성들이 창의적인 에너지를 가정에 온통 쏟아야 하던 때였다. 연애도 너무나 실망스러웠다. 플라스가 만난 남자들은 대부분 그녀의 관심과 흥미를 끌기에 부족했다.

그때 플라스는 책을 출간하고 성공을 거두고 독립적이며 친구와 연인에 둘러싸인 여성과 자기 방과 마음속으로 물러나 있는 외롭고 향수병에 걸린 소녀로 나뉘어 있었다. 1951년 11월부터는 점점 더 악화되고 있는 정신 건강에 대해, 또 자신을 완성해줄 무언가 혹은 누군가가 간절히 필요하다는 내용을 글을 통해 언급하기 시작했다. 플라스는 자신이 집으로 가 어머니 치마폭에 안겨 '엉엉 울기엔' 나이가 너무 많고, 그렇다고 '부모의 본보기'나 아버지의 조언이 없는 상태에서 남자들을 잘 다루기엔 준비가 제대로 되어 있지 못했다고 느꼈다. 그녀는 자신에 대한 책임을 내려놓고 동경하는 버지니아 울프나 사라 티즈데일과 같은 여성들을 따라 자살이라는 불확실한 도피로 빠져들 수 있길 갈망했다.

플라스의 경우에서 보듯이 자살에 대해 생각하고 종종 언급하며 관념적으로 행동하는 것은 21세기 외로움에 관한 연구에서도 자주 나타난다.[6] 플라스의 글에서도 자살에 대한 갈망이 반복적으로 되풀이된다. 그녀는 자해를 하기도 했으며 여러 번 자살을 시도했다. 특히 물에 빠져 죽는 상상은 그녀의 글에서 두드러지게 나타난다. 예컨대 플라스는 버지니아 울프의 운명에 대해 쓰고 얼마 지나지 않아 '거대한 파도가 휘몰아치며 나를 덮쳐 삼켜버리길' 바란다고 밝혔다. 사라지기를 열망하는 마음속에는 외로움이 자리 잡고 있었다. 그렇지 않고서야 어떻게 그녀가 그리도 간절히 '다른 사람들과의 소통'을 원했겠는가?

한 번은 플라스가 실제로 자신에게 자살할 용기가 충분히 있는지 알아본다며 자기 다리에 칼로 상처를 낸 적도 있었다. 연극적인 요소는 분명히 있었다. 다른 사람들이 이 상처를 보면 세상에 (그리고 그녀의 어머니에게도) 플라스가 고통받고 있다는 사실을 알릴 수 있었을 것이다. 그렇다고 해서 플라스가 느끼는 고통의 진실성이 사라지는 것은 아니었다. 플라스는 (자신이나 어머니도 모르는 사이에) 후일 안 좋은 소문에 휘말리는 한 정신과 의사에게 우울증 치료를 받게 되었다. 이 의사는 플라스에게 일련의 수면제를 처방하고 경련을 유도하는 과정 때문에 부정적으로 인식되곤 하는 ECT라는 전기쇼크요법electroconvulsive therapy을 시술했다. 스미스대학교 시절 플라스의 지원자였던 올리브 히긴스 프라우티가 그녀의 대학 학비를 지원해주었듯 병원비 또한 대부분 부담했다. 프라우티 또한 플라스와 비슷한 우울증과 '히스테릭한 증상'을 겪었는데 1920~1950년대는 고통스럽고 심각한 사회적, 심리적 배척을 경험한 여성들에게 자해와 자살이 비교적 자주 발생한 때이기도 했다.

1952년 8월 24일 플라스는 어머니의 수면제를 먹고 자살을 시도했다. 그리고 몇 달 후 친구인 에디 코헨한테 보낸 편지에 무슨 일이 있었던 건지 설명했다. 그녀는 오래된 외로움에 대해 전반적으로 언급하진 않았지만, 가장 최근 실망한 일에 대해 얘기했다. 스미스대학교에서는 과목을 잘못 선택해 듣고 있었고, 하버드대학교의 작문 강의 수강신청은 거부당했다. 그녀는 작가가 되지 못할 것 같다는 생각이 들었다. 플라스의 글에는 특히 성별이나 여성과 관련 있는 생식력을 나타내는 은유가 여기저기 눈에 뜨인다. 기형인 아이들을 낳고, 강간당하고 폭행당하는 내용을 썼는데, 이런 폭력적인 이미지는 플라스의 개인적인 편지에서도 그렇고 창작글에서도 자주 등장하는 장면이다. 그녀는 결혼했든 안 했든, 바쁘고 창의적이고 행복하고 현실에 만족해하는 여성들 사이에서 자신은 정도에서 벗어난, '사랑할 수도 느낄 수도 없는' 여자라고 느꼈다. 마음속으로 늘 다른 이들과 비교하는 행동은 외로운 이들에게 뚜렷하게 나타나는 증상이다. 사회성으로 평가해보면 외로움을 타는 사람들이 강한 인맥을 지닌 이들보다 점수가 더 낮은 경향이 있다. 다른 사람들이 더 인기 있고 사회 참여도 잘하며 더 행복하다는 믿음은 외로운 이들이 하는 '혼잣말'에 나타나는 특징이기도 하다.[7]

플라스는 코헨에게 자신이 어떻게 어머니와 남동생이 외출하길 기다렸다가 수면제를 한 움큼 삼킨 후 지하실에 몸을 숨겼는지 설명했다. 어머니에게는 하이킹을 떠나 하루 정도 있다 올 거라고 쪽지를 남겼다. 경찰이 왔지만 이틀이 지나도록 플라스의 흔적은 찾을 수 없었다. 그런데 가족들이 저녁 식사를 하려고 자리에 앉았을 때 남동생이 그녀가 도와달라고 울부짖는 소리를 들었다. 플라스는 좁은 공간에서 깨어났으며 벽에 얼굴을 부딪치는 바람에 영구적인 흉터가 생겼다. 2주간 병원에 갇히고 난 이후에는 정신과 의사인 루스 보이셔 박사의 진료를 받기 시작했다. 이 의사에게 보낸 편지들을 통해 훗날 플라스의 결혼생활 파탄 그리고 휴스의 폭력과 불륜이 밝혀진다.

자살 시도 이후 플라스의 편지들에는 억지스러운 쾌활함이 묻어난다. 평론가들은 이 점에 대해 플라스가 어떻게 해서든 잘 지내며 생활도 잘 해내고자 노력한 흔적이라고 해석했다. 플라스와 비슷한 신경 쇠약을 앓았으나 회복하는 데 더 많은 시간이 걸린 제인 앤더슨Jane Anderson과의 경쟁심이 발동한 측면도 있었던 것 같다. 어쩌면 이 과정이 그녀에게 해가 되지 않았나 싶다. 플라스의 편지들을 통해 분명히 알 수 있는 점은 자신이 잘 지내기 위해 무엇을 해야 하는지 깊이 의식하고 있었다는 사실이다. 플라스는 남자친구인 고든 래티머Gordon Latymer에게 보낸 편지에서도 커피숍에서 시간을 보내고 사교적이 되며 다른 여자들과 우정을 쌓는 일에 대해 언급하고 있다. 하지만 코헨에게는 밤에 '전기 충격 요법을 받던 수술실' 꿈을 꾸다 공포에 떨며 깼다고 털어놨다. 당시 플라스에게 가장 필요했던 건 그녀가 한 번도 가져보지 않았던 '사랑하는 사람', 그녀와 위기의 순간을 함께 해줄 이였다.

1954년 1월 스미스대학교로 다시 돌아가 2학년 2학기를 다시 들어야 한다는 사실 또한 플라스에게 너무나도 버거운 일이었다. 예전에는 다른 여학생들이 그녀와 친하게 지내지 않는 정도였다면 이제는 그녀에게 거부감을 느끼고 있었던 것이다. 플라스가 고립된 것은 워낙 공부만 파고들었기 때문이기도 하지만 정신이상이라고 낙인찍힌 탓이기도 했다. 집을 함께 쓰는 여학생은 플라스를 별종이라 생각했으며 '떠도는 소문'의 주인공쯤으로 여겼다. 자살 시도 이후 보인 플라스의 행동 또한 사람들이 보기에 평범하지는 않았다. 플라스가 뉴욕에서 만난 친구 중 한 명은 그녀가 '이중인격'을 지녔으며 상당히 가식적이었다고 표현했다. 당시 플라스가 사람들이 자신을 배척하고 다른 여성들이 자기를 이상하게 여긴다고 느낀 것은 아무래도 어느 정도 현실적인 근거가 있는 생각으로 보인다.

1954년 플라스는 이중인격이라는 주제를 분석한 〈마법의 거울: 2개의 도스토옙스키 소설에 나타난 이중성에 관한 연구〉라는 논문을 제출했다. 사색을 담은 일기나 그녀의 다른 글에서도 이와 유사하게 성격, 자살, 정체성에 대한 애착, 정신 건강을 다루고 있다. 플라스는 논문에서 도스토옙스키의 소설 《이중인격》에 나오는 골야드킨이라는 인물에게 반복적으로 나타나는 모티프, 특히 그가 계속해서 자신을 '하등 동물'과 동일시하며 '사라져버리거나 죽고 싶어 하는' 모습에 대해 분석했다. 플라스는 '자살의 매력을 오래된 고통에서의 해방'으로 여겼으며, 이것이 그녀의 자전적 사유의 모티프라 할 수 있었다. 플라스가 자살을 관념화하는 시선('새가 사냥꾼에 게 스스로 날아드는') 또한 새의 이미지를 연상시키는 것이었으 며, 이것은 그녀와 테드 휴스와의 관계(그가 사냥꾼이고 그녀가 사냥감으로 각자 살아남기 위한 투쟁에 골몰하는)를 떠올리게 했다.

그녀가 외롭고 우울해질수록 사교계에 발을 들이기는 더 힘들어졌고, 외로움은 플라스의 파괴적인 심리 패턴의 일부가 되어버렸다. 플라스가 서구 사회에서 선호하는 '외향적인 성 향'을 지니고 싶어 한 점 또한 중요하다. 그녀는 자신이 성격 을 바꿀 수 있다면 사회 경쟁에 뛰어들 수도 있고, 거부당하고 멀리 떨어져 있는 대신 다른 여자들 중 한 명이 될 수 있을 것 같았다. 왜 플라스는 다른 이들 틈에 껴서 '다수에서 위안을 얻을' 수 없었을까? 왜 홀로 있어야 했던 걸까?

플라스는 외향적으로 '보이기' 위해 애썼다. 내향성과 신 경증 사이에 부정적인 연관성이 있다고 생각했기 때문이다. 플라스는 삶을 함께할 동반자를 선택해야 한다는 점과 모든 것이 그 판단에 달렸다는 사실 그리고 그 책임(남자들이 만족감 을 주지 못한다는 사실과 함께) 때문에 억눌리고 확신이 없었으며 그러한 문화에 스며들지 못하는 느낌이 들었다. 그토록 간절히 글을 쓰고자 하면서 어떻게 엄마와 아내로 만족할 수 있겠는가? 어떤 특별한 종류의 외로움은 이렇게 사회적 기대와 자기 정체성 사이의 괴리에서 비롯된다. 자신이 남들과 다르고 어울리지 않는다는 느낌은 성인이 되고 노년이 되어서도 어린 시절과 똑같이 계속 이어지는 것이다.[8]

1953년 5월 플라스는 〈마드무아젤〉 잡지에서 주관하는 공모전에 입상하면서 객원 편집자로 활동할 기회를 얻어 뉴욕으로 가게 되었다. 그리고 이때의 경험을 다음 소설인 《벨자》에 묘사했다. 플라스는 지칠 대로 지쳐 있었으며 과로한 상태였다. 7월에 쓴 일기를 보면 그녀가 얼마나 정서적으로 위태롭고 다른 이들의 위안이 필요했는지, 그런데도 불구하고 고립되고 홀로 있어야 했는지 알 수 있다. 그녀는 특히 부모님의 안내와 지원이 부족하다고 느꼈다. 플라스는 자신이 특별한 관심을 원하는데도 불구하고 지인들이 공감해주지 않자 다른 여성의 애인을 가로채기까지 한다. 그녀는 어머니에게 지치고 외롭고 질투 난다며, 그저 누군가 자신을 돌봐주면 좋겠다고 한탄했다. 플라스는 편지에 "인간은 서로를 필요로 하는 법이다"라고 남기기도 했다.

낭만적인 대상의 필요성

플라스 일기의 많은 부분은 선택의 제약에 관한 내용이다. 그녀는 여성이 된다는 것의 의미는 무엇이며, 어떤 때 성적인 행동과 결정에 주의해야 하며, 안전의 욕구(그녀는 돈 문제를 늘 염려했다)와 성적·지적 자극을 잘 조화시켜야 할까를 고민했다. 플라스는 특별한 이성관계를 원했다. 자신을 이해해주는 특별한 친구를 간절히 바랐던 것과 마찬가지였다. 감정과 꿈에 대해 믿고 얘기할 수 있는 사람, '자신을 쏟아 부을' 누군가를 열망했다.

　　1956년 2월 플라스는 시인 테드 휴스를 위해 열린 파티에 참석했다. 그녀와 휴스와의 관계는 다른 곳에서도 많이 다루어지기도 했고, 이 장의 주제와 명확히 맞아떨어지지도 않는다. 가정불화와 폭력이 얼마나 그 나름의 고유한 패턴의 외로움을 낳으며, 육체적·정서적 학대가 어느 정도로 수치, 고립, 은둔과 관련 있는지도 이 책의 주제는 아니다. 어쩌면 플라스가 그토록 사랑에 빠져버린 휴스를 만났으니 불만족스러운 외로움도 이제 끝났다고 생각할지도 모른다. 그러나 그렇지 않았다. 우선 그녀는 행복을 함께 나눌 친구가 부족했다. 플라스가 어머니에게 말했듯 마치 '다이아몬드 광산'을 발견하고도 그것에 대해 얘기할 사람이 아무도 없는 처지였던 것이다. 한 사람의 삶을 구성하는 통과의례(성인이 되고 사랑에 빠지며 직업을 구하고 결혼하는 등 사회적·정서적으로 중요한 변화)는 다른 이들을 통해 지지와 축하를 받아야 한다. 지지가 부족하면 기대와 경험 사이에 격차가 발생한다. 더구나 플라스가 휴스에게 집착하게 되자, 그와 떨어져 있을 때 못 견디게 그리워하게 되었고, "외로움은 나를 더 갇혀 있게 할 뿐이다"라고 말할 만큼 고립이 점점 더 깊어져만 갔다. 휴스에 대한 육체적·물질적 사랑이 다른 모든 것을 무감각하게 만들었다. 플라스는 감정적으로 넌더리가 날 때까지 그를 삼켜버리고 싶었으며, 자신 또한 그에게 먹히길 바랐다.

1957년 플라스와 휴스는 미국으로 거처를 옮겼다. 그녀는 모교인 스미스대학교에서 강의하게 되었지만 언제나 우선시되었던 건 휴스의 경력이었다. 플라스는 누군가를 가르치면서 동시에 글을 쓸 시간과 에너지를 충분히 확보하는 게 어렵다는 사실을 깨달았다. 당시 일기 내용의 상당 부분이 이러한 적응 과정을 담고 있다. 남편을 우선으로 챙기는 동시에 글을 쓸 여유까지 찾아야 했다. 플라스와 휴스의 관계는 강렬하고 열정적이었으나 폭력적이기도 했다. 1958년 6월 11일 플라스는 부부 싸움을 하고 난 후유증을 언급하며, 자신이 "남편한테 맞았고 눈앞에 별이 보였다"라고 표현했다. 그녀가 육체적·정서적으로 배우자에게 상처를 받은 것이 이번이 처음이 아니었으며 어쩌면 마지막도 아니었을 것이다.

부부는 1959년에 영국으로 돌아갔고 다음 해 딸 프리다가 태어났다. 플라스는 자신의 첫 번째 시집, 《거상Colossus》을 펴내기도 했다. 그들은 데번으로 이사 가며 런던 아파트를 위빌 부부에게 세주었다. 1962년 6월 플라스가 자동차 사고(차가 강물에 빠져버렸다)를 당하는데, 후에 그녀가 밝힌 바에 따르면 자살 시도였다고 했다. 같은 해 7월 플라스는 휴스가 위빌 부인과 불륜을 저지르고 있다는 사실을 알게 되었고 그와 별거에 들어갔다.

돈 문제와 미래를 걱정하는 한편 휴스의 성공에 대해 화가 나면서도 자랑스럽기도 한 플라스의 외로움과 정서적 고립은 절정에 달했다. 1963년 겨울은 매섭게 추웠고 플라스가 살던 아파트 배관은 얼어붙었으며 아이들은 끊임없이 칭얼댔다. 플라스가 이런 사정을 친구이자 주치의였던 존 호더에게 이야기하자, 그는 항우울제를 처방하고 상주 간호사도 주선해 주었다. 하지만 이런 노력으로도 플라스의 자살에 대한 열망을 쫓을 순 없었다. 1963년 2월 11일 이른 아침 간호사가 도착했을 땐 플라스가 이미 가스 오븐에 머리를 넣고 사망한 상태였다. 작가로서도 저서인《벨자》가 호평을 받지 못하고, 사랑은 거부당했으며 감정적으로 압도되어버린 그녀는 참을 수 없이 버거워진 삶 대신 죽음을 선택했다.

정신질환으로 인한 고립

정신질환을 앓으면 마치 자신과 세상 사이에 유리창이 놓인 것과 같은 특별한 종류의 외로움을 겪게 된다. 일상이나 다른 사람들과 연결되지 못하며 고통 속으로 침잠해버릴 가능성이 매우 크다. 죽기 직전 플라스가 무엇 때문에 괴로워하고 머릿속으로 무슨 생각을 했는지는 알 수 없다. 그러나 그녀의 마지막 편지들을 보면 몹시 고통스럽고 동요된 상태였으며, 런던에서의 새로운 삶을 시작하는 필사적이나 취약한 시도를 비롯하여 자신과 휴스 사이에 일어난 모든 일을 쉴 새 없이 반복해 쓰고 있음을 알 수 있다. 되풀이되는 주제는 사회적 단절과 정서적 결핍이었다. 그녀가 그토록 갈망하는 다른 이와의 관계는 쉽게 만들어지지 않았다.

플라스의 일기와 편지들에서 가장 중요한 주제 가운데 하나는 실제든 상상에 의한 것이든 어머니, 아버지, 애인이나 배우자, 친구들로부터 거부당하지 않기 위한 그녀의 필사적인 노력이라 할 수 있었다. 당시 정신질환과 창의성이 서로 관련 있다는 주장이 있기도 했지만, 플라스의 경우 지나치게 예민한 결과 상황을 몹시 과장되게 받아들였고 그래서 외로움에 더 취약했다고 볼 수 있다.[9]

플라스의 자기 정체성과 친구 관계에서의 결핍, 세상에서 자신이 맡은 역할에 대한 무수한 질문이 예술가들만 하는 고민이라고 할 수는 없었다. 온전해지는 느낌을 줄 수 있는 어떤 특별한 사람, 영혼의 동반자에 대한 열망 또한 마찬가지였다. 사실 창의성과 정신질환이 연관된 것이라는 생각은 낭만주의 시대부터 영국 문학과 문화에서 흔히 찾아볼 수 있는 것으로, 여기에는 상실감 또한 내포되어 있다. 상실감은 21세기의 가장 심오한 외로움의 지표로, 외로운 마음과 사랑의 추구가 바로 그것이다.

3장

외로움과 결핍

영혼의 반려자를 향한 맹목적인 사랑

《폭풍의 언덕》과 《트와일라잇》의 주인공들

우리가 서로 떨어져 있을 때는 넙치류처럼
한쪽 면만 따로 지니고 있어야 한다. 이는 인간이
맺은 계약 때문이며 그래서 늘 다른 한쪽을
기다리게 되는 것이다.

아리스토파네스, 플라톤의 《향연》 (기원전 285–370)

내 생명과 같은 이가 없다면
난 살 수 없어!
내 영혼인 사람 없이 살 순 없어!

캐서린, 《폭풍의 언덕》 (1847)

현대 서구사회에서 의미 있는 상대significant other라는 개념은 '영혼의 동반자soulmate'나 '유일한 단 한 사람the one'과 같은 뜻이 되었다. 이는 각자 자신을 '완성하기' 위해, 혹은 '온전한 하나를 이루기' 위해서 함께해야 할 특별한 한 사람이 존재한다는 믿음을 일컫는다. 밸런타인데이 기념이나 마트에서 파는 '2인분 요리', 혹은 '영혼의 동반자'라는 표현에서 볼 수 있듯 의미 있는 누군가에 대한 낭만적인 이미지가 대세다. 소설, 영화, 노래에서도 사랑은 우리가 원하는 모든 것이 되었다. 이것은 특별한 종류의 사랑이라 할 수 있으며, 누군가에게 '압도되듯 사로잡히고 빠져들며' 그러면서도 계속해서 그 사람을 '더욱 갈망하게 되는' 식으로 표현된다. 낭만적인 사랑은 육체적·정서적으로 강렬하며 매우 이상화된 것으로 한 개인의 안정을 위협할 수도 있다. 그런데도 자기 자신이 다른 사람 '안에서' 소멸해버리는 일이 사람들이 바라는 전부가 된 것이다.

이러한 열정적인 시각에서 바라보면 다른 것들은 모두

이성 관계라는 전통적으로 이상화된 세계 안에서 질서 정연하게 늘어선 것처럼 느껴진다. 즉 연애, 결혼, 가정, 자녀가 그럴 것이며, 늘어나는 이혼율에도 불구하고 함께 나이 들어가면서 그 열정이 이어지기를 기대하게 되는 것이다. 그러나 장기적인 관계에 대한 정서적인 기대와 현실 사이에는 커다란 차이가 존재한다. 말하자면 모든 이상화된 결합은 그렇지 않은 것과는 다르다고 생각하는 것이다.

이상적인 상대가 없다면 불완전하다고 느끼는 결핍 때문에 피할 길 없는 외로움이 생기는 것일 수도 있다. 만일 외로움이 정서적·사회적으로 자신이 바라는 관계와 이미 이루어진 관계 사이의 격차를 나타내고, 문화적인 이상형은 영혼의 동반자라면, 누가 그 상대 없이 진정한 만족을 느낄 수 있겠는가? 더구나 이성 관계에서는 영혼의 동반자라는 이상형으로 인해 의존성이 형성될 수 있다. 특히 여성은 역사적으로 실비아 플라스의 경우처럼 관계를 다른 무엇보다 우선시하도록 요구받았다. '단 한 사람'이라는 낭만적인 시선에는 정서적으로 건강하지 못한 관계를 나타내는 위험, 불안정, 지배, 통제가 깔려 있기 쉽다.

이 논의에 소개할 사례는 영혼의 동반자가 큰 주제를 이루는 두 개의 소설, 《폭풍의 언덕》과 《트와일라잇》이다. 두 소설 모두 남자 주인공이 위험스럽고 야생적이며 안정성을 깨트리는 존재지만, 고통을 겪고 있는 여주인공에게는 그가 자신의 쓸쓸함과 외로움을 대체할 수 있는 유일한 선택이 된다. 이것에 대해 논의하기 전에 우선 21세기의 낭만적인 사랑에 대한 그리고 사랑의 추구와 관련한 완전함의 탐색, 즉 영혼의 동반자라는 개념에 대한 철학적 기반부터 살펴보도록 하자. 영혼의 동반자라는 개념은 대체 어디서 비롯된 것일까? 또한 실체든 혹은 상상에 의한 것이든 외로움에 영혼의 동반자가 미치는 영향은 무엇일까?

영혼의 동반자라는 개념은 비록 현대적인 해석과 차이가 있었지만, 고대에 처음 시작된 것이다. '자신을 완성해주는' 또 다른 사람이라는 발상은 고대 그리스 철학자인 플라톤의 글에서 유래했다. 플라톤은 기원전 385년에 쓴 《향연》에서 연회에 참석한 저명한 사람들 사이의 대화를 묘사하고 있다. 그중엔 플라톤의 스승이었던 소크라테스를 비롯하여, 엘키비아데스 장군과 아테네 귀족인 파이드루스 그리고 희극작가인 아리스토파네스가 있었다. 이들은 모두 연회 주최자의 요청에 따라 사랑과 욕망의 신인 에로스를 기리는 연설을 하게 된다. 여기서 에로스는 성적인 사랑뿐 아니라 파이드루스가 '그 용기'라고 이름 붙인 무모한 격정과도 연결된다. 여기서 말하는

'용기'는 호머의 말에 따르면 신들이 영웅들의 영혼에 불어넣어준 것이다. 사랑은 이 연회에서 세속적이면서도 영적이며, 신성하기도 하고 속되기도 한 존재로 묘사된다.

아리스토파네스는 자기 차례가 되자 인간이 한때는 신체적·정서적으로 다른 존재였다고 말했다. 남자나 여자만 있는 것이 아니라, 남자, 여자 그리고 '이 둘의 결합인' 자웅동체 양성Androgynous이라는 존재가 있었다는 것이다. 따라서 세 종류로 구분되는 인간이 있었고, 이들이 서로 다른 곳으로 이주하면서 인류의 고대 선조가 되었다고 했다.

> 태초에는 인간이 등과 옆구리가 붙어 있는
> 둥근 모양이었다. 손과 발이 네 개씩이었고,
> 하나의 머리에 얼굴 두 개가 서로 반대 방향을 바라보며
> 원형의 목 위에 놓여 있었다. 귀도 네 개였으며,
> 두 개의 신체 기관(남성과 여성 생식기) 그리고 그에 따른
> 나머지 부분이 딸려 있었다.

이렇게 인간이 세 부류로 나뉜 상태였으므로 두 개의 성이 아니라, 태양(남성), 대지(여성), 달(남녀, 양성)에 해당하는 세 가지 성별이 있었다. 3이라는 숫자는 성 삼위일체부터 맥베스

에 등장하는 세 마녀에 이르기까지 오랜 기간 상징적인 의미를 띠어왔다. 그런데 이 생명체가 신들을 공격하는 바람에 신들에게 문젯거리가 생기게 되었다. 인간이라는 종 전체를 벼락을 내리쳐서 전멸시켜 버리는 게 좋을까(이러면 신들이 앞으로 인간에게서 받을 희생제물을 잃게 된다), 아니면 다른 방법으로 벌을 주는 게 나은가? 이 질문에 제우스가 답을 찾아냈다. 인간을 둘로 나누어 힘을 약화시키고 그 수는 늘리기로 한 것이다. 그는 인간을 '알'을 나누듯 반으로 갈랐으며, 두 얼굴을 안쪽으로 서로 마주 보게 하여 각자 자기 자신을 들여다보게 하였다. 옆구리 살을 배꼽 쪽으로 끌어당겨 마치 오므려 닫은 돈주머니처럼 중앙에 입구를 만든 다음 매듭지어버렸다(배꼽이라 부르는 기관과 같은 부위다).

> 인간은 이렇게 분리되자마자,
> 두 부분이 각자 나머지 반을 원했으며 서로 다가가
> 팔을 둘러 끌어안고 뒤엉키며 하나가 되고자 했다.
> 그러다 한쪽이 죽고 다른 한편만 남으면 그 살아 있는
> 자가 이른바 여성이나 남성인 또 다른 짝을 찾아 나섰고
> 그 새로운 짝에 다시 열중했다.

이렇게 '상대'에 대해 분명한 욕구를 알아본 제우스는 인간의 생식기를 앞으로 옮겨 놓았고, 생식 방법을 '땅속의 메뚜기처럼' 씨를 뿌리던 방식에서 삽입 성교로 바꿨다. 남자와 여자가 서로를 껴안음으로써 아이를 낳아 기르며 인류가 계속되게 한 것이다. 이 이야기에 따르면 우리 안에 새겨진 서로에 대한 열망은 이토록 오래된 것이며, 인간의 본질적인 특성을 다시 만들어내고자 두 사람이 하나를 이루어 '자신들의 상황'을 나아지게 하려는 것이다.

아리스토파네스 이야기에서 제기된 문제는 우리를 온전하게 해주는 '상대방'이라는 근대적인 개념을 통해 바로 인식할 수 있다. "우리가 서로 떨어져 있을 때는 넙치류처럼 한쪽 면만 따로 지니고 있어야 한다." 아리스토파네스가 이어 말한다. "그래서 늘 다른 한쪽을 기다리게 되는 것이다." 하지만 그렇다고 21세기의 (지배적인) 완벽한 이성의 짝이라는 개념이 고대 그리스에서도 통했던 건 아니었다. 개인의 성적·감정적 욕구는 말 그대로 그들이 어떻게 분리되었는가에 달려 있었다. "원래 여성의 일부였던 여성들은 남성을 좋아하지 않고 여성을 좋아하게 된다. 역시 남성의 일부였던 남성들도 남성에게 끌린다. 본래 남성의 한 부분이었으므로 다른 남성들과 어울려 다니면서 서로를 품에 안게 되고, 후에는 정치인으로 성장한다. 그렇지만 그들 중 한 사람이 자신의 나머지 반쪽, '자신의 실제 반쪽'을 만나면, 상대가 젊은 시절 연인이든, 또 다른 애인이든 상관없이 다음과 같은 심오한 변화가 일어나게 된다."

한 쌍의 커플은 놀랍기만 한 사랑과 우정, 친밀함에 빠져
잠시도 상대를 바라보지 않을 수 없게 된다.
이들은 평생을 함께할 사람들이며 그러면서도 왜
서로에게 그토록 끌리는지는 정확한 이유를 대지 못한다.
서로를 향한 강렬한 열망이 서로에 대한 성욕으로 보이진
않으며 각자의 영혼끼리 끌리지만 그게 무엇인지는
알 수 없는 그 어떤 것이라 할 수 있다. 그리고 이것은
어둡고 불확실한 예감을 통해서만 다가갈 수 있다.
이렇게 만나 서로에게 녹아들며 둘이 아닌 하나가 되는
과정은 오래된 욕구의 표현인 것이다.

이런 관점에서 보면 함께 하고 자기 자신을 완성해줄 수 있는 특별한 '상대'를 발견해야만 행복이 가능해진다. 사실 운명의 한 쌍이 만들어내는 몸과 영혼의 결합이야말로 외로움과 상반되는 개념이다. 만일 감정, 육체, 영혼이 의미 있는 상

대와 연결된다면 현대적인 의미에서 볼 때 외롭다는 기분이 들 리 없다. 현대 심리학에서도 비슷한 논쟁이 있었다. 출생이 지니는 의미는 연애 관계를 통해서가 아니라 사랑해서 결혼한 부모가 하나를 이룸으로써 형성된다고 본 것이다.

서구에서 '진정한 사랑'의 전형이자 척도가 된 영혼의 동반자라는 개념의 함정은 분명하다. 모든 이에게 특별한 누군가가 있고 자신의 온전함이 그 사람을 찾느냐에 달려 있다는 생각은 믿을 수 없을 만큼 극단적이다. 또한 이로 인해 인지와 현실 사이에 차이가 발생하며 그 유일한 '한 사람'을 찾지 못한 이들의 경우 실패감을 느끼게 된다. 그렇다고 이런 생각이 공동체 의식을 증진하는 것도 아니다. 단 한 명의 '상대'를 찾아야 하는 거라면 로맨틱한 사랑은 특히 진화생물학이나 애인이나 배우자 탐색과 연관된 개인적인 경험이라 할 수 있을 것이다.

'적자생존'은 찰스 다윈의 《종의 기원》의 5판에서야 소개된 개념으로, 후손을 가장 많이 남긴 자들이 자신의 특질을 다음 세대에 전달하기 쉽다는 의미였다. 그러나 사회진화론을 주장하는 이들에 의해 '적자생존'은 제국주의와 인종주의, 유전학, 사회적 불평등을 정당화하는 구실로 사용되었다. 성적 정복이라는 표현은 누군가가 얼마나 다른 사람 눈에 이상적으로 비치는가뿐 아니라 그로 인해 여성을 다른 여성에, 남성을 다른 남성에 대치시키며 영혼의 동반자라는 말로 이어지게 된다. 그리고 이러한 사랑은 정서적·성적 만족을 경제적 지원이나 동지애와 같은 다른 특성보다 가장 우선시한다. 이에 대해 좀 더 알아보기 위해 18세기에 이루어진 '영혼의 동반자'라는 개념의 최초 형성과정을 살펴보려 한다. 영혼의 동반자는 플라톤의 발상을 훨씬 더 가정적인 모습으로 차용해 온 것이라 할 수 있다.

낭만적인 이상형, '영혼의 동반자'

'영혼의 동반자soulmate'라는 단어를 문헌에 처음 사용한 이는 낭만주의 시인인 새뮤얼 테일러 콜리지Samuel Taylor Coleridge였다. 《젊은 여인에게 보내는 편지Letter to a Young Lady》(1822)에서 콜리지는 결혼을 받아들이는 일이 여성들에게 '자살과 같은 행동'이라고 주장했다. 한번 들어서면 개인적 존재와 즐거움 그리고 의무까지 '모든' 영역이 결혼이란 것으로 채워지기 때문이다. 그의 말에 따르면 결혼하면 극도의 행복과 고통을 맛볼 수 있으며 사람들 대부분이 '무심함'과 '호감'의 중간 언저리에서 배우자를 선택한다고 했다. 그러나 콜리지는 불행해지지 않으려면 '짐이나 멍에를 함께 지고 가는 짝'이 아니라 '영혼의 동반자'를 만나야 한다고 조언한다. "어떤 이와 자신의 인격을 융합할 수 있는가? 만일 신이 그렇게 할 수 있는 권한을 허락한다면 스스로 '나'라고 할 수 있는 모든 것(몸과 마음, 재산)을 누구와 함께할 것인가? 그렇게 된다면 상대방의 습관과 대화에 영향을 받게 되므로 자신을 위해 스스로 조심해야한다. 그 사람의 습관, 대화 등으로 인해 영혼이 나쁜 영향을 받지 않도록 경계해야 한다. 당신의 생각, 기분, 목표, 무의식적인 경향과 태도에도 방심할 수 없는 영향력이 그 힘을 발휘할 것이다!" 콜리지는 편지에서 정원을 예로 들어 설명했는데 그는 '토양', '기후', '방향'을 확인함으로써 행복이 '꽃필' 수 있다고 여겼다. 이렇게 그는 인간의 품성과 경험(그리고 영혼)의 성장과 계발이 알맞은 조건만 갖춰지면 잘 자라는 자연 현상과 같은 것으로 묘사한다. 이런 조건이 사회적·심리적 계발에만 이상적인 것은 아니다. 이것은 신의 명령이기도 하다. "신은 사람이 혼자 있는 것이 좋지 않다고 하셨다. (우리가) 마땅히 되어야 할 사람이 되기 위해서는 선한 지지와 도움, 교류가 있어야 한다."

외로움이라는 주제는 점차 매우 흔한 것이 되었다. 결혼이 정신적인 결합을 나타낼 수 있다는 문학적인 발상 또한 마찬가지였다. 영혼의 동반자와 비슷한 '영혼의 반려자partner of my soul'라는 표현은 18세기에 살았던 박식한 토머스 터너라는 사람이 1761년 일기장에 사용하였다.[1] 이런 감성이 낭만주의 시대에 탄력을 받아 인기를 끌었으리란 점은 어쩌면 당연할 것이다. 이러한 개념은 종교적일 뿐 아니라 속되기도 하고 고전적으로 보일 수 있었을 것이다. 낭만주의 시대에는 세속적인 인본주의와 문학적 자의식, 자연에 대한 사랑, 개인적인 건강, 부, 행복의 추구가 정서적·신체적 의무였다. 그리고 그에 따라 정신과 신체가 건강한지가 결정되었다.

콜리지는 농경시대의 용어에서 벗어나 병과 의학 개념을 사용하며, 신체 건강을 정신 건강과 맞먹는 것으로 그리고 있다. 그는 "고질적인 통풍이나 폐결핵을 앓거나 몸 한쪽이 마비된 중풍 걸린 남자와는 결혼하지 말아야 한다"라고 기록했다. 이는 비유적인 표현으로 병 이름을 칭함으로써 몸의 질환이라는 명목 아래 도덕과 지성의 결함과 문제점을 고려하라는 의도다. 왜 그랬을까? 가장 중요한 건 예의나 외모 같은 겉으로 보이는 태도가 아니라 '더 귀한 측면'을 지녔는가 하는 점이기 때문이다.

콜리지가 영혼의 동반자라는 말을 사용한 것은 '나'라

는 사람이 서로 밀접하게 연결되어 있으면서도 뚜렷이 구분되는 '몸, 영혼, 재산'으로 구성되어 있다고 생각했기 때문이다. 콜리지는 개인이 몸과 영혼뿐 아니라 사회적 존재이기 때문에 결혼이라는 관습이 남성과 여성에게 물질만이 아닌 정서와 종교 측면에서의 필요 또한 아울러야 한다고 인식했다. 그가 말하는 영혼의 반려자라는 개념은 현대적인 의미의 '단한 사람'이라기보다는 순수하게 언어적·철학적인 장치로 사용되었으며, 흔히 쓰는 현대 용어로 본다면 '집'과 '멍에'를 함께 공유하는 사람이라 할 수 있을 것이다. 전통적으로 역사가들은 결혼을 사랑의 항해라든가 금전적 이득에 집중해서 설명했다. 하지만 이러한 접근은 유용하지 않을뿐더러 지나치게 단순하기까지 하다.[2]

콜리지의 글에서 중요한 점은 영혼의 동반자가 물질과 감정 모두에서 만족을 느껴야 한다고 보았다는 데 있다. 의미심장한 부분은 그 사람이 꼭 배우자여야 하는 건 아니라는 것이다. 낭만주의 문화에서 주목할 만한 요소는 사람 간의 관계를 추구하고, 개인 사이의 영원한 결합이 요구됐다는 것이다. 사교성이나 연애에 관해 이야기할 때 간과하기 쉬운 점은 정신적인 관계가 아니라 개인의 정신적·성적·감정적 욕구가 어떤 특별한 사람에 의해 충족된다는 사실이 낭만주의 관념에서 두드러지는 부분이라는 것이다.

콜리지의 글 이후 영국 문단에서는 연애로 생기는 설렘과 함께 자기 자신을 완성하고자 (플라톤 시대 때와 같은 의미로) 하는 '영혼의 동반자'라는 용어가 점점 더 유행하게 되었다. 동행하고 지지해주는 이에서 개인의 욕구에 따른 성적인 이상형으로 사랑의 정의가 재정립된 것은 개인주의와 관련이 있었다. '영혼의 동반자'라는 용어는 특히 20세기 초반 영국 출판계에서 인기를 끌었는데, 1930년대 후반부터 시작해 1960년대 동안 꾸준히 상승세를 타다 1980년대에 그 정점을 찍었다. 1980년대부터 '영혼의 동반자'라는 말이 더 흔히 사용된 것은 아마도 '단 한 사람'을 찾는다는 개인 광고나 미디어 담론의 출현과 관련 있을 것이다.

'외로운 심장lonely heart' 또한 19세기 후반 문학 용어로서 그 쓰임이 최고조에 달했다. 감성적이고 상징적인 사랑의 기관인 심장 언저리의 감수성과 연결되기 때문이다. 20세기 초반 '외로운 심장'에 대한 개념은 특히 짝을 찾지 못해 애쓰는 여성이라는 사회적 정체성으로 소설과 신문에 널리 퍼지게 되었으며, 상업적으로 사랑을 탐색하는 모델을 제시하였다. 《가디언》 신문에도 (비록 지금은 인터넷판으로 옮겨갔지만) 여전히 같은 기능을 하는 '영혼의 동반자'라는 데이트 주선 페이지가 있었다. 디지털 기술을 활용한 다른 사업들 또한 사용자 친화적이며 '과학적'으로 사랑을 찾아준다.

영혼의 동반자에 대한 현대적인 이상은 20세기 초반 충분히 실현된 것으로 보인다. 그러나 그 뿌리는 사랑, 갈망과 자연 세계와의 낭만주의적이고 환상적인 물질적 결합을 통해 개인의 만족을 열정적으로 추구하는 19세기에서 찾을 수 있다. 《폭풍의 언덕》과 〈트와일라잇 시리즈〉는 모두 여성이 '영혼의 동반자'나 의미 있는 상대를 찾으며 그 상대 없이는 외로워진다는 설정이다(한편 그 사람과 함께 있으면 '정상적인' 사회에 발을 들여놓을 수 없다). 두 소설 모두 자연의 속성과 가깝거나 그로부터 동떨어진 존재이기도 한 위험스러울 정도로 관능적이며 음울하고 위협적인 남자 주인공이 등장한다. 여자 주인공인 캐서린과 벨라는 모두 사회 관습과 개인적인 바람에 대한 상처를 지니고 있다. 그들의 선택은 성적이고 정서적인 만족 그리고 무감동하나 순응적인 삶 사이에 놓여 있다. 이러한 선택은 눈에 보일 것인가 말 것인가, 위험에 처할 것인가 안전할 것인가를 중심으로 이루어진다. 우리는 두 소설 모두에서 강렬하고 로맨틱한 이상형이 매력 있고 (그리고 확실히 '유일한') 투쟁할 만한 사랑의 형태라는 생각을 내면화하고 불멸의 것으로 받아들이게 된다. 이러한 만족이 결여되거나 이상형을 잃으면 감정적으로 황량하고 외로워지는 것이다.

소설 속 사랑과 영혼: 《폭풍의 언덕》

우선 1847년 엘리스 벨Ellis Bell이라는 가명으로 에밀리 브론테
가 발표한 소설《폭풍의 언덕》을 살펴보기로 하자. 이 소설은
지금이야 문학의 고전으로 꼽히지만, 당시엔 잔인함과 위선,
매정한 인물 묘사로 인해 많은 논란을 일으켰다. 친절하나 인
위적인 감성에 대비되는 야생 황무지인 하워스Haworth의 이미
지와 함께, 이미 확고히 자리 잡은 지방 사람들과 시골 생활의
냉혹한 현실에 아직 익숙하지 않은 새로 온 사람들 간의 갈등
이 꽤 많은 부분에 걸쳐 묘사되어 있다. 주인공들의 로맨틱한
관계는 널리 회자되었으며 캐서린과 히스클리프 그리고 그녀
와 에드거 간의 사랑은 문학적으로 많은 논쟁을 낳았다. 나는
이 소설을 외로움과 로맨틱한 사랑이라는 두 가지 복합적인
관점에서 살펴보고자 한다.《폭풍의 언덕》에서 이상적으로 그
리고 있는 로맨틱한 사랑의 묘사는 짝사랑을 하는 사람에 대
해서는 외로운 황무지에서 정처없이 떠돌아다니는 고통스러
운 이미지를 만들어냈다.

《폭풍의 언덕》은 처음 출간되었을 때는 많은 비판을 받았다. 비평가들은 도덕적 감화나 목적의식의 완전한 결여 그리고 거칠기 그지없는 등장인물들에 충격을 받았다. 소설의 분위기는 고딕 양식을 연상시키기도 한다. 성처럼 생긴 으스스한 저택과 악마적인 행동의 조짐, 격정적인 주인공 혹은 주인공답지 않은 주인공, 실신하는 허약한 여주인공, 귀신과 같은 초자연적인 현상의 징조, 자연의 섬뜩한 광경, 구불구불 난 길과 비밀스러운 장소, 달빛과 어둠이 그것이다.《폭풍의 언덕》에서 두드러지게 나타나는 이 요소들은 18세기 후반부터 영국 문학에서 점점 자주 나타나게 되었다.《폭풍의 언덕》은 강렬한 '낭만주의적 감수성'이 가득한 소설이다. 한 비평가에 따르면 "소설은 무시무시한 열정과 고조된 감정"의 토로로 가득하다. "특히 히스클리프와 캐서린의 광포한 열정에 대한 낭만적이고 시적인 표현을 통해 소설은 거의 서정시와 같다."[3] 이야기는 또한 떨어질 수도 피할 수도 없는 영적이고 세속적 추구라 할 수 있는 사랑에 대해 후기 낭만주의적 서사 기법을 사용해 묘사하고 있다.

질병, 감성, 기질, 교양에 대한 성별에 따른 여러 가지 비유적인 표현에 있어서 캐서린과 히스클리프는 대조적으로 다르면서도 서로가 온전해지기 위해서는 절대적으로 서로를 필요로 하는 모습으로 묘사되어 있다. 히스클리프는 자연 그대로의 난폭함을 나타내며, 린턴 가의 고상하고 무의미한 시도로는 길들일 수 없는 황무지와 유사하다 할 수 있다. 캐서린이라는 인물은 그와 반대로, 자유롭고 거리낌 없이 정열적으로 행동하는 본인의 천성을 거스르고 계층과 성별에 대한 전통적인 기대에 부응해 에드거와 결혼하였으니 그 대가로 응징받아야 마땅한 인물이다. 여성의 재능과 민감성에 대한 문학과 의학 담론이 두드러졌던 19세기 초반 영국에서는 연약함을 이상화하는 섬세하고 감성적인 여성에 대한 예찬이 지배적이었다.[4] 교양 있고 세련된 에드거는 불안하고 폭력적이며 사회 관습이나 예절 바른 행동에는 신경 쓰지 않는 히스클리프와는 상반되는 존재라 할 수 있다. 그러나 히스클리프는 캐서린의 그림자 같은 존재로 그녀에게 무슨 일이 생길지 감지해내기도 한다. 그래서 캐서린도 히스클리프는 "나보다 더 나 같은 사람"이라고 한 것이다. "나는 히스클리프이며 그는 늘 언제나 내 마음속에 있어. 마치 나 자신처럼." 그러므로 캐서린은 에드거와 결혼할 때 자기 '영혼'과 '마음'에 반하는 행동을 한 것이며 그 결과 몸과 마음에 심각한 상처를 입을 수밖에 없었다. 그리고 히스클리프도 캐서린 없이는 살아갈 수 없었다. 그녀가 죽었을 때 그는 세상에 분노하며 외친다. "내 생명과 같은 이가 없다면 난 살 수 없어! 내 영혼 없이 살 수는 없어!"

《폭풍의 언덕》의 등장인물들이 당시 사회에 만연하던 성 구분에 대한 극단적인 모습을 담고 있긴 하지만, 애인에게 버림받고 고통스러워하는 여성들의 이미지는 매우 익숙한 것이다. 한 연구에 따르면 빅토리아 시대의 소설 약 250편에 나타나는 죽음의 원인을 분석해보니 다른 어떤 원인을 합한 것보다도 여성이 짝사랑이나 사랑의 상실로 사망한 경우가 많았다고 한다.[5] 히스클리프라는 인물 설정은 많은 면에서 바이런 경으로 널리 알려진 조지 고든 바이런 George Gordon Byron과 같은 '바이런 풍의 주인공'을 따르려 한 것으로 보인다. 이런 주인공들은 거칠면서도 잘생긴 외모와 관습에 대한 도전, 자기 욕구와 개인적인 만족을 추구하는 카리스마 넘치는 행동, 욕구와 의무를 대치시키는 초월적인 성적 매력 혹은 위험요소로 특징지을 수 있다. 바이런의 반자전적인 서사시인 〈차일드 해럴드의 순례 Childe Harold's Pilgrimage〉에서도 사회 관습에 저항하며 심오한 감수성과 감성을 지닌 반항적이고 변덕스러운 주인공이 등장한다. 바이런이 성에 집착하고 변덕스러우며, 멀쩡히 잘생겼으면서도 위험하고 격정적이며 또 열성적이라고 워낙 널리 알려지는 바람에 대중의 의식 속에 바이런이라는 사람

히스클리프와 캐서린. 새뮤얼 골드윈의 영화《폭풍의 언덕》(1939)의 한 장면

자체와 그에 대한 신화적 요소 사이의 경계가 모호해졌다. 게다가 바이런이 그리스 독립 전쟁에서 치명적인 부상을 당하자 바이런식 영웅은 더욱 확고히 자리 잡게 되었다. 이것이 바로《폭풍의 언덕》을 읽은 현대의 독자들이라면 익숙할 이미지인 것이다.[6]

이에 걸맞게 히스클리프는 가정부인 넬리에게 자신의 아내 이사벨이 자신을 '사랑의 주인공'으로 점찍었으며 기사도적인 헌신으로 한없이 그녀에게 너그럽게 대해주기를 기대하고 있다고 말한다. 열정적인 사랑은 현실이 아닌 환상임이 드러나지만, 그래도 매력적이면서도 악랄한 로맨틱한 남자 주인공과 그에게 마음을 빼앗기고 버려지는 여자 주인공의 이미지를 형성하는 데 중요한 요인이 된다. '영혼의 동반자'라는 개념은 고통스러운 것이다. 이성 간의 친밀함에 대한 어떤 기대치를 설정하는 동시에 격정적인 파괴만을 낳을 가능성이 높기 때문이다. 둘의 관계에서 위험한 수준의 학대가 이루어질 수도 있다. 열렬히 사랑받는다는 생각에 열정의 수위가 사회 관습이나 행동 규범까지도 대체해버릴 수 있는 것이다. 놀라운 것은 이러한 설정이 10대 소녀들이나 젊은 여성들을 대상으로 한 21세기 소설에도 넘쳐난다는 사실이다.

사랑은 늑대인간이나 뱀파이어마저 극복한다

여성들과 소녀들을 겨냥한 소설이 넘쳐나는 가운데 고딕 양식이 다시 환기되고 있다. 이 소설들에는 위험, 열정, 죽음, 쇠약, 악담, 광기, 초자연 그리고 뱀파이어까지 등장한다. 2005년에서 2008년 사이에 《트와일라잇》시리즈 4권이 발간됐다. 이 책들은 후에 서밋 엔터테인먼트에 의해〈트와일라잇 사가〉라는 시리즈 영화로 만들어진다. 미국 작가인 스테퍼니 마이어Stephenie Meyer가 쓴 이 책은 10대인 이사벨라(벨라) 스완이 어머니가 새 남편을 따라 애리조나 주 피닉스 집을 떠나자 워싱턴 주 포크스에 있는 아버지 집으로 거처를 옮겨가며 생기는 일을 그리고 있다. 이사벨라는 포크스에서 104살의 뱀파이어인 에드워드 컬렌 그리고 늑대인간인 제이콥과 만나 사랑에 빠진다. 이 시리즈는 뱀파이어 소설의 새로운 시대가 시작되었음을 알리며 2011년까지 1억 2,100만 부가 팔리고 40개 언어로 번역되었다. 그러나 페미니스트의 시각으로 볼 때 이 책은 문제가 많은 작품이다. 건강하지 못한 이성 관계에 가치를 두고, 짝사랑만큼 외로운 것은 없다는 암시를 주고 있기 때문이다.[7]

　《트와일라잇》의 줄거리는 벨라가 에드워드와(때로는 제이

쿱과) 함께할지 말지를 결정하는 고민과 에드워드를 향한 강렬한 열정을 중심으로 전개된다. 이러한 열정은 특히 인간이기를 포기하고 사회에서 배척당하며 자연과 더 가까워져서 결국엔 자신이 한때는 두려워했던 생활 방식을 지닌 다른 뱀파이어들과 숲에서 사냥해야 하는 것을 뜻하는 것이다. 이 소설들과 특히 이어 만들어진 영화는 엄청난 성공을 거두었으며, 소설의 문학적·사회적 가치에 대한 중요한 논쟁을 일으켰다. 벨라와 에드워드의 관계가 소녀들을 향한 기독교적인 금욕주의(만일 성관계를 갖는다면 남성이 여성을 죽일 것이다. 그는 여자의 피를 원하지만 그녀를 한번 물고 나면 자신을 제어하지 못한다)를 나타낸다고 하는 비평가들도 있다. 이 책은 또한 본질적으로 어떤 것이 폭력적인 관계인가에 대한 센세이션을 일으켰다. 에드워드는 벨라가 무엇을 할 수 있고 없는지, 누구를 볼 수 있고 없는지를 통제할 수 있다. 그리고 둘 사이에는 늘 끔찍한 죽음에 대한 두려움이 존재한다.

시리즈의 구성은 놀라울 정도로 《폭풍의 언덕》과 유사하다. 젊은 여성이 잘 생겼으나 위험한 남성과 사랑에 빠지며, 궁극적인 만족을 얻을 것인가 아니면 관계를 거부할 것인가의 문제를 두고 책의 내용이 전개되는 것이다. 벨라는 에드워드와 지내면서 끊임없이 위험에 노출된다. 그러나 벨라를 파괴하려는 가학적인 뱀파이어 대신, 그녀가 스스로 자기 가족, 친구들과 인연을 끊는다. 그리고 늑대로 변신하는 제이콥이 끼어들면서 사랑의 삼각관계가 형성된다. 제이콥은 벨라가 에드워드와 함께 있으면 죽게 된다는 사실을 알게 된다. 그리고 벨라에게 자신과 함께 있기 위해서 그녀가 지금과 달라질 필요가 없고 또 새롭게 어딘가에 적응할 필요가 전혀 없다고 말한다. 가족과 친구들 그리고 기존의 삶을 그대로 유지할 수 있는 것이다. 그에 반해 에드워드가 사는 세계로 들어가기 위해서는 말 그대로 인간임을 포기하고 치명적인 아름다움을 지닌 뱀파이어로 바뀌어야만 했다.

그 과정에서 에드워드는 자신을 위험(뱀파이어의 행동 규칙을 지배하는 모임인 볼투리에)에 노출함으로써 벨라에 대한 사랑을 증명해야 했다. 벨라는 임신하게 되고 지금껏 없었던 뱀파이어와 인간 사이의 아이를 출산하다 죽을 고비를 넘긴다. 그리고 태어난 아이는 불멸의 존재로 뱀파이어와 인간의 특별한 속성을 이어받는다.

마지막에 가서는 모든 대립이 마무리되고 주인공들의 관계가 극적으로 전개되면서 에드워드와 벨라가 더없이 행복한 미지의 인간 세계에서 계속 살아가게 된다. 그들은 서로 떨어져 있으면서도 놀라운 결합으로 하나가 되어 함께한다.《폭풍의 언덕》과 달리 사랑이 모든 것을 극복한 것이다. 고딕풍의 소설과 다르게 현대 소설은 주인공들의 죽음에 거부감을 느끼는 할리우드 관객들을 위해 장밋빛으로 마무리된다. 흥미로운 점은 영화에서는 많은 등장인물들이 죽는 것처럼 이야기가 끝난다는 점이다. 하지만 이에 놀란 관객들이 그 후 보게 되는 장면은 모든 어려움을 극복한 미래다. 관습에 대한 짓궂은 전복 이후 정상적인 서비스가 다시 시작되고, 관객들은 행복한 결말을 만끽하는 것이다.

어쨌든 내가 여기서 더 주목하고자 하는 점은 《트와일라잇》과 《폭풍의 언덕》 사이의 연관성 그리고 히스클리프와 캐서린 그리고 에드워드와 벨라의 관계가 어떤 방식으로 전개되며, 개인과 사회와의 갈등(혹은 욕구와 관습 사이의), 친근감과 외로움의 의미, 사랑의 속성, 자연과 문명의 차이와 같은 핵심 주제를 어떻게 강화하는가 하는 것이다. 두 가지 접근 모두를 통해 여성의 욕구에 대한 기대와 한계를 탐색해보고, 의미 있는 '상대' 없이도 혼자 잘 살아나갈 수 있을지, 혹은 제대로 살아갈 수 있을지를 살펴볼 수 있을 것이다. 에드워드는 괴로웠고 그래서 멀리서 벨라를 염탐하기까지 하다가 어렵게 그녀에게서 물러선다. 그런데 벨라는 에드워드의 관심을 얻기 위해 성적인 위험을 포함하여 점점 더 위태로운 상황으로 자신을 몰아간다. 그들의 관계가 도저히 피할 수 없는 것이며 어떤 고통이 따르더라도 그 관계를 추구할 가치가 있다는 것이 여기서 전달하고자 하는 전반적인 메시지인 것으로 보인다.

'영혼의 동반자'라는 용어는 《트와일라잇》 시리즈 중 세 번째인 《이클립스》에서 등장인물들이 외견상 건강해 보이지 않는 결합을 정당화하기 위해 반복적으로 사용하고 있다. 벨라 주변의 삶(그녀의 어머니와 여자 친구들)이나 말 그대로 불멸의 존재인 에드워드 가족들을 봐도 영혼의 동반자가 있다는 것은 매우 이상적인 상황으로 비친다. 이는 벨라의 삶과는 상당히 대조적이다. 벨라의 부모님은 그녀가 어릴 때 이혼했고 아버지는 외로워 보이며 고등학교 친구들은 '단 한 사람'을 찾아 헤매지만 결국 실패하기 때문이다. 이때 에드워드가 벨라의 구원자로 등장한다. 그는 그녀를 평범한 삶에서 벗어나게 해줄 것이며 모든 면에서 더 밝고 나은 사람이 되게 해줄 것이다. 그녀가 자기 영혼을 잃을 수도 있다는 단 한 가지만 빼면. 벨라는 그런 위험도 감수할 가치가 있다고 믿는다. 에드워드는 빠른 속도로 벨라가 존재하는 이유가 된 것이다. 벨라는 그녀가 에드워드와 헤어진 후 모습에서 볼 수 있듯이 특별한 취미도 관심사도 없다. 그래서 몇 달을 자기 방에서 슬퍼만 하며 보내다 너무 허약해지는 바람에 아버지까지 그녀의 건강을 걱정하기에 이른다. 벨라는 스스로 신체적으로 위험한 상태에 빠지면 에드워드의 관심을 끌 테고, 그러면 그가 자신을 다시 '구원해줄' 거란 사실을 깨닫고 나서야 비로소 활기를 되찾는다.

작가인 마이어는 두 소설 사이의 간접적인 울림으로는 충분치 않다는 듯《폭풍의 언덕》의 줄거리에 대해 노골적으로 언급한다. 이런 시도는 벨라와 에드워드의 이야기가 사랑의 보편적인 진실에 가깝다는 느낌이 들게 하는 것이다.《이클립스》에서는 벨라가 여러 군데 책장이 접혀 있는《폭풍의 언덕》책을 들고 이리저리 거닐고, 심지어 에드워드와 책에 대해 대화를 나누는 장면들이 나온다. 에드워드는 처음엔 책에 대해 부정적이지만, 결국 자신처럼 고통스러워 보이는 히스클리프를 드디어 이해할 수 있게 되었다며 놀라워한다. 그리고 벨라에게 말한다. "너와 함께 지낼수록 인간의 감정을 이해할 수 있게 되는 것 같아. 전에는 가능할 거라 생각 못한 방식으로 히스클리프에 대해 공감하게 되었어."

벨라가 읽은《폭풍의 언덕》에서 히스클리프가 잠재적인 사랑의 경쟁자를 향해 격정과 질투에 휩싸이는 것처럼(에드워드가 '개자식' 제이콥에게 반감을 드러내는 것과 마찬가지로) 두 소설 간의 유사함은 양방향으로 흐른다. "그녀가 관심을 거둬들인다면 그의 심장을 뜯어내 그 피를 빨아먹을 것이다." 히스클리프 또한 피에 굶주린 뱀파이어처럼 폭력적이다. 벨라 역시 자신을 캐서린과 비교하고 있다. "단지 내 선택만이 그녀보다 훨씬 나을 뿐이다. 악하지도 연약하지도 않으니. 나도 캐서린처럼 이렇게 주저앉아 울면서 일을 바로잡기 위해 어떤 생산적인 일도 못 하고 있지 않은가." 에드워드는 히스클리프를 흉내 내며 벨라의 귀에 대고 《폭풍의 언덕》에 나오는 너무나도 유명한 구절을 속삭인다. "내 생명과 같은 이가 없다면 난 살 수 없어! 내 영혼 없이 살 수는 없어!"

《트와일라잇》의 문화적 성공은 영혼의 동반자가 개인의 발전, 특히 여성에게 있어 매우 중요하다는 사람들의 생각을 재확인해준다. 여성의 가치가 다른 사람에 의해 받아들여지는가에 의해, 또 그가 '유일한 단 한 사람'이라면 폭력적일 수도 있는 관계에 따라 결정되는 것이다. 여기엔 이런 사랑을 찾지 못한 여성들은 불행하거나 실패한 인생이라는 암시가 들어 있다. 심지어 '절박한' 브리짓 존스 같은 여성들조차 결국엔 자기 영혼의 동반자를 만난다(《트와일라잇》 시리즈와 같이 영화 〈브리짓 존스의 일기〉 또한 이성 관계에 관한 다양한 문화적 전형을 다뤘으며, 영화 제목과 같은 이름의, 주인공을 하기에 어울리지 않는, 여자 주인공은 사랑에 성공 못 하는 여성을 지칭하는 대명사가 되었다).[8]

《영혼의 동반자를 만나는 비결》과 같이 독자들에게 특별한 한 사람을 만나도록 도와주는 자기 계발서는 수도 없이 나와 있다. 사랑을 찾는 외로운 사람을 돕기 위한 책과 안내서, 프로그램 또한 셀 수 없이 많으며, 심지어 그에 성공하지 못한 사람들이 만든 자살 모임도 있다.[9] 영혼의 동반자나 로맨틱한 완벽한 배우자에 대한 (또한 그에 상응하여 사랑하는 이의 부재로 인한 상실에 대한) 관심이 계속 증가하고 있다. 그 이유는 이 책에서 근대성과 관련된 것으로 언급한 개인적 정체성과 유대감 추구와 연관된 것으로 보인다. 오늘날은 사람들을 지배하던 절대적인 종교의 영향력이 줄어들고, 개인 발전을 지향하는 개인주의적인 사고가 늘어나게 되었다. 또한 대중 소비주의와 세계화가 시작되고, 그를 통해 태어나면서부터 개인을 세상과 대치시키는 개인주의적인 완성과 만연하는 심리적 담론에 주목하게 되면서, 로맨틱한 사랑을 영혼과 정신, 심리 그리고 신체의 만족을 얻을 수 있는 가장 중요한 원천으로 여기게 되었다.

그렇다면 '진정한 사랑'을 한 번도 발견하지 못하는 이들이나 가족과 친밀한 관계를 경험하지 못했지만 평생을 '유일한 한 사람'을 찾는 데 보내는 자들은 어찌 되는 건가? 정서적인 경험이 문화적인 전형에 따라 유형화되기 쉽다는 사실

(10대 소녀들이 에드워드나 제이콥에게 사랑받는 벨라처럼 사랑받기를 꿈꾸고, 나이 든 사람들도 몇 번씩 결혼에 실패하고도 영혼의 동반자를 찾기 위해 온라인을 뒤지는)을 받아들인다면, 영혼의 동반자라는 신화의 영향으로 외로움이 형성된다는 점 또한 인정할 수 있게 될 것이다. 사회 심리학자인 발레리 워커딘Valerie Walkerdine의 연구는 특히 소녀들이 어린 시절부터 남성들의 욕구를 수동적으로 받아들이는 상황에 놓이는 방식에 따라 개인적인 만족을 젊고 활기찬 남자 상대에게 유난히 의존하게 된다는 점을 보여준다.[10] 만족에 대한 열망이 어떤 유형이 되어버리면 사람의 일생을 따라 계속 그 패턴이 이어질 수 있다. 독신인 젊은이들과 최근 이혼한 사람들은 '특별한 한 사람'을 간절히 원하며, 유난히 더 외로움을 호소하곤 한다. 미혼, 기혼, 이혼하거나 배우자를 잃은 성인들을 대상으로 한 연구에서는 결혼한 이들이 외로움을 덜 느끼는 편으로 나타났다. 물론 결혼한 상태에서의 외로움(이해받지 못한다거나 '관심받지' 못한다는 복합적인 느낌)은 또 다른 사회 문제이긴 하다. 싱글인 사람들의 성별 차이에 따른 이미지는 지속적으로 고착화되어가고 있다. 1970년대의 '자유분방한 미혼남'에 대비되는 '외로운 독신녀'의 이미지를 생각해보라.[11]

또한 배우자를 찾을 때 '너무 고른다는' 책망을 받곤 하는 미혼 여성들이 로맨틱한 이상형을 수동적이고 여성적인 태도로 받아들여야 한다는 전형은 문화적 규범임이 확실하다.[12] 20세기 초 영국의 문화적 신념으로는 여성들이 수 세기에 걸쳐 얼마나 스스로 생활비를 벌어 왔든 상관없이 미혼 여성이라면 그저 '결혼을 기다리는' 상태로 간주되었다.[13] 여자들은 배우자를 찾는 데 너무 오래 걸리면 안 되며, 만약 그럴 경우 성적인 매력이나 아이 낳는 능력을 잃을 거라는 강한 비난 역시 존재했다. 성적 매력과 출산 능력 모두 역사적으로 여성들의(특히 백인 여성들의) 핵심적인 강점으로 묘사되어왔다. 오늘날은 이러한 주제가 아름다운 외모 측면에서 젊은 여성들에게 있을 만한 그리고 세월이 갈수록 그 가치가 떨어지는 '성적 자산'이라는 개념을 통해 새롭게 일깨워지고 있다. 독신의 외로움에 관한 연구 대부분이 주로 배우자의 사망이나 서로 떨어져 사는 21세기 가족 형태로 인해 혼자 살게 된 노인들에 초점을 두고 있긴 하지만, 외로움이나 연애에 대한 열망과 오해, 특히 결핍감을 동반하는 영혼의 동반자라는 문화적 역할에 대해 확실히 더 많은 연구가 필요해 보인다. 외로움과 관련된 행동과 로맨틱한 '상대방'에 대한 탐색을 조사해보면 인터넷에서 자멸적이며 부정적인 사랑을 찾고 있는 경우가 상당히 많음을 알 수 있다. 영혼의 동반자에 대한 믿음과 사랑의 탐색은 개인과 사회 차원에서 외로움을 경험하는 데 영향을 미친다. 만일 두 사람이 함께 세상에 대해 지니는 감정이 바람직하다면(그들이 적절한 '열정'에 따라 어떻게 행동하는가와 상관없이), 어떻게 사랑을 경험하고, 결핍을 느끼는지 사회적·정서적인 영향이 있을 것이다. 만일 의미 있는 상대는 없고 결핍의 위험만 있다면, 우리는 영원히 "서로 떨어져서 넙치류처럼 한쪽 면만 따로 지니고 있어야 하며, 늘 다른 한쪽을 기다릴 것이다." 그렇다면 영혼의 동반자를 찾아 평생을 함께하는 꿈을 이루고 살다가 한 사람이 먼저 죽는다면 어떻게 될까? 다음 장에서 살펴보겠지만 배우자를 잃은 이들 또한 문화적으로 매우 다양한 형태의 외로움을 겪을 수 있다.

4장

배우자를 잃은 상실감

토머스 터너에서 윈저궁의 여왕까지

나는 그의 의자에 눈길이 갔고,
그것을 바라보자 그가 죽은 후
처음으로 온 마음으로
목 놓아 울게 되었다.

준 버니코프June Bernicoff, 영국 TV 리얼리티쇼,
〈고글박스〉에 출연한 주인공

2017년 12월 영국 타블로이드 신문은 TV 리얼리티쇼, 〈고글박스〉에 출연했던 주인공 중 한 명인 리언 버니코프Leon Bernicoff가 사망했음을 알렸다. 준과 리언은 2013년 첫 방송을 시작한 프로그램에서 10개 시리즈의 주인공으로 출연했다. 이 유명한 커플은 크리스마스 때 노인복지 비영리단체인 '에이지 UK' 광고에도 나왔다. 리언이 83세의 나이에 사망했음이 발표되었을 때 그의 아내 준은 그들이 함께 촬영한 마지막 방송분을 보고 나서야 리언이 그의 의자에 없다는 사실을 깨달았고 그제야 극도의 슬픔이 물밀듯이 밀려왔다고 했다. 준은 리언이 앉던 빈 의자를 보자 그가 더 이상 존재하지 않음을 분명히 깨달았다. 의자는 그의 부재를 직접적으로 상기시켜주었다. 사랑하는 사람을 잃은 이들이 '빈 의자'(다시 돌아오지 않을 누군가가 저녁 식사 때 앉던 자리, 다시는 사용되지 않을 안락의자)에 따른 깊은 슬픔을 토로하는 경우는 흔히 있는 일이다. 의자가 매일 슬픔에 젖어 눈물을 흘리게 만드는 물건이 되고, 변치 않고 영원히 지속되는, 회복될 길 없는 존재가 된 것이다. 유가족 심리 치료를 위해 이와 같은 의자 이미지를 이용할 때도 있다. 의자에 사랑하던 이가 앉아 있다고 상상하며 그에 대고 이야기를 하다 보면 상실과 관련된 슬픔과 분노, 불안에서 어느 정도 놓여나게 되는 것이다.

빈 의자는 거기에 앉았던 이의 존재와 인물의 특징을 떠오르게 한다. 우리 할아버지 시드니Sydney가 쓰시던 일명 시드니 의자도 그랬다. 그 의자에는 할아버지가 자리에서 일어날 때 쓰는 특별한 손잡이가 달려 있었고, 머리 받침대에는 항상 할아버지의 머리 자국이 나 있었다. 나는 할아버지가 사용하던 시드니 의자의 바늘땀 하나에서도 그의 존재를 느낀다. 할아버지는 집 창문 쪽으로 놓여 있는 의자에 앉아 사촌 집을 드나드는 사람들도 지켜보면서 한 손에는 담배를 다른 손에는 산소호흡기를 들고 이웃들에게 장난도 치고 잡담도 나누었다. 나는 소파에서 자게 될 때마다 할아버지의 마른기침 소리와 함께 새벽빛을 배경으로 의자에 푹 파묻힌 할아버지의 실루엣을 보며 잠에서 깨곤 했다.

할아버지가 돌아가셨을 때 이 의자는 추억이 담긴 물건이 되었으며, 전에도 그랬고 앞으로도 늘 '시드니 의자'로 남게 될 것이다. 할머니 로즈는 방 반대편에 앉아 할아버지의 빈 의자를 쳐다보기도 하고 의자 너머 창문을 바라보며 누군가 초인종을 울리길 기다리기도 하셨다. 할머니는 할아버지의 죽음에서 완전히 회복되지 못했으며, 뵐 때마다 더 작고, 쇠약하고 쓸쓸해지시는 것 같았다.

외로움과 그리움

노인들, 특히 80이 넘고 가까운 이들과의 이별이 빈번해지는 '초고령 노인들'에게는 상실로 인한 고통이 가장 심각한 문제라 할 수 있다. 외로움과 관련된 물건(의자뿐 아니라 슬리퍼나 찬장, 사진, 그릇이 될 수도 있다)은 노인들에게 특별한 의미를 가진다. 가족이나 사랑하는 이들과 관련된 물건들이 그들이 겪은 상실 혹은 애석하게도 잃어버린 사회적 정체성을 연상시키는 기념품이 되기 때문이다. 그러므로 외로움은 그리움과도 연결된다. 그리움에는 상실한 것에 대한 애도가 포함되며, 한때는 삶의 핵심이 되었던 사람들(친구, 아이들, 배우자)의 부재로 인한 상실감 또한 들어간다. 하지만 그리움이 꼭 외로움으로 이어지는 부정적인 경험이기만 한 것은 아니며 삶을 이끌어주는 긍정적인 힘이 될 수도 있다.

그리움, 혹은 '과거에 대한 감상적인 그리움'은 외로움에 맞서는 도구가 될 수 있다. 명절, 생일, 집안 행사, 결혼식과 같은 기억을 포함해 지속적으로 나타나는 그리움의 대상들은 사회적 애착과 유대감을 상기시킨다. 이러한 사건들은 즐거웠던 일뿐 아니라 슬픔도 기억나게 한다. 그래도 사람들은 대부분 슬펐던 일보다는 즐거웠던 일을 더 많이 떠올린다고 한다. 그러므로 '그리움에 대한 생각'은 관계에 대한 뜻깊은 결속을 다지며 의미 있는 상대와의 상징적인 유대감을 회복시켜준다.

다시 말해 더는 존재하지 않는 관계라 해도 한 사람의 마음속에 간직한 관계의 조합을 통해 현재의 사회적 단절감을 조금은 완화시킬 수 있는 것이다. 수년 동안 이어지는 만성적인 외로움의 문제 중 하나는 이렇게 마음으로 그리는 관계를 회복시켜줄 기능이 없다는 데 있다. 아마도 마음속에 떠올리는 의미 있는 관계가 더 이상 존재하지 않아서일 것이다. 힘든 어린 시절과 연관이 있는 어쩌면 영구적일지 모르는 외로움을 비롯하여 노년과 치매 환자의 외로움에 대해서도 시간과 기억은 더 많은 연구와 탐색이 필요한 가장 핵심이 되는 영역이라 할 수 있다.

이 장에서는 노년에 초점을 둔 외로움 연구를 중심으로,

특별한 '형태'의 외로움(늘 같은 방식으로 경험하는 것이 아닌 외로움이 여러 가지 형태로 나타난다는 점이 중요하다)으로 이어지는, 배우자를 잃은 이들의 외로움을 살펴보고자 한다. 그렇다고 해서 이러한 외로움이 누구에게나 같은 시기에 똑같은 방식으로 나타난다는 건 아니다. 더 정확히 말하자면, 배우자와 사별한 자들의 외로움은 결혼과 종교, 사회관계망, 심지어 운명에 대한 역사적인 믿음 체계와 더불어 개인적인 환경과 경험에 따라 각기 다르게 나타난다.

미망인과 홀아비가 겪는 특별한 외로움

배우자를 잃은 감정적 특성에 주안점을 둔 홀아비나 미망인에 대한 현대적인 해석은 애도의 실질적인 측면과 그 뒤에 이어지는 침묵 그리고 사별로 인한 걷잡을 수 없는 고통에 관하여 다루고 있다. 캐나다의 노인학 교수인 데보라 반 데르 후나드Deborah van der Hoonaard는 《미망인의 자아 The Widowed Self》라는 책에서 나이 든 여성들이 겪는 외로움에 관해 다루고 있는데, 특이한 점은 많은 여성이 '미망인'이라는 환원주의 용어에 대해 애매함과 슬픔, 억울함을 느낀다고 표현했다는 것이다. '미망인'이라는 단어는 '약한', '고령의', '돌봄이 필요한'과 같은 용어들과 연결된 듯한 문화적인 추정을 강화하는 반면, 안도 감에서부터 충족되지 못한 성적 욕구에 이르기까지 복합적인 생생한 경험들은 외면한다 할 수 있다. 더구나 새로운 관계가 형성되고 오래된 관계를 재발견하게 되더라도, 상실로 인한 그리움이나 외로움이 수년간 계속될 수도 있다.

'미망인 혹은 홀아비인 상태'라는 말은 환원주의적이기도 하지만 결혼으로 이어진 감정, 이성, 성性에서의 실질적인 결속이 배우자의 죽음으로 끝나게 되었다는, 전통적이며 문화적인 추정으로 이끈다. '미망인'이라는 뜻의 영어 단어인 'widow'는 고대 영어 'widewe'라는 인도-유럽어족에서 온 것인데 이 단어는 '비어 있다'라는 뜻을 가지고 있다. 이와 비슷한 또 다른 단어들은 '버림받은'이라는 뜻의 산스크리트어 'vidh' 그리고 '빼앗긴'이란 의미를 지닌 라틴어 'viduus'를 들 수 있다. 남편을 여의고 홀로 사는 여성들은 역사적으로 특별한 의혹을 받아왔다. 자신보다 더 젊거나 결혼하지 않은 남자들을 사냥하는 성적으로 자유분방한 포식자처럼 여겨지기도 하고, 16~17세기 문학 작품에는 우스꽝스러운 인물로 그려지기도 했다. 후나드가 인터뷰한 사람들을 통해 알게 된 바로는 '미망인'이라는 단어에는 여전히 부정적인 개념이 담겨

있다고 한다.[1]

이탈리아 출신의 프랑스 극작가, 피에르 드 라리베^{Pierre} $_{de\ Larivey}$(1549~1619)가 1579년 파리에서 '미망인^{Lareuve}'이라는 희극을 발간했다. 이 희극은 미망인과 재혼 그리고 고독을 피하고자 하는 시도들에 대한 사회적인 관습을 다루고 있다. 동반자를 원하면서도 자율성을 잃을까 봐 두려워하는 미망인들의 복잡하고 모순적인 면들이 사적인 글들을 통해 자세히 드러난다. 이러한 감정 표현들과 함께 미망인이나 홀아비인 상태에서 오는 복잡한 사회관계 또한 묘사되어 있다.

한편 대부분의 문화권에서 미망인은 고통받고 빼앗긴 이미지를 연상시키고 미망인인 상태는 '죄 있는 자가 신의 벌을 받는다'는 성경 속 이미지와 결부된다.[2] 미망인은 연민을 불러일으키는 존재이긴 하지만, 결혼을 이상적인 제도로 여기는 계급제와 가부장제의 질서에는 위협이 되는 존재였다. 미망인, 특히 재산이 있는 미망인들은 여성이 남성의 재산이며 법적으로 남자에게 의존해야 한다는 사회적 통념과 배치된다. 실제로 어떤 여성들은 미망인이어서 자율성과 자유를 얻기도 한 것처럼 보이기도 한다.[3] 그래서 미망인은 한결같이 슬퍼하고 비탄에 잠겨 있을 것이 요구되었다. 종교 작가들은 미망인의 경험에 관해 이야기하며 절제된 슬픔을 지녀야 한다고 강하게 충고했다. 영국 교회 성직자였던 토머스 풀러Thomas Fuller (1608~1661)는 '훌륭한 미망인'에 대하여 '머리가 거의 잘려 나간 상태지만 아직 살아 있는 여성'으로 묘사했다.

> 그녀의 남편에 대한 애도는 진실하면서도 적절하다.
> 과도한 슬픔으로는 리처드 2세의 경우를 들 수 있을
> 것이며, 그것은 왕으로서나 한 남성, 혹은 기독교도로서도
> 적합하지 못한 모습이었다. 한편 이 미망인의
> 슬픔은 폭풍우가 아닌 잔잔한 비와 같다. 사실 어떤
> 이들은 어리석게도 지나치게 격앙하며 스스로 자기
> 머리카락까지 잘라버리는 바람에, 친구들이 장례식에
> 왔다가 어떤 일에 대해 더 통탄해야 할지, 죽은 남편인지,
> 다 죽어가는 미망인지 헛갈리게 만들기도 한다. 그러나
> 이런 미망인의 슬픔은 보통 빠르게 사라져버리고 널리
> 여러 갈래로 흘러가기 마련이다. 반면 방울진 눈물을
> 흘리는 이들은 오래도록 그렇게 눈물지을 것이다.[4]

이러한 가부장적인 관습은 여성이 남성에게 지배를 받아야 한다는 사고와 함께 미망인이 감정적으로 힘들면서도 어쩌면 해방되는 측면도 있으리라는 법적·사회적 추정에서 비

롯된 것이다. 역사적으로 홀아비나 미망인을 연구한 자료는, 적어도 가난한 계층의 경우, 거의 없다고 할 수 있다. 사회의 상류층에 속하면서 세상에 자신의 흔적을 남기려는 경향이 더 높은 남성에 대한 자료라면 조금 더 있기는 하다. 지금부터는 홀아비나 미망인의 삶이 언어, 상징, 물질적 존재를 통해 어떻게 표현되었는지 보기 위하여 대조적인 배경과 계층, 성별을 지닌 두 사람의 글을 살펴보려 한다. 배우자를 사별한 이들의 외로움에 대한 시각이 어떻게 바뀌고 계속되었는지 알 수 있도록 글들에 나타나는 다양한 관습을 비롯하여 성별이나 부유함에서 오는 차이, 소비문화의 다양한 유형에도 주목하고자 한다. 첫 번째 사례 연구 대상은 18세기 영국의 소매상이었던 토머스 터너Thomas Turner와 빅토리아 2세 여왕이다.

토머스 터너

토머스 터너는 켄트에서 소지주의 아들로 태어났다. 터너의 일기를 맡은 첫 편집자는 그를 '식료 잡화상, 포목상, 바느질 도구 판매상, 모자 상인, 의류상, 약장수, 철물상, 문방구 상인, 장갑 장수, 장의사 등'으로 소개했다. 터너는 이스트 호스리와 서식스 등에서 상점을 운영했다. 터너의 생활 방식이나 다른 이들과의 관계는 그가 11년간 빠짐없이 쓴 일기장을 통해 알 수 있다. 터너는 사업 그리고 관습의 맥락 안에 있는 정서 생활에 대한 바람과 기대를 (제한적으로) 기록했는데, 그 내용은 당시 사회의 다양한 분야를 아우르고 있다. 터너가 상점 주인이었을 뿐 아니라, 장의사, 교사, 검사관, 가난한 이들을 관리하는 감독관이기도 했기 때문이다. 그는 사람들의 유언장을 쓰는 일도 했고, 세무 업무를 돕기도 했다. 크리켓을 하고 윌리엄 셰익스피어나 조지프 애디슨, 새뮤얼 리처드슨의 작품 등 폭넓은 독서를 하기도 했다. 터너는 이러한 책들의 내용을 일기장에 요약하고, 혼자서 또는 부인이나 친구들과 읽는 것을 즐겼다. 이는 18세기의 사교적인 부르주아 사회에서는 흔히 볼 수 있는 모습이었다.

터너는 첫 번째 부인인 마가렛 슬레이터Margaret Slater(일명 페기Peggy)와 1753년 결혼했으며 피터라는 이름의 아들 한 명이 있었다. 그러나 슬프게도 이 아이는 오래 살지 못했다. 터너는 1755년 1월 16일 일기장에 "오늘 새벽 1시경 나는 불행히도 태어난 지 21주 3일밖에 안 된 아들 피터를 잃었다"라고 적었다. 여기서 주목할 만한 것은 터너가 이어지는 몇 주에 걸쳐 아이의 죽음을 그다지 애도하지 않았는데, 이는 그가 아들을 사랑하지 않아서가 아니라 그 시대에 슬픔을 표현하는 언어가 달랐기 때문이다. 18세기 사회는 양육 방식뿐 아니라 결혼에 관해서도 종교적이며 시대적인 관습이 존재했고, 자신에게 주어진 힘든 일을 수행하고 감정적으로 절제하는 것을 기독교의 미덕으로 여겼다. 혼인 상대도 친구같이 지낼 수 있는 다정한 사람을 이상형으로 생각했다. 교양과 절제가 무엇보다 중요했다. 터너가 그의 아내 페기와 늘 사이가 좋았던 건 아니었던 것 같다. 터너는 이렇게 부인과 어긋날 때면 자신이 결혼이라는 결속을 통해 기대했던 바람과 함께 그들 부부의 상황에 대한 실망을 일기장에 기록했다. 예컨대 터너는 부인과 말다툼을 하게 되면 자신이 결혼에 대해 지녔던 기대와 실제 결혼 생활 간의 차이를 느끼고 안타까워했다.

아! 서로를 진심 어린 시선으로 바라보고
상대방의 장점에 만족할 수 있다면 결혼 생활이 얼마나
행복하겠는가. 하지만 그 반대의 경우 생기는 불편함은
말이나 글로 표현할 길이 없다.
남자로서의 결심을 다지고 밀어붙이자. 내가 남자라고
했나? 아! '남자'라는 말이 내는 소리는 내게 얼마나 큰
힘을 주는가. 내게도 아직 남자다움이 있다. 그저 분명한

건 내가 그 사람을 모든 여성 가운데 가장 존중하는 아내로 맞이하여 행복하다는 사실이다. 하지만 그렇다 해도 내 모든 재산이 집중된 단 한 사람이 저리도 기질이 안 좋아서 나쁠 아니라 그녀 자신까지 비참해지게 만들다니 얼마나 불행한 일인가.

터너는 부인과 잘 지내지 못하게 되면서 친구 관계에서 우정과 동지애를 얻고자 했다. 그러나 유감스럽게도 자신이 바라던 만큼의 지지를 얻을 수는 없었다. 그는 이러한 내용을 일기장에 자주 언급하면서 다른 이들은 모두 차갑고 무심하다며 애석하게 생각했다.

터너는 종종 "친구들에게 버림받은 느낌이 들었다. 하지만 왜 그렇게 차갑고 무관심하게 굴면서 나를 괴롭히는 건지 정말 알다가도 모르겠다. 가끔은 내가 괴물인 것 같아서 나를 아는 이들이 나에게 그렇게 무심한가 보다 생각하기도 한다. 어쨌든 결국 신의 섭리와 자기 노력 말고는 어떤 것도 믿을 게 없는 것이다"라고 말하기도 했다. 1759년 4월 1일 어머니가 돌아가셨을 때 터너는 마음이 울적해졌다. 어머니는 62세였다. 터너가 어머니와 마찰이 있었던 것은 확실하지만 그녀의 죽음으로 그의 고립감은 더 심해졌다.

1759년 터너의 아내가 병에 걸리게 되자 터너는 곧바로 가족 간의 유대가 다시 무너져내렸다고 생각한다.

아, 얼마나 울적한 때인가. 아버지도 어머니도 안 계시고,
이제 세상에서 내가 믿을 수 있는 유일한 친구이며,
행복의 중심이 되어주는 아내마저 잃게 생기다니!
내가 심각한 생각에 빠져들면 이제 막 그대로 펼쳐질
듯한, 마치 내 힘겨운 미래를 무대에 올린 연극과 같은
그 침울한 장면은 어떤 이미지로 나타날까?

터너가 자신의 슬픔을 의식적으로 '연극'이라고 묘사한 것을 인위적이라고 받아들이면 곤란하다. 이러한 표현법은 18세기 시민들의 화법과 정서적 감수성에 따른 것이다. 터너는 부인을 걱정하고 닥쳐올 그녀의 죽음을 예견하면서도 집으로 오는 손님들을 맞고 일상적인 업무를 수행해나갔다. 그러다 옆구리를 다치고 그 상처가 쉽게 낫지 않을 것 같다는 생각이 들자 자신의 병을 놓고 신께 기도했다. "내 마음에 성령의 은총을 내려주소서." 터너는 병 때문에 고립감을 느낄 수도 있었지만, 신의 뜻과 보호에 대한 믿음으로 자신의 감정을 경험하고 표현할 힘을 얻을 수 있었다.

페기는 1761년 6월 23일 사망했다. "전능하신 신께서 사랑하는 아내를 데려가셨다." 터너는 그의 일기에 "가련한 아내가 위중하고 오랜 질병으로 지난 38주간 시달렸으며, 신의 뜻에 따라 잘 견뎌냈다. 나는 이제 아무도 없다"라고 썼다. 터너는 자신의 사회적 고립을 이렇게 기록했다. "함께 대화할 친구도, 너무도 사랑하는 내 영혼의 반려자를 잃은 지금 조언을 구할 진실한 친구도 없다."'영혼의 동반자'라는 용어와 개념은 그 기원이 종교에 있음에도 불구하고 세속적인 것이 되었으며, 사람들 간의 특별한, 보통은 로맨틱한 관계를 나타내는 매우 흔한 표현이 되었다. 터너의 '내 영혼의 반려자'라는 말은 그가 결혼의 행복을 나타내기 위해 영국의 극작가이며 후에 계관 시인이 된 니콜라스 로우Nicholas Rowe의 《왕족의 개종The Royal Convert》(1707)에 나온 표현을 따라 쓴 것으로 보인다. 《왕족의 개종》은 헨기스트Hengist의 아들인 어라이버트Aribert와 기독교도 아가씨 이스린다Ethelinda가 겪은 박해에 대하여 다루고 있다. "나는 내 영혼의 반려자를 신뢰한다/세상에서 가장 다정하고 진실한 나의 아내/그 이름은 영원히 변치 않을 거요."[5] 여기서 터너가 사용한 용어가 중요한 이유는 한 사람이 감정 표현을 할 때 자신의 사회관계와 문화적 맥락 안에 있는 언어를 어떻게 가져와 어떤 식으로 사용하는지를 나타내기 때문이다. 이러한 단어 사용은 감정이 내면화되고 재생산되는 하나의 방식이라 할 수 있다. 터너는 부인이 병상에 있을 때 친구들과 친척들이 그에게 온정을 보여주지 않았다는 점이 못마땅했다. 확실히 그가 기대한 정서적인 위로와 실제 사이에 커다란 차이가 있기는 했다.

나는 이것이 내 성미가 안 좋아서인지 아니면
친구들이나 지인들이 그래서인지는 모르겠다. 어쨌든
이번처럼 어려운 일 앞에서 그들은 마치 낯선 사람 보듯
나를 바라보며 그저 멀찍이 서 있는 것 같다. 한 사람도,
그래! 단 한 사람도 괴로움으로 상처 입고 갈가리 찢긴 내
마음을 동정하며 위로해주겠다는 이가 없다. 신께서 정말
내 품에서 아내를 데려가야 하신다면, 그때가 언제든
내가 꼭 이렇게 암벽 위 햇불이나 언덕 위 깃발처럼
괴로운 마음을 달래줄 진정한 친구도 다정한 동지도
하나 없이, 극심한 고통으로 완전히 찢긴 마음에 대한
기분 좋은 위안마저 포기해야 하는 때였을까?

터너의 말을 보면 이 책의 1장에서 살펴봤던 주제인, 존재가 너무 고독해질 때의 위험성을 그가 인식하고 있음을 알

수 있다. 그러나 터너에게 일상은 신이 함께하는 것이었으며, 아내 페기를 잃을 가능성(실제로 잃게 되었다) 또한 오직 신의 결정에 달린 일이었다. 이런 상황에서 터너는 자신을 '암벽 위 횃불'이나 '언덕 위 깃발처럼'이라는 종교적인 표현을 사용해 묘사하였다. 오늘날의 외로움 같은 방식이 아니라 광야의 예수와 같이 '쓸쓸한' 종교적인 상태와 비슷한 것이다. 따라서 터너의 외로움은 현대적인 의미보다는 이전 시대의 뜻과 유사하다 할 수 있다.

혼자가 된 토머스 터너

홀아비가 된 터너는 "너무나 힘이 들 때도 마음을 토로할 데가 없고", 집안일까지 돌봐야 하는 상황에서 아내를 잃었다는 사실을 현실적이고 감정적으로 경험하게 되었다.

터너에게 결혼은 자유 사상가들이 뭐라고 생각하고 말하든 상관없이 다른 어디에서도 찾아볼 수 없는 '비밀스러운 즐거움'을 뜻했다. '우애와 가정의 행복이라는 단단한 기반'을 이루는 이 비밀스러운 즐거움은 터너에게 삶의 다른 어떤 부분에서도 찾기 힘든 확실한 것이었다. 어쩌면 터너는 18세기 당시 그와 같은 지위와 생활 방식을 지닌 남성에게 기대되듯 다시 결혼할 준비를 이미 하고 있었는지도 모른다. 터너는 만남을 시도하는 일이 즐거웠다. 예를 들어 그는 1762년 10월 16일 "오랜 지인인 코츠 씨의 하녀와 함께 차를 마셨다. 하지만 어떤 연인 사이의 말도 없었으며, 준비 신호라 할 수 있는 입맞춤조차 없었다. 틀림없이 소란스럽고 말 많은 사람들은 자신들의 추측이 한 번도 맞지 않아 대단히 실망했을 것이다"라고 기록했다. 터너는 이름이 알려지지 않은 코츠 씨 댁 하녀가 자신의 집을 방문했던 일을 둘러싸고 돌던 소문에 대해 언급한 것이다. 터너의 일기는 그쯤에서 끝났지만, 그는 결국 1765년 6월에 재혼했다. 상대는 루크 스펜스 씨 댁에서 일하던 메리 힉스Mary Hicks였다. 그는 이 결합에 있어서 유난히 실용적인 면모를 보였다.

> 감사하게도 이제 다시 조금 안정을 찾게 되었다. 내
> 선택에 만족한다. 학식이 있거나 명랑한 여성과 결혼한
> 건 아니지만 그녀가 성격도 좋고 최선을 다해 나를
> 행복하게 해주려 할 사람임을 안다. 아무래도 내 행복은
> 아내에게 달린 것 같다. 그녀 몫의 재산은 언젠가
> 많이 챙겨주려 한다. 이런 일은 어느 정도 자연스럽게

진행하는 편이 좋을 것이다.

결혼 생활은 터너가 1793년 사망할 때까지 이어졌으며, 부부에겐 일곱 명의 자녀가 있었고 이 중 두 명만이 아버지인 터너보다 오래 살았다. 우리는 터너의 일기를 통해 결혼과 사회에 대한 18세기의 정서적인 기대가 어떠한지 많은 것을 엿볼 수 있다. 남편과 아내로서의 복잡한 권리와 의무를 비롯하여 결혼 생활에서 요구되는 예의 바른 친화력까지 18세기 지침서와 안내서에 나오는 내용이 잘 나타나 있다. 터너가 집에서 존중받지 못한다고 느끼고, 사회에서도 가치를 인정받지 못한다고 느꼈으며, 부인이 자기 기대에 못 미치는 행동을 한다고 생각했을 때, 특히 터너의 관점에서 자신은 지역 사회의 책임감 있는 인물로서 그리고 남편과 기독교도로서 사회의 기대를 저버린 적이 없다고 생각했을 때 그가 겪었을 좌절이 어떠했을지 어느 정도 추정이 가능하다. 그 모든 어려움에도 불구하고 나는 터너가 고독한 남성 혹은 홀아비로서 겪었던 감정을 '외로움'의 현대적인 정의와 동일하게 보지 않는다. 그는 신을 믿으며, 시민으로서의 동지애를 구하고, 18세기 소매상으로서 중산층이 지닐 만한 바람과 기대에 따라 살아갔다. 터너는 다른 이들로부터 자신이 바란 만큼의 동료애를 얻지 못했으며, 시간이나 관심에 있어서 자신이 그들에게 베푼 것과 그들이 자신에게 준 것 사이에 격차를 느낄 때가 자주 있었다. 그는 아들과 어머니, 아내의 죽음을 애도했으며, 이를 통해 일시적인 고립과 '홀로 있음' 그리고 자기를 인도하는 신의 손길을 자각했다. 하지만 그가 결코 현대적인 의미에서 외로웠던 건 아니었다.

터너가 살던 시대엔 '외로움'이 어떤 언어나 감정 상태로 서 아직 출현하지 않은 상태였다. 현대에 터너의 《일기》를 발 간한 편집자인 데이비드 베이지David Vaisey가 "토머스는 외로운 남자였다"라고 쓰고 있긴 하지만, 터너는 한 번도 '외로움'이 라는 단어를 사용하지 않았다. 그는 고독했지만 자신에게 닥 쳐온 고난에 어떤 목적이 있다고 믿었다. 그는 고난과 질병, 심지어 죽음의 경험조차 결코 자신을 저버리지 않는 더 고귀 한 힘에 맞추어 틀을 잡고 그려 나갔다. 그래도 그가 다른 사 람들에게 18세기의 사회적 기준에서 볼 때 더 친절하고 상냥 한 대우를 바란 것 역시 사실이긴 하다.

터너의 감정 상태가 외로움에 대한 현대적인 담론에 어 느 정도 가까울 수 있을지는 알 수 없다. 언어의 성격이라는 것은 시간의 흐름에 따라 변화하고 달라지기 때문이다. 게다 가 느끼는 바와 표현하는 것 사이에는 늘 커다란 차이가 생기기도 한다. 하지만 내가 여기서 말하고 싶은 것은 터너가 묘사한 외로움이라는 밀도 높은 경험이 비록 자신은 받을 자격이 있다고 생각하는 우정과 따스함을 가족을 비롯한 타인에게서 얻지 못하는 데서 생긴 속상한 감정과 섞여 있긴 하지만, 그래도 시민으로서의 정체성, 예의, 신의 존재에 대한 확신이라는 담화의 큰 틀 안에 들어가 있다는 점이다. 18세기의 일기라는 점을 감안한다 해도 이러한 터너의 외로움은 현대적 자아가 지닌 특성이라고 할 수 있는 소외라는 황량함과는 확실히 다른 것이라 할 수 있다.[6]

이제 다음 세기로 넘어가 배우자와 사별한 또 다른 예를 들어보려 한다. 이 사례에서는 상실로 인한 외로움이 다른 방식으로 그려진다. 홀아비나 미망인의 삶은 모든 이에게 꽤 평등하게 적용되지만 계층과 성별, 경제적 능력과 사회적 지위 그리고 시대에 따라 다르게 인식되기도 한다. 홀아비나 미망인의 예 가운데 가장 유명한 인물로 빅토리아 여왕을 들 수 있을 것이다. 그녀의 삶은 남편인 앨버트 공의 죽음으로 규정됐으며, 여왕의 슬픔은 앞선 터너의 경우보다 훨씬 더 상세히 그려졌다. 빅토리아 여왕에게 미망인으로 사는 삶은 사회적·정서적으로 정해진 정체성이었다. 그녀의 애도는 물질적인 형태를 통해 이루어졌고, 이는 터너의 글에도 전혀 없었던 건 아니지만 (가령 차려진 음식과 집안의 건축 구조 등) 18세기보다 훨씬 더 방대하고 극적인 모습을 띠게 되었다. 이런 현상은 여왕이었기 때문에 더 다양한 종류의 소비재를 자유롭게 사용할 수 있어서이기도 하겠지만, 19세기에는 사람들이 대량 생산과 소비 덕에 전에는 볼 수 없던 더 많은 물건을 쓰게 되었기 때문이기도 하다. 그래서 사회 중산층까지도 공장에서 만들어진 컵이나 작은 조각상으로 앨버트 공의 죽음을 기념할 수 있었다.[7] 그러나 빅토리아 시대의 애도 풍습에 비추어도 여왕의 경우는 지나친 측면이 있으며, 이는 그저 개인적이거나 성별의 차이만이 아닌 집단적이고 국가적인 차원에서 미망인의 생활을 규정해야 했기 때문일 것이다. 하지만 빅토리아 여왕의 글에서는 토머스의 일기에서 볼 수 없었던 외로움의 핵심적인 부분을 발견할 수 있다.

물론 여왕이 표현한 정서적인 감수성이 '실제' 그녀의 경험인지는 확실히 알 수 없다. 글에 대한 관습 말고도 다른 이들이 읽을 것으로 기대되는(실제로 이러한 동기로 빅토리아 여왕이 사망한 이후 그녀의 딸인 베아트리스 공주가 여왕의 글에 대하여 엄격한 검열을 가했다) 군주의 일기와 익명의 개인들이 쓴 일기에는 차이가 있었다. 하지만 이러한 다양성을 감안하더라도 토머스 터너와 빅토리아 여왕의 일기는 그 문체와 내용 면에서 중요한 차이가 있다. 터너와 달리 여왕의 글은 미망인의 특별한 외로움과 어떤 사람으로도(신의 뜻에 의해서도) 채울 수 없는 마음 속 빈자리에 관한 내용으로 가득하다.

빅토리아 시대 당시의 결혼에 대한 전통과 기대는 18세기보다 더 광범위하고 정서적인 측면이 있었다. 결혼은 물질적인 편안함과 로맨틱한 사랑 그리고 17~18세기와 마찬가지로 우정을 아우르는 것으로 널리 인식되었다. 가정의 영역은 왕실 내에서도 개인과 바깥세상 사이의 완충 장치와 같았다. 빅토리아 시대는 문화적으로 성별의 차이가 있었고, 여성들은 감정적이며 온정과 보호가 필요하며, 남성들이 통제권이나 경제권에서 우위를 차지해야 한다는 생각이 지배적이었다. 빅토리아 여왕의 일기에서 계속 나타나는 갈등 또한 앨버트가 아내 다음 순위로 여겨지고, 적절한 칭호조차 받지 못하고 그저 여왕의 부군으로 알려진다는 데 짜증이 난 것 같다는 내용이었다. 빅토리아 여왕의 삶을 살펴봐도 미망인인 상태가 그저 배우자의 죽음이라는 하나의 사건만이 아니라, 개인적인 상실과 외로움을 특징으로 하는 특별한 사회적 역할로 발전했다는 더 넓은 맥락 역시 발견할 수 있는 것이다.

원저궁의 미망인

빅토리아 여왕은 1837년 6월 20일부터 1901년 1월 22일 사망하기까지 그레이트브리튼 아일랜드 연합왕국의 군주였다. 그녀는 1876년 5월 인도가 영국의 식민지가 됨에 따라 인도의 여제라는 칭호까지 갖게 되었다. 켄트와 스트레선 공작인 에드워드 공의 딸인 빅토리아는 널리 알려졌듯이 위압적인 어머니 밑에서 불행한 어린 시절을 보낸 후 18살의 어린 나이에 여왕이 되었다. 왕위계승자가 될 수 있을지에 대한 사람들의 우려 속에서 성장한 빅토리아는 1840년 사촌인 작센코부르크고타의 앨버트 공과 결혼했다.

　빅토리아 여왕과 앨버트 공의 러브스토리는 후기 낭만주의 사회에 어울린다는 이유로 영화를 비롯해 책, 텔레비전 드라마를 통해 상당한 주목을 받아왔다. 여왕은 앨버트 공을 처음 만났을 때부터 그에게 반했다고 한다. 여왕은 일기에 다음과 같이 기록했다. "그는 정말 잘 생겼다. 그의 머리카락은 내 머리 색과 거의 비슷하다. 눈은 크고 파란색이다. 그는 아름다운 코와 너무나 감미로운 입, 멋진 치아를 지녔다. 그래도 앨버트의 가장 큰 매력은 너무나 사랑스러운 그의 표정에 있다."[8] 결혼 첫날 밤, 빅토리아 여왕은 일기장에 이렇게 적었다.

정말이지 이런 밤은 처음이다!!! 나의 사랑하고 사랑하는
앨버트. 그의 넘치는 사랑과 애정으로 나는 전에는 한
번도 '바라지도 느껴보지도' 못한 천국과 같은 사랑과
행복을 경험했다. 그가 나를 두 팔로 꽉 껴안았고, 우리는
서로에게 계속해서 키스했다! 그의 아름다움, 그의
다정함, 온화함. 이런 '남편'을 만나다니 어떻게 이렇게
감사한 일이 있을까! 그가 한 번도 들어본 적 없는 애정
어린 이름들로 나를 부를 때면 믿기지 않을 만큼 더없이
행복하다! 아! 내 인생에서 가장 행복한 날이다![9]

빅토리아 여왕이 감정적으로 또 성적으로 만족감을 느낀
건 분명해 보인다. 여왕은 일기를 통해 내내 남편에 대한 애
정을 표현했지만, 예외인 경우도 있었다. 앨버트 공은 몇 번인
가 여왕이 자녀들에게 충분히 흡족해하지 못한다고, 또 자신이
하는 만큼 아이들에게 자애롭게 대하지 않는다며 그녀를 나
무란 것이다. 부부는 아홉 명의 자녀를 두었으며, 정치적·경
제적 격변을 겪고 암살 시도가 있을 때도, 건강이 좋지 못할
때도, 언제나 서로에게 헌신적이었다고 한다. 1861년 앨버트
공은 위장에 문제가 생겼다. 사람들에 의하면 장남이 여배우
와의 연애로 추문에 시달리면서 그의 병이 더 악화되었다고

한다. 이후 앨버트는 장티푸스로 진단받았고, 1861년 12월 14일 숨을 거뒀다. 빅토리아 여왕은 엄청난 충격과 비탄에 빠졌다. 기록에 의하면 여왕은 앨버트가 아들 일을 걱정하다 죽은 거라며 아들을 비난했다고 한다. "그 끔찍한 일 때문에 죽은 거야." 여왕은 이렇게 말했고, 그런 그녀의 생각 때문에 아들과의 관계도 한동안 당연히 냉랭했다.

앨버트 공이 죽자 빅토리아 여왕은 애도에 들어갔고, 이 상태가 이후 40년 간 이어졌다. 여왕은 다른 이들과 접촉을 되도록 피했고 공무도 전보다 적게 보았다. 역사가들이 관찰한 바로는 빅토리아 여왕이 1901년 1월 22일 사망할 때까지 마치 앨버트가 옆에 있는 듯한 행동을 여러 방식으로 계속 이어갔다고 한다. 매일 아침 앨버트 옷가지를 펼쳐 두라고 지시했으며 그의 잠옷 하나를 옆에 두고 잠들었다. 여왕이 사망한 후에도 그녀는 앨버트의 실내복 그리고 그의 손 모양을 딴 석고 모형과 함께 윈저 그레이트 공원 프로그모어 묘지의 앨버트 공 옆에 나란히 묻혔다.

빅토리아 여왕의 일기에는 그녀가 침울하다는 성격 묘사가 매번 되풀이되고 있다. 여왕과 그녀의 시종이자 친구였던 존 브라운John Brown(빅토리아 여왕의 애인이라는 소문은 있었지만 한 번도 그 관계가 입증된 적은 없다)과의 관계를 다룬 〈미세스 브라운〉이라는 영화는 논외로 치더라도, 여왕을 둘러싼 이야기는 대개 여왕과 앨버트 공 사이의 관계에 초점을 맞추고 있다. 빅토리아 여왕은 생전에 많은 양의 일기를 남겼다. 한 전기작가에 의하면 여왕이 하루에 평균 2,500개의 단어를 썼다고 한다. 여왕은 1832년부터 생을 마감할 때까지 계속 일기 쓰기를 이어갔다. 여왕의 막내딸인 베아트리스는 일기의 많은 부분을 없앴으나, 일부는 자유당 정치인이며 역사가인 레지널드 베일리올 브렛Reginald Baliol Brett에게 손을 보게 한 후 편집한 내용을 책으로 출간했다.

빅토리아 여왕이 앨버트의 죽음 이후 외로움으로 힘들어했다는 사실은 일기 곳곳에서 발견된다. 여왕은 결혼한 후부터 앨버트의 정치적인 조언을 비롯하여 그가 보여주는 동지애와 우정에 의존하게 되었고, 그래서 그가 잠시라도 앓거나 할 때면 불안하고 외롭다는 말을 자주 하곤 했다. 1861년 12월 여왕은 일기장에 점점 악화되는 앨버트 공의 건강 상태를 걱정스럽게 관찰하며 기록하고 있다. 빅토리아 여왕은 남편의 건강이 악화하는 상황에서 나랏일을 돌봐야 하는 힘든 상황과 인생과 일에 있어 모든 것을 터놓고 말할 수 있는 친구를 잃게 된다는 생각에 고립감을 느꼈다. 그리고 12월 4일 수요일에는 "내 모든 것을 보여주고 맡기고 싶은 그가 이렇게

빅토리아 여왕과 앨버트 공. 남다른 금슬을 자랑한 부부였다.

힘없이 미소조차 지을 수 없는 상태가 되다니 너무나 불안하고 도저히 어찌해야 할지 모르겠다!"라고 쓰고 있다.

'제너 박사'(윌리엄 제너 경Sir William Jenner, 준남작)가 계속 앨버트 공의 치료를 맡았다. 제너는 발진티푸스와 장티푸스 전문의로, 1861년 빅토리아 여왕의 임시 내과의가 되었고, 1862년에는 여왕의 주치의로 임명된 자였다. 여왕은 앨버트의 병세에 어떤 차도라도 있는지 매시간 제너 박사에게 물었다. 앨버트 공은 1837년부터 1860년까지 여왕의 주치의였던 제임스 클라크James Clark 준남작의 진료도 함께 받고 있었다. 클라크가 앨버트를 치료하면서 그의 병세가 조금도 나아지지 않아 몹시 괴로워하자 여왕은 비탄에 빠졌다. 앨버트 공은 '작은 오렌지 젤리'를 먹으면서 방에서 쉬기도 하고, 가끔은 여왕이나 딸 중 한 명이 그에게 책을 읽어주기도 했다. 여왕이 윈저궁 마당을 산책하고 다시 앨버트 공에게 돌아갔으나 그의 '안색과 거동'은 몹시 낙담할 정도로 상태가 나빴다. 그는 어떤 음식물도 넘기지 못하고 그저 탄산수에 섞은 나무딸기 시럽만 홀짝일 뿐이었다.

사랑하는 이의 고통을 보고 있어야 하는 것보다 힘든 일도 없을 것이다. 여왕은 남편의 고통을 옆에서 지켜보면서 심적으로도 끔찍한 스트레스를 받아야 했다. 백 년 전에 살았던 터너와는 매우 다른 사회적·경제적 견해를 지닌 빅토리아 여왕 또한 배우자의 병 앞에서는 신에 대한 믿음에 의지했다. 아내에 대해 걱정하면서도 질 좋은 햄이 들어간 음식에 대한 글을 일기에 나란히 적을 수 있었던 터너와 달리, 빅토리아 여왕은 상징적으로도 또 물리적으로도 앨버트 공의 침대 곁에 머물러 있었다. 그녀는 때로 가족이나 친구들과 함께 약간씩 걷거나 말을 타거나 운전을 하기도 했지만, 제대로 말하거나 집중하지 못하고 불안해하고 두려워하면서 그저 앨버트의 상태를 가까이서 지켜봤다. 12월 12일과 13일 여왕은 앨버트의 호흡이 걱정되기 시작했다. 의사들은 우선 그건 '잔기침'일 뿐이고 가빠진 호흡 때문에 '무슨 일이 일어나지는 않는다며' 여왕을 안심시켰다. 제너 박사는 앨버트가 숨을 헐떡거리고 정신이 혼미한 증상은 단지 열로 인한 것이니 한 주 후면 다시 나아질 거라고 했다. 12월 13일 빅토리아 여왕은 '밤새 아무 일 없기를' 바라며 잠자리에 들었다. 그리고 다음날인 12월 14일에 여왕은 일기를 쓰지 않았다. 여왕은 오전 7시에 앨버트 공을 보러 갔다. "화창한 아침이었다. 막 떠오른 해가 밝게 빛나고 있었다." 그녀는 후에 이 순간을 이렇게 회상했다. 그러나 방 분위기는 슬펐고 무슨 일인가 벌어질 것 같았다. 초는 전부 타 들어가 꺼져 있었고 의사들은 불안해 보였다. 기다리고 지켜보는 힘든 시간이 지난 후, 오후 4시경 여왕 부군의 병세가 위중하다는 공고가 나갔다.

빅토리아 여왕은 앨버트 공의 호흡 소리를 귀 기울여 듣고 걱정하며, 외롭고 초조해 보이는 모습으로 거의 대부분의 시간을 그의 침대맡에 앉아 있었다. 마침내 죽어가는 이의 목에서 나는 소리가 나자 여왕이 "마치 암사자처럼 놀라더니 침대에 매달려 앨버트 공에게 제발 말을 해보라고, 불쌍한 아내에게 입맞춤해달라고 애원했다." 훗날 빅토리아 여왕은 앨버트가 숨을 거둔 순간을 다음과 같이 기록했다. "두세 번의 길지만 부드러운 호흡을 들이마시며 그가 내 손을 꽉 잡았다. 그리고 모든 것이 다 끝났다. 고귀한 영혼이 자신에게 맞는 세계로 떠났으며 이제 이 세상의 괴로움과 시련에서 벗어난 것이다!" 그의 죽음과 함께 세상에 대한 여왕의 사회적·감정적인 완충제였으며 누구보다 그녀에게 의미 있던 한 사람이 사라졌다. 여왕은 이후 일기를 쓰지 않다가 1862년 1월 1일이 되어서야 슬픔의 깊이에 관하여 쓰기 시작했다.

사랑하는 이가 우리 곁을 떠난 후로는 일기를 쓸 수가 없었다. 얼마나 무겁고 참담한 기분으로 그가 없는 새해를 맞았던가. 이 끔찍하고 압도적인 불행 때문에 해야 할 일이 너무 많이 생겼다. 그러니 나는 이제 그저 내 슬프고 고독한 삶을 기록하려 한다. 작년 오늘 우리는 얼마나 완벽하게 행복했었는가!! 지난해 우리는 음악 소리에 눈을 떴다! 앨버트에게 보내온 작은 선물들, 새해 연하장을 시녀가 들고 들어왔다. 아이들은 자기네 선물을 갖고 옆방에서 기다리고 있었다. 이 모든 기억이 강렬하게 밀려온다. 앨리스는 내 방에서 잤다! 사랑하는 막내도 일찌감치 내 방으로 왔다. 마치 무서운 꿈이라도 꾸고 있는 것 같았다. (……) 그리고 모든 것이 이전 그대로인 앨버트의 방에서 뉴캐슬 공작을 만났다. 오랫동안 앨버트 공의 훌륭한 인격과 청렴함에 관한 이야기를 나눴다. 앨리스는 나에게 너무나 소중하고도 슬픈 앨버트의 크리스마스 선물을 갖다 줬다.

여왕의 자녀들은 자신들 또한 아버지를 잃어 힘들었지만 어머니를 위로하려 애썼다. 빅토리아 여왕의 전기 작가인 줄리아 베어드julia baird는 여왕의 개인적인 편지들을 살펴봄으로써 앨버트가 자녀들과 매우 각별하고 정서적으로 친밀한 사이였음을 알 수 있었다고 했다. 특히 빅토리아 시대 상류층의 가족 관계라는 전통적인 관습을 고려한다면 더욱 그러하다.

여왕은 "앨버트는 아이들에게 너무도 다정했고 그들과 함께 정말 즐겁게 놀았으며, 너무나 부드러우면서도 엄하게 아이들을 훈육했다"라고 기록했다. 빅토리아 여왕은 고인이 된 남편을 기리는 묘지를 만들 계획에 열중해 있었고, 그런 중에도 "사랑하는 이의 도움이 지독히도 그리웠다." 그들이 결혼한 이후 앨버트는 여왕의 모든 일에 대해 조언해주었고 그녀는 그의 개입이 끔찍하게 그리웠다. 여왕은 '사랑하는 이'와 나눈 대화와 그 가혹하고 불행한 병 그리고 수없이 많이 생길 기념비 생각에 빠져 지내면서 앨버트의 존재를 영원히 붙들고 있으려 했다.

기념비는 여러 가지 이유에서 중요했다. 앨버트에 관한 대화를 할 수 있었을 뿐 아니라 그를 계속 존재하게 할 수 있었으므로, 빅토리아 여왕은 앨버트에 관한 기억을 물질세계에 투영했다. 물질문화는 주변 세상과 물리적으로 상호작용하면서 감정적인 경험을 어떻게 구조화할 수 있는지 이해하고, 나아가 개인적이면서도 다른 이들과 함께 나눌 수 있는 소속감을 형성하는 데 있어서도 꽤 결정적인 요소라 할 수 있다. 여왕은 앨버트 공의 흉상이 반드시 완벽해야 한다고 주장했다. 그녀는 남편 생각이 나게 해주는 그의 소지품들을 보면서 정서적인 상실감과 대면할 수 있었다. 1월 7일 여왕의 일기에는

"앨버트가 준 소중한 크리스마스 선물을 보러 갔다"라고 기록되어 있다. "몇 년 전 주문 제작한 뮐러Müller의 아름다운 프시케 조각상은 고대의 옷을 입고 작은 새를 들고 있는 소녀를 물의 빛깔인 파란색으로 표현한 너무나 사랑스러운 선물이다." 사진들을 정리하고 남편의 모습을 바라보는 일은 여왕에게 위안이 되었으며, 여왕은 특히 앨버트의 흉상에 푹 빠졌다. "완벽한 진정한 '걸작'이며, 정말 뛰어난 표현력이다."

해와 달이 갈수록 더 깊어지는 빅토리아 여왕의 슬픔에는 그리움이 있었다. 기념일마다 여왕은 자신이 잃어버린 모든 것이 떠올랐고 그 침울함에 기꺼이 빠져 지냈다. 가족 행사에 앨버트가 없는 것이 시각, 청각, 후각적으로 느껴지는 감각적인 경험은 견디기 힘든 일이었다. 그녀는 1862년 2월에 쓴 일기에 다음과 같이 적고 있다.

이 축복받은 결혼기념일이 얼마나 낯설고 생소한가! 사람들이 걸어다니고 은박지가 바스락거리는 소리에 잠에서 깼다. 시녀가 들어왔을 때 앨버트에게 주려고 내 방에 들이게 한 몇 가지 작은 선물들과 그를 놀래켜줄 깜짝 선물들이 생각났다. 이렇게 소중한 날에 내가 늘 해왔던 일이기 때문이다. 나는 딸들을 오라고 하면서

앨리스를 가장 먼저 불렀다. 이 귀여운 아이는 신부가
드는 꽃다발을 들고 왔다. 앨리스는 손수 그린 너무나
예쁜 그림을 주었고, 피오도라는 내 모든 아이와
사랑하는 앨버트의 머리카락이 담긴 아름다운 팔찌를
선물해주었다. 나 역시 아이들 모두에게 기념품을 주었고,
그리고 아! 흐느껴 울었다! 너무도 비통하게. 싫었다.
모든 것이 복받은 소중한 그날 그대로이고 22년간 그리도
행복했지 않은가. 나는 지난날을 떠올렸다. 이런 추억은
누구도 내게서 빼앗아가지 못한다!

상실로 인한 외로움

앨버트가 사망한 후 이어진 슬픔으로 가득 찬 아침의 단조로
움이 여왕에게는 너무나도 고통스러웠다. "이렇게 참담한 기
분으로 잠에서 깨다니, 그래도 이런 느낌도 분명 좋아질 것이
다." 하루 중 어떤 시간이 다른 때보다 더 힘들게 느껴지는 것
은 유가족에게 흔히 있는 일이다. 그가 더 이상 곁에 없다는
사실이 상기될 수 있는 아침뿐만이 아니라 빅토리아 여왕이
주로 앨버트와 함께 있곤 하던 저녁에도 그랬다. 홀로 있는 저

녁 시간은 "너무나 길고 적막했다".

앨버트가 죽고 6주 정도 지났을 때 여왕은 처음으로 일기장에 "외롭고 쓸쓸하며, 비참하게도 완전히 혼자가 되었다"라고 쓰고 있다. 앨버트에 대하여 빅토리아 여왕이 느끼는 슬픔의 첫 번째 파동은 충격으로 인해 오히려 완화된 것이라는 견해도 있었다. 그 충격이 지나가고 나서야 진정한 외로움과 우울감이 밀려오는 것이다. 여왕은 처소인 오즈번 하우스에 머물면서 "내 외로움과 쓸쓸함이 점점 크게 느껴진다"고 한탄했다. 함께 저녁 먹을 상대나 산책을 하고 드라이브를 같이 할 이가 없어서가 아니라, 그 누구도 아닌 앨버트가 없어서였다. 그저 외로운 것이 아니라 단 한 사람 때문에 외롭다는 건 결혼이나 동반자 관계에서의 특별한 의미를 상기시켜주는 중요한 요소라 할 수 있다. 이런 관계에서는 실질적·물리적·성적·감정적인 삶의 모든 측면이 한 사람과만 단독으로 공유되는 것이다.

"날 제대로 이해하는 사람은 아무도 없어"라는 불평은 1940년대 이후부터 외로움을 측정하려는 시도와 함께 분석이 이루어졌으며, 어린아이부터 청소년기를 거쳐 노년에 이르기까지 그리고 광범위한 연구를 통해 사회적 고립에 대한 논의로 나타난다.[10]

빅토리아 여왕의 넷째 딸이며 아가일 공작부인인 루이즈 공주 또한 앨버트에 대한 추억을 상기시켜주는 사람이었다. 1862년 5월 12일, 빅토리아 여왕은 "애도하는 여성들이 모여 앉아 사랑하는 앨버트의 사진을 정리했다. 그러나 외로운 감정이 어느 때보다 커졌다"라고 적고 있다. 그녀는 산책을 하고, 친구들, 딸들 그리고 기쁨을 가져다주는 막내와 함께 지냈으나 앨버트의 죽음으로 생긴 심연은 그 무엇으로도 채울 수 없었다.

"매일 모든 것이 똑같다." 여왕은 앨버트의 부재를 끝없이 상기하며 한탄했다. 하지만 어쨌든 다른 이들이 함께 슬퍼하고 애도한다는 점은 그녀에게 위안이 되어주었다. 슬픔을 같이 나누는 사람들 덕분에 적어도 초기에는 자신만의 비애에 빠져 외롭게 고립되는 일은 없었던 것이다. "모두가 사랑하는 앨버트를 한결같이 칭찬하고 감탄하다니 참 인상적이다. 사람들이 얼마나 그를 사랑하고 그의 가치를 알아봤는지 알 수 있다. 심지어 작은 마을에 사는, 날 알지도 못하는 가난한 이들까지도 마치 자기 일처럼 나를 위해 눈물 흘려준다." 여왕은 다른 사람들이 보내는 '연민'에 고마워했으며 그로부터 위로를 받았다. 이런 이야기는 앨버트가 죽은 후 수년 간 반복되며, 특히 이어서 나오는 고립되고 외로운 명목상의 우두머리라는 여왕의 이미지와도 연관 있다.

여왕의 참모들은 그녀가 상실을 극복하고 행사에 더 모습을 드러내야 한다고 말했지만, 여왕은 우울함과 가눌 수 없는 슬픔으로 고통받고 있었다. "너무도 비참하다. 밤은 너무나 길고 쓸쓸하다"라고 쓰인 여왕의 일기를 보면 그녀의 심정을 짐작할 수 있다. 앨버트가 더는 어떤 것도 함께 나누지 못하게 된 후로는 여왕을 둘러싼 모든 것이 그녀에게 새로운 의미로 다가왔다. 주변에 있는 많은 것들이 그녀가 잃어버린 것을 떠올리게 했다. 앨리스와 산책을 하다가도 여왕은 "이 모든 나무와 관목이 너무 슬퍼서 차마 바라보지도 못하겠다. 앨버트가 이것들을 얼마나 좋아했던가"라는 생각을 했다고 한다. 교회를 방문하는 것도 이제는 앨버트가 무척 좋아하던 '그의' 교회를 찾아가는 일이 되었다! 하지만 빅토리아 여왕은 "사랑하는 앨버트와 관련된 것들을 보자니 마음이 찢어지는 것 같구나"라며 고통을 겪으면서도 앨버트 방에서 그의 소지품을 보며 추억에 빠지는 일을 그만둘 수 없었다.

앨버트 공이 사망한 후 3년이 넘는 시간 동안 빅토리아 여왕이 "겨우 견디며 살아온 끔찍한 외로움"은 만성화되었다. 여왕은 차츰 외로움에 관한 내용을 일기에 덜 쓰게 되었다. 그러나 이것이 외로움을 덜 느껴서인지, 아니면 짐작컨대 그녀의 시종인 브라운이 의미 있는 상대가 되었기 때문인지, 그렇지 않으면 그저 여왕이 외로움에 대해 안 쓰기로 한 것인지는 분명치 않다. 하지만 외로움이 다시 찾아오는 순간이 있었는데 앨버트 공의 재무관이었던 찰스 피프스Charles Phipps가 사망했을 때와 같이 앨버트를 잃었다는 사실이 상기될 때였다.

> 아, 나는 또 다시 큰 타격을 받았다. 소중하고 충직하며
> 헌신적인 친구인 찰스 핍스 경은 이제 우리 곁에 있지
> 않다! 마치 악몽을 꾸는 것 같고 실감이 나질 않는다.
> 겨우 열흘 전에 만났고 분명히 건강해 보였었다.
> 20일에는 그로부터 편지까지 받지 않았는가!
> 그가 앨버트와 나에게 얼마나 충실했던가.
> 외로움이 북받쳐오고 그저 참담할 뿐이다.

상실로 인한 외로움은 언제든 다시 겪게 될 수 있다. 이것이 바로 사별의 특성이기 때문이다. 익숙한 향이나 소리, 사물, 그 사람에 대한 생각과 같은 순간의 기억을 통해서 홀아비나 미망인으로 경험했던 고독 속에 다시 침잠해버릴 수 있다. 앨버트의 존재를 상기시키는 다른 이들의 감정적인 표현과 사물, 환경 속에서 힘들면서도 빅토리아 여왕은 국민과 세

계가 지켜보는 가운데 상실감을 통제하고 다스려야 했다.

이후 여왕이 외로움에 관해 간간히 쓴 글들은 일기의 마지막 몇 해에 걸쳐 나타나게 되는데, 그녀가 앨버트의 부재를 상기하게 될 때였다. 1886년 여왕은 앨버트의 형인 어니스트Ernest와 그의 부인을 만나고 이렇게 썼다. "두 사람 모두 아주 건강한 것 같았다. 그런데 어니스트는 꽤 살도 찌고 나이도 들어 보였다. 그를 보면 늘 고통스럽게도 나의 외로움과 행복했던 지난날이 떠오른다!" 이렇게 그리움과 더불어 절대 잊지 못할 기억이 상기됨으로써 여왕은 버림받은 느낌이 들었을 것이다. 마찬가지로 그녀에게 외로움이라는 것은 여왕이자 슬픔에 젖은 미망인이라는 이중적인 정체성으로 인한 다른 사람들과의 거리감을 의미하기도 했다. 여왕은 1884년 6월 20일 일기에 "부디 신께서 계속 더 외롭고 불안한 저를 도우소서"라고 기록했으며, 이것이 외로움에 대해 그녀가 남긴 마지막 글이었다.

이런 맥락에서 보면 끊임없이 앨버트의 죽음을 애도하는 여왕(상복과 그녀의 습관, 행동 그리고 사회적 인식 면에서)의 이미지가 루디야드 키플링Rudyard Kipling이 쓴 '윈저궁의 미망인'이라는 시를 통해 영원히 남게 된 것도 그리 놀랍지 않을 것이다. 일개 병사의 입을 빌려 이야기하는 이 시는 여왕의 '표식'이

'기병대의 말'부터 '약국'이나 '바다 위의 배'에 이르기까지 모든 것에서 발견되는, 빅토리아 여왕의 제국이 가하는 사회적인 충격에 대하여 비평한다. 그러나 여왕 자신은 그런 웅장함 속에서 상실, 외로움, 유기라는 상징으로 환원되는 그저 '금관을 쓴 윈저궁의 미망인'일 뿐이었다.[11]

빅토리아 여왕은 앨버트 공보다 40년을 더 살았다. 그 기간 내내 여왕이 대중에게 보인 슬픔은 그녀의 트레이드마크가 되었다. 그래서인지 빅토리아 여왕은 21세기에도 웃음기 없는 태도와 통통한 몸매, 검은 상복이라는 이미지로 기억되고 있다. 앨버트가 죽은 후 그려진 초상화에서 여왕은 외로워 보인다. 그저 전통적인 의미의 홀로 있음이 아니라, 현대적인 자아감sense of self을 특징으로 하는 더 강렬한 감정적인 외로움을 뜻하며, 생애 주기 가운데 하나인 미망인이나 홀아비로서의 상태에 대한 21세기식 표현에 더 가깝다 할 수 있다.

빅토리아 여왕에게도 종교가 있었다. 하지만 그녀가 종교적으로 위안을 받거나 앨버트 공이 천국에 있을 거라고 믿은 것 같진 않았다. 그보다는 오히려 그를 가능한 오래 그녀 곁에 두고 싶어 했던 것으로 보였다. 윈저와 오즈번Osborne, 밸모럴Balmoral에 있는 앨버트 공의 방을 그대로 보존했고, 청동과 대리석으로 된 수많은 흉상과 조각상을 만들었다. 또 앨버

남편의 사후 늘 검은 옷만 입은 빅토리아 여왕. 1871년 모습

트의 머리카락과 손수건을 아들인 레오폴드에게 보내면서 손수건은 늘 곁에 두라고 했다. 작은 사진들은 친구들과 가족들에게 보냈고, 돌로 된 앨버트의 묘지도 만들었다. 앨버트를 위해 남겨 둔 것이 그저 빈 의자만 있는 건 아니었던 것이다.

빅토리아 여왕의 남편에 대한 애도가 그렇게 오래 지속된 이유가 무엇이든, 그녀가 그를 그리워했을 뿐 아니라 그가 없는 세상이 외로웠다는 건 틀림없다. 인맥과 경험 그리고 남편과 아내로서의 특별한 관계를 공유했다는 점에서 매우 구체적으로 현대적인 의미의 외로움이라 할 수 있다. 빅토리아 여왕의 일기에는 '외로운' 상태에 대한 62개의 소제목이 담겨 있으며, 그중 거의 18개가 앨버트에 대한 애도와 관련된 것이다. 또한 '외로운' 순간을 기록한 22개 소제목 가운데 21개가 미망인이 된 이후에 쓴 글이다. 외로움은 빅토리아 여왕에게 미망인의 삶처럼 마치 동반자 같은 것이었다. 이는 적어도 언어적으로 상실에 관해 글을 쓰면서도 외로움은 한 번도 언급하지 않았던 18세기의 토머스 터너와 비교해 극적인 변화가 있었음을 보여주는 것이다.

토머스 터너와 빅토리아 여왕은 젊은 나이에 배우자와 사별하였지만, 현대의 홀아비와 미망인은 주로 (여왕과 같은 사회적·경제적인 자원도 없는) 노인들이다. 홀아비나 미망인인 상태(별개의 외로움이 형성된다고 인식되는)가 냉대나 질병, 사회적 고립과 같은 노인이 겪게 되는 다른 어려움들과 어떻게 균형을 이룰 수 있는지에 대하여 더 많은 연구가 필요하다. 연구에 따르면 홀아비나 미망인으로 지낸 기간이 외로움을 느끼는 데 핵심 요소가 된다고 한다. 가령 재혼할 경우 의미 있는 상대의 부재로 인한 고립감에서 벗어날 수 있다. 다른 경우와 마찬가지로 외로움에도 일시적인 측면(빅토리아 여왕이 몇 년간 윈저궁의 나무들과 기념일에 대해 언급한 것처럼)이 있다. 모든 감정은 시간의 영향을 받는다. 외로울 땐 슬픔에 끝이 없을 것 같고 기쁨도 덧없이 느껴질 수 있다. 외로움 또한 예외가 아니다. 빅토리아 여왕의 기록에 나타난 것 같은 만성적이고 지속적인 외로움은 일시적인 상황에 의한 외로움과는 대조적인 것이며, 보건 사회적인 측면에서 훨씬 더 부정적인 결과를 초래할 수 있는 만큼 특별한 관심이 요구된다 할 수 있다.

외로움과 마찬가지로 홀아비나 미망인으로 살면서 일어나는 일들은 재산과 가족, 친구 관계 그리고 배우자를 실제로 얼마나 좋아했는지와 같은 다양한 변수에 따라 달라진다. 사별은 과거에도 그렇고 현재에도 얼마나 배우자를 사랑했는가에 상관없이 외로움과 슬픔뿐 아니라 안도, 분노, 죄책감, 동요, 슬픔과 같이 모순된 면이 있을 수 있다. 고약하고 폭력적인 배우자였는데도 그 남편이 죽은 후 외로워하는 미망인은 어떻게 된 것일까? 토머스 터너는 아내가 죽고 나자 그녀의 성격에 대해 훨씬 더 좋게 이야기했다. 이것은 그리움일까, 죄책감일까? 아니면 또 다른 어떤 것일까?

홀아비나 미망인의 외로움은 다른 어떤 경험에서 얻을 수 있는 어려움과 마찬가지로 환경에 따라 그리고 새로운 관계를 만드는 홀로 남은 이의 능력에 따라 다르게 느껴질 것이다. 이것은 때로 인터넷 데이트를 활용하는 노인들과 같이 새로운 교류 방식을 실험한다는 의미가 될 수도 있다. 온라인 데이트의 편리함과 접근성에는 (젊은이들뿐 아니라 노인들에게도) 장점과 단점이 존재한다. 이동의 어려움이나 부끄러움과 같은 다양한 신체적·심리적 제약을 극복하고 우정이나 로맨틱한 관계를 형성하고 유지하는 수단이 될 수도 있다. 그러나 인터넷은 그것을 어떻게 사용하느냐에 따라 외로움을 방지하기도 하고 키우기도 한다는 증거가 점차 많아지고 있다. 또한 소셜 미디어가 외로움에 미치는 영향에 대한 대부분의 연구는 노인이나 배우자와 사별한 이만이 아니라 내가 이제부터 언급하려 하는 밀레니얼 세대도 해당된다.

5장

우울한 인스타그램

소셜미디어와 온라인 커뮤니티

FOMO: 좋은 기회를 놓칠까 봐 두려워하고,
흥미롭고 재미 있는 일이 내가 모르는 사이에
어디선가 일어나고 있을지 몰라 불안해하는
현상으로 보통 소셜미디어에 올라온
게시글을 통해 생긴다.

2004년. 주간지《노스코스트 저널》
(캘리포니아 주 험볼트 카운티), 인터넷판, 8월 12일.
멋진 행사다. 공짜라니 아무래도 가봐야겠다.
행사에 가려는 진짜 이유는 FOMO라는
것 때문이다. 이는 좋은 기회를 놓칠까 봐
두려워하는 증후군이 생기는 병이다.

옥스퍼드 온라인 영어 사전 (2018)

2014년 노스캐롤라이나 출신의 32살 여성이 몰던 차량이 재활용품 수거용 트럭에 부딪치면서 운전자가 사망했다. 시간은 오전 8시 33분. 코트니 샌퍼드Courtney Sanford라는 이 여성은 직장을 향해 차를 몰고 가던 중이었다. 샌퍼드는 운전하면서 퍼렐Pharrell 노래를 들으니 얼마나 행복한지 다른 이들에게 알리기 위해 핸드폰으로 본인 사진을 찍어 "좋은 노래 덕분에 행복하다"라는 글과 함께 페이스북에 올렸다. 911에서는 1분 후 출동 요청을 받았다. 경찰 대변인은 "불과 몇 초 사이에 자신이 행복하다는 사실을 몇몇 친구들에게 알리려다가 한 생명이 죽고 말았다"고 발표했다.

샌퍼드가 왜 운전하면서 자기 사진을 찍고 페이스북에 업로드했는지에 대해서는 그저 추정할 수 있을 뿐이다. 그러나 그 순간 자신의 감정 '상태'를 한시라도 빨리 다른 이들과 공유하는 일이 그녀에게 아주 중요했다는 점만은 틀림없어 보인다. 그 심리적인 의도까지 추론하진 않더라도 운전 중에

휴대전화를 사용하면 안 된다는 법률이 있는데도 불구하고 도로 주행 중 문자를 보내고 셀카를 찍는 사람들이 꽤 많다고 한다. 미국에서는 2011년에만 휴대전화 사용과 관련된 '주의 분산 운전'으로 385명이 목숨을 잃었으며, 15~19세의 운전 자가 일으킨 치명적인 충돌 사고 가운데 21퍼센트가 휴대전 화와 관련 있었다.[1]

이런 사례들은 외로움 또는 역으로 유대감이나 소속감과 연관되어 있다. 휴대전화가 대체 무엇이길래 특히 젊은이들이 그것을 통해 친밀감을 느끼는 걸까? 고립 공포감(이하 FOMO) 은 또 무엇이기에 부주의하고 위험한 판단을 내리게 하는 것 일까? 개인이 휴대전화와 소셜미디어 사용으로 느낄 수 있는 복잡한 정서적 관련성을 이해하는 일이 우선일 것이다. 어떤 이유로든 타인과의 친밀감 형성이 어려운 이들에게는 불안, 우울, 강박적 사고가 강하게 나타날 수 있다. FOMO는 특히 소속감과 사회 정체성, 사회적 인정으로 이어지는 다양한 감 정 상태 그리고 외로움과 관련 있다. 다른 사람들이 내가 없는 사이에 혹은 나만 빼놓고 더 나은 경험을 할지 모른다는 두려 움으로 정의되는 FOMO는 다른 사람들과 계속 연계되어 있 기 원한다는 특성이 있다.

소셜미디어에 끊임없이 접속해 있는 데서 오는 어려움

가운데 하나는, 보통 최고의 겉모습을 보여주려 하는 소셜미디어의 관례에 비추어 볼 때, 타인의 삶이 자기 삶보다 나아 보일 수 있다는 점이다. 이러한 비교는 다른 사람들의 삶이 더 성공적이고 행복해 보일 때 페이스북 사용자들이 불만과 외로움을 호소하는 주요한 원인 가운데 하나다. 이번 장에서는 '소셜미디어의 과도한 사용이 과연 밀레니얼 시대가 낳은 외로움의 원인일까, 결과일까?'와 같이 이리저리 엉켜 있는 21세기의 딜레마를 다루기 위하여 소셜미디어의 급신장에 대해 살펴보려 한다.

소셜미디어의 성장이 정서에 미치는 영향

연구를 통해 소셜미디어를 사용하는 여러 다양한 이유 그리고 사용 후 얻을 수 있는 성과(정서적, 사회적, 실질적인)에 대해 알 수 있다. 소셜미디어 사용은 문화와 사회·경제 그리고 서비스에의 접근과 같은 기술의 차이에 따라 영향을 받긴 하지만, 사회적인 자본(어디선가 적합하거나 두드러질 수 있는)과 정체성 형성(개인과 사회의 목표 모두), 심리적·정서적인 행복, 신체적인 안녕, 행동의 변화라는 개인적인 성과를 얻을 수 있다.

온라인 SNS에 대한 정서적인 몰입은 대부분 청소년기 초중반 대에 가장 크게 나타난다. 이때가 자신에 대해 강한 관심을 두면서 '상상 속 청중의 행동imaginative audience behavior', 특히 또래 집단peer group에 자신이 어떻게 보일지 신경 쓰는 시기이기 때문이다. 인터넷을 사용하며 공동체 의식과 온라인 정체성을 개발하고 다져 나가는 소위 '디지털 원주민digital natives'은 부정적으로 느껴지는 평가나 배척에 대해 특히 취약한 모습을 보이며, 온라인 밖 세상에서 소외된 개인일 경우에는 더욱 그러하다. 이것은 정서적·사회적으로 문제가 될 수 있다. 또한 '다크웹dark web'의 존재 그리고 온라인에 만연하는 젊은 여성들의 자기 신체에 대한 부정적인 자존감 형성, 이 두 가지 문제는 모두 가부장 사회에 대한 도전과 관련되어 있다.[2]

젊은이들 사이에 외로움과 정신적인 건강 문제가 나타나고 소셜미디어가 그 원인으로 지목될 때가 많다는 점은 그리 놀랄 일은 아닐 것이다. 밀레니얼 세대의 외로움은 노인들의 외로움에 버금가는 정치적인 우려를 불러일으켰다. 영국 통계청의 2018년 연구에서도 젊은이들이 다른 어느 연령대보다 더 외로움을 느끼기 쉽다는 점이 드러났다.[3] BBC가 2018년 주관한 세계에서 가장 큰 규모의 '외로움에 대한 조사'에서도 젊은이들의 외로움이 심각한 것으로 나타났다.[4] 사실 이 연구는 '외로운 노인'이라는 고정관념이 있음에도 불구하고 젊은 이들이 노인들보다 더 외로워한다는 결론을 내렸다. 노인들의 외로움과 달리 청년들의 외로움은 보건 복지와의 관련성이 낮게 나타나기 때문에 공중 보건 면에서 관심이 덜 했던 것이 사실이다. 젊은 세대가 외로움을 느낀다고 할 때는 판에 박힌 듯(어쩌면 자동적으로) 소셜미디어 사용 그리고 오프라인에서의 관계 변화와 관련지어진다. 현실에서 관계를 형성하고 구축하는 능력과 함께 심리, 정서, 신체적인 행복에 소셜미디어가 미치는 장기적인 영향은 지금까지도 치열한 논쟁의 주제가 되고 있다. 소셜미디어로 인해 실생활에서 관계를 맺는 기술이 약화되고, 폭력적인 행동과 비만이 생기며, 젊은이들이 사회적으로 합의된 행동을 점점 따르지 않는다는 주장도 있었다. 과도한 소셜미디어의 사용은 젊은이들의 낮은 자존감과 외로움과 관련 있는 경우가 많다. 2017년 《포브스》는 밀레니얼 세대의 외로움에 대한 글을 게재했다. 이 기사는 친한 친구가 없는 미국인의 수가 1985년에 비해 세 배 증가했으며, 특히 이런 현상이 젊은이들 사이에서 증가하고 있다는 결론을 내리고 있다.[5]

외로움은 과도한 인터넷 사용과 더불어 분노, 질투, 원망과 같은 다른 감정 상태와 폭넓게 연관되어 있다. 그리고 이러한 부정적인 감정들은 자존감과 자긍심을 떨어뜨리는 '떠벌리는 행동'과 그것을 부추기는 몇몇 소셜미디어의 성향과 연관성이 높다. 부정적인 기분과 소셜미디어 사용 간에 순환적인 관계가 존재하는 것이다. 외롭고, 권태로우며 삶에 불만족한 상태에서 오히려 더 페이스북을 들여다보며, 특히 사용자가 다른 사람들로부터 외따로 떨어져 있을 때 부정적인 생각에 쉽게 빠져들게 된다. 2012년 한 조사에 따르면 젊은이의 4분의 3 정도가 FOMO 증후군에 시달린다고 한다.[6]

외로움은 미국, 영국과 같이 소셜미디어 사용이 많은 사회에 더 널리 퍼져 있다. 이는 어찌 보면 당연한데 외로움이 대체로 서양 후기 산업사회에 가장 만연하기 때문이다. 인터넷에서의 친밀함을 향한 문화적인 불안감과 소셜미디어를 둘러싼 보건과 안전에 대한 우려로는 온라인에서 어떤 사람을 '알게 되고' 온라인 커뮤니티에 속한다는 생각에서 비롯되는 가짜 안도감을 들 수 있다. 외로움은 자존감이 낮고 사교적이지 못하며 현실에서 사회적인 관계와 동떨어져 있게 되어 생기는 소셜미디어가 낳은 여러 병폐 가운데 하나다.

소셜미디어가 사회적·신체적 면에서 고독에 미치는 영향은 잘 알려져 있지 않다. 고독은 스스로 홀로 있기를 선택하고 또 그럴 수 있는 능력을 뜻한다. 고독은 창의적 힘을 기르고 정신 건강에도 유익하지만, 영상 문화가 널리 뿌리내리고 개인이 여러 다양한 사람과 동시에 연결되는 오늘날의 상황에서는 고독을 선택하기가 점점 어려워지고 있다. 대부분의 10대들은 화면에서 끊임없이 방출되는 블루라이트와 가상세계에서 다른 사람들과 연결되고자 하는 심리적·사회적·신체적인 충동 속에서 지낸다. 휴식 없이 불안이 계속되며 잠을 제대로 자지 못하는 현상은 소셜미디어에 빠진 청소년들의 특성으로 행복에 부정적으로 작용한다. 이와 연관된 것으로 '인터넷 중독'이 있다. 이것은 주변에 다른 사람들의 소리가 전혀 들리지 않아도 살아가는 데 지장이 없는 청소년들의 '자기 진정 self-soothing' 능력을 뜻한다.[7] '인터넷 중독'이란 용어는 비슷한 단어인 '페이스북 우울증'과 같이 소셜미디어가 개인과 사회 조직에 해로우며, 밀레니얼 세대가 느끼는 외로움의 주요원인이라는 믿음이 널리 퍼져 있음을 나타낸다.

소셜미디어는 지뢰밭? 혹은 거울?

온라인에서 찾는 개인의 필요와 소속감은 오프라인에서 구하는 것과 그다지 다르지 않다. 소셜미디어의 성공에서 핵심이 되는 것은 유대감과 소속감으로 통합된 욕구다. 이런 욕구의 형태와 그것이 충족되는 방식은 개인이 오프라인에서 사회생활을 하며 소통하는 방식과 연결되어 있다. 온라인에서의 연결 속도나 수가 오프라인보다 더 빠르고 많다고 해도, 소셜미디어에서의 행동은 실생활에서의 행동을 반영할 수밖에 없다. 둘 사이의 차이점이 바로 소속과 '공동체'의 속성이며, 온라인과 오프라인 간에 쉽게 전환할 수 없는 복잡하지만 중요한 개념이다. 이에 관해 더 자세히 알아보기 전에, 소셜미디어가 21세기의 외로움을 둘러싼 '정신적인 공황 상태'와 어떤 관련이 있는지부터 살펴보려 한다.

소셜미디어는 그 속도와 전파력으로 특징지을 수 있다. 몇 초도 안 되는 짧은 시간 안에 감정 상태가 표현되고 또 널리 공유된다. 이러한 소통이 비밀스러우며 개인의 스크린 위에서 그들만의 언어와 논리에 따라 이루어지는 걸로 보일 수도 있다. 감정적인 반응은 그 자체로 디지털망에서 이루어지는 소통의 속도에 의해 영향받고 강화될 수 있으며, 이런 점 때문에 개인의 기분이 불안정해질 수 있다.

페이스북에 관한 2014년의 연구에서는 중요하지만 부정적인 게시글들을 모아 그 자료를 서로 비교함으로써 페이스북에 표현된 감정이 그 메시지에 반응하는 이들의 정서에 비

언어적인 영향을 미칠 수 있으며, 한 번도 만나지 못한 사람들에게 파장을 일으킬 수 있다는 결론에 도달했다.[8] 가장 극단적인 경우는 이것이 자살 충동을 느끼는 우울함이나 모방 자살과 연계될 때다. 역사적인 관점에서 봤을 때 이는 18세기 심리·사회 범주에서의 '윤리 확산'과 정서적인 경험 그리고 믿음이 많은 이에게 전파되는 것과 비슷해 보인다. 1960년대 역사학자들은 유럽의 마녀사냥에 대해 도덕과 감정이 전염병처럼 퍼진 예라고 말했다. 감정이 어떻게 개인과 대중에게 '전염'될 수 있는지를 보여주는 현대적인 사례들도 있다.[9]

소셜미디어를 바라보는 이런 시각은 외로움이 전염되는 것이며 다른 이들이 외롭다는 사실을 알고 있는 사람들이 외로워질 위험이 더 커진다는 사회신경과학 연구와 일치한다.[10] 존 카시오포John Cacioppo와 그 연구팀은 개체군을 기반으로 한 '프레이밍햄 심장 연구Framingham Heart Study'를 활용하여 사회 관계 중에 나타나는 외로움의 양상, 외로움이 3단계로 구분되는 특정한 무리에게 생기는 방식, 감정적이거나 도덕적인 전파를 통한 외로움의 확산에 대해 탐구했다. 외로움은 우정보다 그 전염력이 높고(외로움이 생존의 위협을 나타내는 생물학적인 징후라는 카시오포의 주장을 뒷받침한다), 남자들과 가족보다는 여성들과 친구일 때의 전염력이 더 강하다. 카시오포의 해결책은 명확했다. 외로움을 가장 많이 경험할 것 같은 개인들의 관계망을 강화하고 사회체계 또한 견고하게 하는 것이다.

그러나 외로움이 전염된다고 정해버리는 것은 문제가 있다. 이것은 외로움을 집단적인 소속감에 대한 개인의 욕구와 관련이 있는 사회적 감정으로 상정하는 것이고, 외로움을 부정적인 것으로만 간주하는 것인데, 이것은 사실이 아니기 때문이다. 이와 유사한 전염력을 지닌 소셜미디어는 21세기 영국에서 외로움을 둘러싼 정신적인 공포를 만들어내는 존재다. 새로운 통신 수단은 늘 문화적인 불안을 낳았다. 전화기 또한 그것이 놀랍고 혁신적인 기술이었던 1880년대에는 사람들이 그에 대해 흥분하면서도 미심쩍어했다. 미국 신문방송학과 교수인 라나 F. 프래코Lana F. Frakow에 따르면 그 시대 사람들은 전화기가 고립감을 덜어줌으로써 외진 곳에 사는 농부 아내의 정신 건강에 도움이 될 것이라고 생각했다. [11]

이러한 언급에는 여성이 시골에 거주할 경우 외로움을 쉽게 타고, 평소 '말이 많은 편'이라는 성차별적인 사고가 담겨 있다. 휴대전화 사용에도 이와 유사하게 기존의 성역할과 성 이데올로기가 반영되어 휴대전화를 갈망하고 획득하여 사용하는 방식에서 성별의 차이를 암시하고 있다.[12]

전화기는 긍정적인 기술로 여겨지면서도, 건강에 좋지

외따로 사는 농부들을 위한 좋은 친구, 전화기. 1905년 광고

않고, 중독되며 일상의 사회 활동을 위축시키며, 성별로 구분되는 일과 가정의 경계를 모호하게 만들 것이라는 두려움을 일으켰다. 미국에 있는 '콜롬버스 기사단 성인 교육 위원회'(콜롬버스 기사단은 세계에서 가장 큰 가톨릭 단체다)에서는 전화기가 인간을 '더 활동적이게 하는가, 아니면 게으르게 하는

가', '가정생활이나 친구를 방문하는 오랜 관습을 깨뜨리진 않을까'와 같은 의문을 제기했다.[13] 미국의 사회학자인 클로드 S. 피셔Claude S. Fischer는 1930년대부터 전화, 편지, 전보에 대해 이루어진 체계적인 설문조사 결과를 분석했다. 설문에 응한 남녀 200명 가운데 (성별 균형은 무너지지 않았다) 66명이 전화기에 대해 불편함을 느낀다고 답했다. 전화기의 영향에 대한 사회 인식은 양면적이었으며, 연구의 저자들 또한 이 새로운 기술로 외로움과 불편함을 줄일 수 있을지 모르지만 "도시의 비인격화와 같은 폐단을 낳을 수 있다는 점을 간과해선 안될 것이다"라는 결론을 내렸다. 그러나 사실 이 설문조사에는 전화기가 도시와 시골 생활방식에 더 큰 불안을 가져올 발명품이라거나 '도시의 비인격화와 같은 폐단'을 불러일으킨다고 할 만한 어떤 근거도 없었다.[14]

소셜미디어에 대한 우려는 이처럼 폭 넓은 역사적인 주장들의 맥락 속에서 이루어져야 한다. 그 외에도 소셜미디어의 단점보다는 장점을 제시하는 호의적인 연구도 많이 있다.

예컨대 사회적인 불안을 경험하는 사람들은 온라인에서 다른 이들과 연결되면 어색함이 줄어들 수 있다. 페이스북과 같은 네트워킹 사이트들은 정신 건강에 문제가 있는 사람들이 복잡한 사회관계나 가족관계를 다루는 곳을 찾아다니며 정서적인 교류를 용이하게 하고 더 큰 사회적 지지를 받는 데 도움이 될 수 있다. 소셜미디어는 정보를 전달하고 자료 유포와 장애가 있거나 병약한 이들간의 소통, 이 두 가지 모두를 위한 공간을 제공하는 보건 사회 측면에서 의미 있는 역할을 하기도 한다. 또한 멀리 떨어져 지내는 가족처럼 원거리 관계에 있는 사람들이 온라인으로 편리하게 그 관계를 이어가도록 할 수도 있다.

따라서 소셜미디어의 확산을 사회악을 조장하는 필연적인 원인으로 보며 안타까워하는 건 도움이 되지 않는다. 과학 기술과 정서적인 변화 또한 역사적인 맥락에서 바라볼 필요가 있다. 전보부터 인터넷에 이르기까지 모든 새로운 형태의 통신에는 그 사용과 남용, '오래된 사교의 방식'이 위협받는 것 아닐까 하는 불확실성과 공포가 늘 뒤따라왔다. 그러므로 좋거나 나쁜 영향을 만들어내는 것은 소셜미디어가 무엇인가가 아니라 그것이 어떻게 사용되느냐에 달려 있는 것이다. 페이스북을 사용함으로써 사회적 지지와 영향력 행사, 다른 이들에게 배려받고 그들과 연결된 기분(이런 모든 것이 외로운 상태와 반대로 여겨진다)과 같은 긍정적인 유대감을 경험한 사용자들은 실제 생활에서도 그러한 유대감을 경험한다. 따라서 페이스북을 기존 관계를 유지하기 위한 플랫폼으로 사용하는 것이 얼굴을 맞대는 사회적인 상호작용에서의 도피용(가령 새로운 사람을 만나는 일을 수줍어하는 대학생들이 대안책으로 소셜미디어에 의지할 경우 온라인 커뮤니티에 대한 만족도가 낮다고 한다)일 때보다 더 유익할 것이다. 소셜미디어 사용을 통해 원치 않는 외로움과 같이 감정적인 고초를 겪는 경우는 온라인 세계가 물리적이고 구체적인 관계에 대해 보조적이거나 이어지는 것이 아니라 오프라인 관계를 넘어서고 대체할 때다.

그러므로 외로움과 소셜미디어에 관한 가장 의미 있는 질문은 소셜미디어를 얼마나 자주 그리고 언제 사용하는지가 아니라, 소셜미디어가 오프라인 관계를 대체하는지 아니면 보조적인 역할을 하는지가 될 것이다. 온라인 커뮤니티의 정의야 어떻게 되든 그것이 다른 영역에서 부족한 유대감을 대체하고, 수면이나 사회 기능을 떨어뜨리지는 않는가? 또 건강이나 경제 문제를 일으키는 다른 변수들을 기반으로 한 사람들 간의 '디지털 양극화'는 어느 정도인가? 소셜미디어를 사용할 때 많이 빠지는 함정으로는 온라인 커뮤니티에 적극적으로 참여하지 않고 다른 사람들의 게시글을 읽는 행동을 가리키는 '소셜스내킹social snacking'을 들 수 있을 것이다. 그런데 사실 이러한 현상은 실생활에서도 발견된다. 수줍어하고 사회적으로 불안을 느끼는 사람들은 개인적인 대화에 끼지 않고 한

걸음 물러나 있기 때문이다. 그러므로 소셜미디어는 다른 사회적인 상호작용과 정확히 동일한 방식으로 외로운 이들에게 도움이 되기도 하고 손해가 될 수도 있다.

소셜미디어와 커뮤니티(공동체)

'온라인 커뮤니티'라는 용어는 마치 그것이 불가피하고 상식에 해당하며 오프라인 커뮤니티와 동일한 것처럼 모든 곳에서 사용되고 있다. 그러나 이것은 사실이 아니다. 가상 커뮤니티는 많은 경우 지리나 정치적인 한계와 상관없이 사람들이 생각이나 신념, 관심거리를 공유할 수 있는 소셜 네트워크다. 이처럼 온라인 가상 세계는 정치학자이자 역사가인 베네딕트 앤더슨Benedict Anderson이 1983년 근대 민족주의를 분석하며 언급한 '상상의 커뮤니티imagined community(정서적이고 창의적인 과정에 따라 지리적·사회적 차이를 넘어 광범위하게 공통의 가치관이 형성되는 것)'를 떠올리게 한다.[15] 앤더슨이 보기에 민족은 사람들로 하여금 공통의 목표를 위해서라면 전쟁터에서 죽거나, 한 축구팀을 쫓아 세계를 돌아다녀도 좋을 만큼 충분히 그 집단에 소속되어 있다고 느끼게 하는 커뮤니티다.

소셜미디어 역시 공통된 가치관과 신념을 부추기고, 이미지와 표현, 신념, 특별한 사람들만 해당 온라인 세계에 들어갈 수 있게 하는 공동의 '언어'를 말함으로써 상상의 커뮤니티를 만들어낸다. 물론 온라인 커뮤니티에서는 근대 민족주의에서 명분을 위해 목숨을 바치는 것과 같은 (앤더슨이 말하는) 강력한 감정을 일으키는 경우는 거의 없다(다만 극단주의자 무리들이 똑같은 목적을 위해 소셜미디어를 이용하기는 한다). 그러나 그럼에도 불구하고 서로의 표면적인 관심사와 목적을 확인하는 것이 소셜미디어의 정체성과 의의라 할 수 있다.

1993년 미국 비평가인 하워드 라인골드Howard Rheingold는 가상 세계에 대하여 '사이버 공간에서 개인적인 관계망을 형성할 수 있을 만큼 충분한 수의 사람이 공개 토론을 충분히 계속해서 이어가며 인간적인 감정이 충분히 존재할 때 인터넷에서 출현하는 사회 집단'이라고 정의했다.[16] 커뮤니티의 전통적인 정의가 주로 지리나 가족에 의해 한정되는 반면, 가상 커뮤니티는 사이버 공간에 존재한다. 하지만 온라인 커뮤니티 또한 배타적인 태도를 통해 스스로를 정의할 수도 있다. 가령 레딧Reddit 게시판 '더도널드The Donald'는 자신들을 가리켜 '제 45대 미국 대통령 도널드 트럼프에게 바치는 끝없는 집회'를 하는 이들로 묘사하고 있다. 이 38만 명의 강경한 무리는 도널드 트럼프를 '아빠' 혹은 '황제'라 부르고, 자유주의와 페미니즘, 지성주의 그리고 그밖의 많은 것들에 대해 반대하는 입장을 취하며 서로 동질성을 확보한다. '더도널드'의 일원이라는 소속감은 "미국을 다시 위대하게"라는 문구가 새겨진 빨간 야구 모자를 쓰는 것에서부터 계속 반복되는 주제인 미국과 멕시코 사이의 장벽 그리고 지성과는 동떨어져 보이는 뚱뚱한 백인 남성의 헤어스타일을 한 희화적인 모습 같은 상징들을 통하여 구축해나간다.

이러한 가상 커뮤니티는 세계관을 공유하고 그 안에서 구성원의 역할과 위치를 부여하며, 세상에 대한 그들의 감정과 의견을 반영하여 소리를 내게 한다는 측면에서 현실에서의 커뮤니티와 유사하다 할 수 있다. 흔히 가상 커뮤니티를 통해 자신이 옳다는 안도감을 얻기도 한다. 이들은 집회나 공적인 모임을 통해 오프라인 세상으로 쏟아져나올 수도 있다. 이때 "미국을 다시 위대하게"나 "벽을 세우자"와 같은 상징적 구호가 트럼프 지지자들에게는 소속감과 안전감을 느끼게 할 수 있다. 하지만 트럼프의 정책과 그의 지지기반인 우파, 백인 우월론자, 여성 혐오주의자들이 만들어내는 증오와 폭력의 문화적인 혼란으로 위험에 처한 수백만 명의 여성, 흑인, 이민자들에게는 그렇지 않을 것이다.

앤더슨의 '상상의 커뮤니티'에서 인쇄 매체와 전국에 발행되는 신문들이 사람들을 한데 모을 수 있었던 것과 마찬가지로, 소셜미디어 사이트들도 가치와 윤리, 지지를 공유한다는 일체감을 만들어낼 수 있다. 둘 사이의 차이점은 소셜미디어의 빠른 확산력일 것이다. 가상 세계는 해당 사이트를 이용하기 위한 인터넷 접속과 언어 실력과 같은 장벽이 남아 있긴 하지만, 그래도 지리, 성별, 민족성, 경제적 위치 등 전통적인 기준으로 범위가 한정되지 않는다. 가상 세계는 관습적으로 공동의 목표를 기반으로 형성되며, 그 목표를 공유함으로써 또 다른 어떤 이들에겐 반대함으로써 정의된다. 어쩌면 서로 한 번도 만나본 적 없는 구성원들 간에 지지와 정보, 수용, 우정을 나누는 모습(하지만 반대로 커뮤니티의 가치에 중요하지 않다고 생각하는 관점에 대해서는 무시와 비난을 표현한다)은 실제 커뮤니티와 유사한 점이라고 할 수 있다. 작가이며 기자이기도 한 존 론슨Jon Ronson에 따르면 사회적인 배척 행위나 온라인상의 '모욕 행위'는 가상 세계에서도 외로움과 고립을 유발할 수 있다고 한다.[17]

친밀감이라는 신화

보통 한 번도 실제로 만난 적 없고 그저 삶의 일면만 나누는 온라인 커뮤니티의 사람들은 실생활의 성공적인 친밀감에서 빌려온 소통 방식을 통해 자신들이 그 집단에 포용되고 소속되었다고 생각한다. 온라인 커뮤니티는 개방성과 투명성에 가장 주안점을 두며 감정적인 반응(하지만 페이스북의 유례없이 강력한 '좋아요' 버튼과 같이 그 방식이 제한되어 있긴 하다)을 권장하고, 동의를 부추긴다. 이러한 개방성과 공유라는 (평등한 투명성으로 가정한) 수사학은 구글('악해지지 말자Do not evil')과 페이스북('웹을 더 사회적으로 만들자Making the Web more social'), 플리커-야후('사진을 공유하고 세상을 바라보자Share your pictures, watch the world')의 기업 모토이기도 하다.

그러나 도심의 창문들이 사실 단절의 전형이면서도 어떤 연대감이라는 환상으로 착각할 수 있는 것처럼, 가상 커뮤니티에서 당연한 것으로 여기는 개방성은 소셜미디어에 속한다는 것이 불안정하고 조건부라는 사실을 숨기고 있는 것이다. 모든 것이 명백하게 드러나는 것처럼 보이는 디지털 시민권에도 여러 가지 역동적인 힘과 관계가 감춰져 있다. 디지털 시민권(적합하고 책임감 있는 기술 사용에 관한 수용 가능한 기준)에 대한 몇 가지 논의가 있긴 했지만, 온라인 커뮤니티는 이제 기정 사실로 여기는 경향이 있다. 그러면 어떤 종류의 커뮤니티가 온라인에서 만들어지고 있으며, 자존감이나 소속감, 자기 정체성에 어떤 영향을 주는 것일까? 온라인 커뮤니티가 오프라인 커뮤니티와 다른 점은 무엇이며, 어떻게 그리고 왜 그로 인해 외로움이 발생하는 것일까? '더도널드'의 경우 유대감은 목적의식과 트럼프라는 인물을 통해 형성되며, 이것은 집단 정체성에 대한 사회학적인 해석과도 일치한다. 이러한 단체들은 대개 그 집단의 목적을 넘어서는 인적 유대 관계를 맺지 않는다. 온라인 커뮤니티 내의 결속에 대한 사회학적인 논의는 '정체성을 통한 결속identity bonds'(예: 트럼프 혹은 스타벅스)과, 페이스북 구성원들의 개인적인 관심사를 토대로 한 모임과 지지 단체 같은 '유대감에 기반한 결속bond-based attachment'을 구분하고 있다.[18]

이와 유사한 온라인과 오프라인 커뮤니티 간의 차이로 책임감을 들 수 있다. 커뮤니티를 정의하는 특징에는 역사적으로 어떤 공통된 특성이라는 요소뿐 아니라 다른 이들에 대한 책임감이 포함된다. 옥스퍼드 영어 사전에서는 커뮤니티에 관한 다양한 정의를 내리고 있다. 가령 '같은 지역에 사는 한 무리의 사람들', '공통의 이해관계로 통합되어 있는 국가나 주州

와 같은 조직', 농촌 커뮤니티나 지역 커뮤니티와 같은 '거주자들이 함께 고려되는 특정 지역'을 들 수 있다. 한편 더 섬세한 용법도 있다. 이는 '이해관계에 의한 커뮤니티'라는 역사적인 의미에서 파생된 것으로 지역, 가치, 책임감으로 연계된 사람들을 의미한다. 소셜미디어는 보통 이해관계에 의한 커뮤니티라는 전통적인 개념을 따르진 않는다. 특히 유대감보다 정체성을 기반으로 하는 경우 더욱 그러하다. 그렇다고 과거의 '커뮤니티'가 온통 집단적인 연민으로 이루어진 것이었다거나, 온라인과 오프라인 커뮤니티 사이에 인위적인 엄격한 선이 그어진다는 뜻은 아니다. 그보다 온라인 커뮤니티에 속하는 전제조건으로서 책임감이라는 요소가 전반적으로 약화되었다는 의미다. 그렇지 않은 중요한 경우들이 있기는 하다. 예컨대 자선 운동을 위한 크라우드소싱은 명분을 지닌 개인의 커뮤니티로서 지명된 개인이나 국가를 염려하는 것과 매우 유사해질 수 있다.

온라인 커뮤니티에 대한 정서적인 참여는 정부와 시민 사이의 사회 계약 등 오프라인 생활의 전 영역에 영향을 줄 수 있다. 한 가지 예로 특히 페이스북와 같은 소셜미디어가 2016년 미국 대선 결과에서 중요한 역할을 담당하는 도구로 사용된 것을 들 수 있다. 디지털 시민권은 다른 형태의 시민권들과 함께 행사된다. 즉 그저 수동적이기만 한 것이 아니라 정치적으로 적극적이며 현실에서도 유의미한 변화를 일으킬 수 있다는 뜻이다. 예를 들어 소셜미디어로 그 사용자들이 정치적인 행동을 하도록 자극할 수도 있다. '아랍의 봄' 반정부 시위 운동이 일어나는 동안 거리에서 일어난 수많은 집회 시위와 튀니지, 리비아, 이집트의 지도자들이 축출된 방식을 생각해보자. 이러한 발전이 21세기 커뮤니티 형태에 의미하는 바는 무엇일까? 소셜미디어는 외로움에 대한 대응을 보완하고 개발할 수 있을까?

디지털 혁명은 사람들이 정서적으로 교류하는 방식 같은 삶의 다른 측면까지 바꿔놓았다. 가장 극단적인 경우로는 신체 접촉의 컴퓨터화된 대안인 안드로이드 개와 섹스 로봇을 들 수 있을 것이다. 하지만 다시 한 번 말하지만 온라인에서의 유대감은 그에 상응하는 혹은 동시에 존재하는 오프라인 결속이 없을 땐 외로움이 줄어들기보다 커질 가능성이 높다. 다시 말해 소셜미디어가 개인에게 세상과 교류하는 유일한 혹은 배타적인 방식이라면 외로움이 더 흔한 현상이 될 것이다.[19]

이 책의 가장 중요한 주장 가운데 하나는 영국에서 18세기 이후 사교 모임을 가지며 개인을 상업화하는 것이 지배적이 되었으며 그 결과 외로움이 발달하게 되었다는 점이다. 자신을 표현하고 소비하며 다양한 정체성을 만들고 네트워킹에서의 성공을 드러내는 것을 개인의 재산이라 여기는 21세기 초반 소셜미디어의 몇몇 형태는 소외된 현대 개인주의의 증거로 볼 수 있을 것이다. 내가 외로움과 소셜미디어가 관련 있다고 주장한다고 해서 소셜미디어 자체를 부정적이라고 하는 건 아니다. 반대로 디지털 세계에 개인과 사회의 삶을 좋은 방향으로 변화시킬 수 있는 잠재력이 있다고 생각한다. 따라서 외로움에 대한 개입에 있어 시급하게 고려해야 할 사항은 어떻게 소셜미디어를 성공적이고 협조적인 방식으로 활용하느냐가 될 것이다.

정체성이 아닌 유대감을 토대로 한 온라인 커뮤니티가 물리적으로 다른 이들과 단절된 아프고 병약한 사람들에게 해결책을 제시해줄 수도 있을 것이다. 그저 규범과 목적, 활동, 신조만을 나누는 대신, 회원 개인의 행복에 대한 관심을 나누는 유대감 기반의 커뮤니티를 말하는 것이다. 유대감 기반의 커뮤니티 집단이 건강과 웰빙에 딱 맞춘 중요한 정보에 접근하기 어려운 농촌 거주자들에게 생명줄을 제공해줄 수도 있다.

소셜미디어의 가치는 기존의 그리고 변화하는 사회관계

와의 연관성, 온라인 소통을 통해 가정하고 전달되는 정서적인 경험을 고려하여 정의되어야 한다. 원거리 상의 친밀감은 물리적이며 실질적인 경험과 접촉이 결여될 수밖에 없다. 스카이프를 통해 사랑하는 손주를 보는 것과 직접 아이를 안고 이마의 향을 맡으며 웅크린 작은 몸을 느끼는 건 다를 수밖에 없다. 이를 극복하기 위한 가상 현실 기술이 이미 노인들을 위한 의료 정보와 의료 지원에 성공적으로 사용되었으며, 촉각을 이용한 전신 경험으로 미래의 디지털 교류에 대한 단서를 제공할 수도 있을 것이다.

소셜미디어가 젊은이들에게 좋은지 해로운지를 염려하기보다 정신과 신체의 영역 사이를 어떻게 연결하고, 개인과 사회와의 관계를 다지고, 가상과 현실 세계를 아우르는 새로운 의미의 커뮤니티를 만드는 것이 더 생산적일 것이다. 이것은 밀레니얼 세대뿐 아니라 노인을 비롯한 사회의 모든 층에 유익할 것이다.

6장

똑딱거리는 시한폭탄?

노년의 외로움

나는 우리 할머니 로즈가 요양원에 들어가시던 순간을 기억한다. 할머니는 할아버지가 돌아가시고 난 후 갈수록 치매가 심해지셔서 온종일 간호가 필요한 상태가 되었다. 나는 할머니가 민간 요양원(국민건강보험이 적용되는 곳에는 자리가 없었다)에 들어가기 전 계시던 병원에 찾아갔었다. 할머니는 성난 듯한 눈매에 혼란스러워 하는 모습이었다. "저게 뭐냐?" 할머니는 계속 물으시며 유모차 안에 있는 내 아이를 바라봤다. 아들이 머리를 앞으로 기울여서 그의 금발 머리가 조금 보였고, 할머니는 유모차에서 몸의 일부인 머리카락만 보일 수 있다는 점을 이해하지 못했다. 치매를 앓는 많은 이들이 흔히 그렇듯, 할머니 역시 오래전에 사망한 사람들에 관해 물었고, 주변 사람들과 죽은 친척들을 혼동했다. 나는 할머니의 엄마였고, 우리 엄마는 이모라고 불렀다. 할아버지는 저녁 식사에 늦은 거라 생각했다.

그때 나는 치매로 인한 외로움이 얼마나 특별한 것인

지 생각하게 되었다. 그 누구도 할머니의 말을 이해하지 못하고 그녀는 완전히 다른 세상에 갇혀버렸다. 예고도 없이 명료한 순간이 사라져버리고 이제는 할머니가 타인과 연결되지 못하고 철저히 홀로 고립되었다는 섬뜩한 사실을 그녀 자신과 주변인들까지 깨닫게 된 것이다. 이후 내가 요양원에 방문했을 때 할머니는 야위고 말이 없으셨고 계속 방안에만 계셨다. 1980년대 여러 미인대회에서 상을 타고 미용업계를 평정한 '오일오브올레이Oil of Ulay'와 과산화표백제, 담배회사인 '수퍼킹스Superkings'를 무한 신뢰하던 화려한 할머니가 지금은 머리숱도 별로 없이 남루한 추리닝 바지를 입고 서로 색이 다른 양말을 신고 계셨다. "사람들이 자꾸 물건을 훔쳐가." 할머니는 화장대 위에 놓여 있는 빈 비스킷 통을 가리키며 투덜댔다. 싸구려 합판으로 만든 화장대 위에 놓인 커다란 담청색 비스킷 통은 내가 요양원에서 알아본 유일한 물건이었다. 비스킷 통 이외에 내 눈길을 끈 건 침대였다. 이동하기 편리한 회색빛의 얄팍한 간이침대는 뺨에도 분을 바르고 카나리아 옐로우색을 좋아하던 내가 아는 할머니의 미적 감각과는 어울리지 않는 너무 싸고 밋밋한 것이었다.

할머니는 그리 오래 살지 못하셨다. 뵐 때마다 더 야위고 허약해지셨고 주변과 점점 더 단절되었다. 요양원 식탁에 세상과 단절된 다른 노인들과 함께 앉아 계시던 모습이 우리 아이들에게 너무 큰 충격을 주는 바람에 나는 다시는 그곳에 아이들을 데리고 가지 않았다. 아기 새처럼 입을 벌리고 어떤 음식을 주든 정신없이 먹어대는 건 우리 할머니만이 아니었다. 할머니는 작고 구슬 같은 눈으로 맞은편에 앉아 간절히 내 눈을 들여다보며 애원하고 또 했다. "나 집에 데려다줄 거지? 제발 나 좀 집에 데려다주렴." 그러나 아무도 할머니에게 관심을 두지 않았고 부끄럽게도 나 또한 그 말을 못들은 척했다. 어떤 말을 해야 할지 알 수가 없었다. 나는 요양원 환자들이 어느 정도 분리되어 있음을 알게 되었다. 처음 요양원에 들어온 말끔하고 단정한 이들은 점잖았던 사람들이 그렇게 완전히 자제력을 잃고 어리둥절한 혼란스러운 상태가 될 수 있다는 게 믿기지 않는다는 듯이 주변을 둘러봤다. 이곳의 환자들은 자신이 누구인지 알다가도 다음 순간 모르기도 했고, 우리 할머니처럼 완전히 정신이 없어져서 그저 이 방에서 저 방으로 비틀거리며 다니고, 얇은 가디건을 입었다 벗었다 하면서 시계가 똑딱거리는 방구석에 주저앉아 있기만 했다.

　나는 그때 치매를 앓는 노인들의 불연속적이고 불규칙하며 흐트러진 정체성을 인식하게 되었다. 사람이 어떤 신호도 없이 한 단계에서 다음 단계로, 또 흔치 않지만 다시 이전 단계로 돌아갈 수도 있다는 점도 알게 되었다. 이 노인들은 저마다 자기 삶과 이야기 속에 갇혀 주변과 단절되었고, 점차 그런 단절조차 인식하지 못했다. 불현듯 스치는 강렬한 외로움과는 별개로, 노인들은 하나의 기관처럼 통합되었다. 청결하게 유지되고 먹을 것과 마실 것을 섭취하면서 별 특색없이 숨 쉬며 살아가는 육체들의 조합이었기 때문이다. 내 관심의 대부분은 노인들이 어떻게 보살펴지는가에 있었다. 유니폼을 입은 여성들이 서로 별로 달라보일 것 없는 남녀 노인들 사이로 다니면서 그들을 보살폈는데, 노인들이 어떤 맛과 자리, 친구를 좋아하는지는 기억하지 못하는 것 같았다. 그들은 밤 외출에 대해 이야기하며 서로 웃고 떠들었고, 그날 자식들이 방문하지 않았던 다른 노인과 우리 할머니가 다를 것 없다는 듯이 행동했다. 직원들의 보살핌에 문제가 있었던 건 아니었지만 무관심했다. 노인들이 마치 먹이 주는 시간에 모인 소처럼 모여 있을 때 그들을 각 개인으로 부각시킬 만한 개성이나 특징이라곤 전혀 보이지 않았다.

모든 노인이 치매에 걸리는 건 아니지만 치매는 외로움과 관련이 있다. 사람들과 함께 있어도 외롭게 느껴지는 기분을 단지 사회적으로 고립된 상태가 아닌 치매의 전조증상으로 간주하는 것이다.[1] 이는 앞에서 언급했던 '홀로 있음'과 '외로움'간의 차이와도 관련 있다. 외로움은 전적으로 주관적인 감정 상태이며, 그래서 우리가 군중 속에서도 외로울 수 있는 것이다. 외로움은 말년의 신경 질환을 비교적 높게 예측할 수 있는 전조증상이기도 하다. 그러므로 삶의 여러 단계에 걸쳐 외로움을 잘 의식하는 것이 노년의 외로움을 방지하는 데 중요할 것이다.[2]

이는 마치 치매를 앓는 이들이 겪는 사회적 관계의 붕괴가 신경의 연결마저 망가뜨리는 것과 같다. 노인들에게는 이 밖에도 신체적·정신적인 많은 고통이 있지만 그들이 필요로 하는 것(우정, 실질적인 도움, 정서적, 성적 만족)을 실제로 얻는 경우는 거의 없다. 이런 단절은 일상적인 일들(아침에 옷 갈아입고 쇼핑하고 쓰레기 버리는 일을 도와줄 사람이 아무도 없는) 혹은 요양원과 작은 마을에서의 외로움(공감하고 함께하는 인간적인 관계에 대한 깊고 정서적인 욕구)과 관련되어 소외된 노인들의 달갑지 않은 고독감을 반영하는 것일 수도 있다.

얼굴을 맞대는 사회적인 상호작용이 부족해서 외로워진 사람들과 가족들은 멀리 떠나고 농촌에 남아 외따로 살고 있는 이들 그리고 홀아비나 미망인이 된 나이 들고 병약한 사람들의 외로움에 대한 더 많은 연구가 필요하다. 또한 대부분의 연구가 도시 집단과 농촌 집단과의 차이점에 집중되어 있지만, 가난한 해안 마을이나 이동식 주택에서 은퇴생활을 하는 사람들도 있으며, 이들은 그저 사회적으로 고립되고 홀로인 것이 아니라 경제적 궁핍과 신체적인 한계 그리고 정신적인 질병을 겪고 있다.

앞에서 언급했던 다른 사회 집단들과 마찬가지로 노인들에게도 홀로인 상태 자체보다 정서적인 소외가 외로움의 핵심이라 할 수 있다. 외로운 노인들의 숫자는 상당히 불확실하며, 그 주된 이유는 외로움에 대한 접근이 이론화되지 못해서다. 나이 들고 외로운 이들에 대한 인식은 대부분 정형화되어 있다. 점차 이질적인 개인들로 구성되는 공동체와 이미 과중한 부담을 안고 있는 국민건강보험을 통해 보살핌을 얻지 못하게 된 노인층의 불안은 외로움의 유행병 논란을 부추겼다. 노년이 되면 외로울 거라는 추정 또한 문제가 있다. 그런 생각이 자기 충족적 예언이 될 수 있기 때문이다. 외로움을 두려워하면 외로움에 대한 정신적인 공포를 불가피하고 부정적인 인간조건으로 받아들이고 영구화하게 된다. 노화와 보살핌에 대한 노인들의 인식을 조사한 스웨덴의 한 연구(2009)에 따르면 건강한 노인들이 노화에 대해 가지는 가장 큰 두려움은 정체성을 잃고 '의미 있는 관계도 없는 아무것도 아닌 존재'가 되는 것이었다고 한다. 연구자들은 그런 개인적인 특성을 인지하고 확인하며, '삶의 마지막 순간까지 품위 있는 보살핌'을 제공하는 일이 이와 같은 두려움을 완화하는 데 필요한 일임을 깨달았다.[3]

　　다른 이들과 함께 하는 의미 있는 삶이 멈춰 버릴지 모른다는 사회적 죽음에 대한 두려움이 바로 외로움과 노년을 둘러싼 두려움의 핵심이다. 이것이 의미하는 바는 사회와 가족 네트워크의 중심에 연결되어 있는 것이 노년의 외로움을 피하는 데 도움이 될 수 있다는 사실이다. 하지만 말처럼 쉬운 일은 아니다. 또한 외로움과 노년의 영향력은 개인적인 의미 추구의 관점보다는 노화라는 불가피한 요소와 관련된 사회적인 문제로 여겨지기 쉽다. '외로운 노인들'은 경제적인 부담으로 여겨지거나 때로는 어린애 취급을 받고 치료를 필요로 하는 하나의 부류로 통합되어 버린다. 그렇다고 해서 모든 노인들이 반드시 외로워지는 것은 아니다. 이 책에서 살펴본 삶의 모든 경험과 어려움이 그렇듯 많은 부분이 개인의 상황에 따라 달라진다. 이번 장에서는 대략 65세 이상을 노년으로 규정했으며, 이는 정부의 연금 방침에 따른 것이다. 나는 우선 영국 노인 인구의 특성을 확인하고 노인들이 외로워지는 특정한 방식을 살펴본 후, 외로움을 영구화하는 정치적·사회적 체계와 그를 뒷받침하는 노화에 대한 노인들의 생각을 검토하려 한다. 그리고 더 구체적이며 문화적으로 더욱 특수한 방식으로 노인들의 외로움을 돌볼 만한 방안을 고려해볼 것이다.

영국의 '똑딱거리는 시한폭탄'

우선 노인 외로움에 대한 보건 복지 정책을 좀 더 자세히 살펴보도록 하자. 영국에서는 인구(좀 더 일반적으로 말하자면 서구 사회의 인구)가 고령화되면서 노인들의 외로움을 경제적인 '시한폭탄'이라고 부르게 되었다. 노령 인구층과 함께 그에 따른 실질적인 면인 비용과 더욱 통합된 사회 및 의료 보장의 필요성이 생겨나고 있다. 하지만 그렇다고 이런 점이 반드시 사회적·정치적인 공황 상태로 이어지는 건 아니다. 실질적인 어려움은 단순히 사람들이 (여성은 평균 82세, 남성은 78세까지) 오래 산다는 문제가 아니라 나라의 노인층 비율 역시 증가했다는 데 있다. 1901년에는 65세인 사람들이 영국 인구의 4.7퍼센트였는데, 1961년에는 11.7퍼센트가 되었으며, 계속해서 증가하고 있다.[4]

경제적인 관점에 한정해 살펴보자면(내 생각에 이런 시각은 의료, 사회 보장과 교육에는 적용되면 안 된다), 노년층의 증가로 생기는 어려움은 많은 인구가 수년간 고혈압과 심장병부터 당뇨와 암까지 생활에 제약이 따르는 질병과 장애를 지니고 살아가는 것과 관련이 있다. 지난 수십년간 외로움은 노인들의 정신적·신체적 질환 그리고 죽음과 관련된 것이었다. 노인과 환자뿐 아니라 그 가족과 간병인까지도 심한 외로움을 겪을 수 있다. 만성적이며 삶에 위협이 되는 질병과 외로움(노인이든 젊은이든 똑같이)의 경우, "제가 죽는 건가요?"부터 "머리카락이 다 빠지나요?", "저는 누가 돌봐주죠?"까지 사람을 외로워지게 만들 만한 상황으로 인한 실존적인 질문들을 끌어낸다. 다른 이들이 그 병을 불편해함으로써 겪게 되는 단절감과 의료계의 알아듣지 못할 언어 그리고 병을 이기고 살아난 후에 닥치는 예기치 못한 외로움 역시 마찬가지다.

질병으로 고립되면 정서적으로 외롭다는 생각이 들 수 있으며, 특히 병이 곧 나아질 것 같지 않은 경우라면 더욱 그러하다. 더구나 모든 형태의 사회적 고립은 사회적인 외로움을 유발할 수 있으며, 특히나 스스로 선택한 것이 아닌 고립일 때 더하다. 이동의 제약과 친구나 사랑하는 이의 죽음 때문에 취약해진 노인, 특히 '초고령 노인'(80세가 넘은 노인들을 가리키는 용어)이라면 더 사회적으로 외로워질 때가 많다. '국민건강보험의 선택NHS Choices'이라는 웹사이트에서는 노인들이 외로움과 사회적인 고립에 유달리 취약하다고 경고한다. 노년의 외로움에 대한 공동 캠페인을 벌이고 있는 '에이지 UKAge UK'에 의하면 영국에서 75세 이상의 혼자 사는 노인은 약 200만 명이 넘는다고 하며, 한 달 이상 다른 사람과 아무 말도 하지 않고 지내는 노인은 약 100만 명 이상이라고 한다.[5]

현재의 추정으로는 지역 사회 노인 인구의 10~43퍼센트가 사회적인 고립을 겪고 있는 반면, 5~16퍼센트만이 외롭다고 표현한다.[6] 그러나 80세가 지나면 전체 노인의 50퍼센트가 자신을 외롭다고 정의한다고 한다. 이런 상황은 앞으로 더 악화할 것으로 보인다. 가족이 흩어져 사는 기존 양상이 계속되는 한편 수명은 늘어날 것이기 때문이다.[7]

친구나 이웃이 별로 없는 외딴곳에 살고, 성인이 된 자녀들은 떠나버린 농촌 지역에서 가난과 질병 속에 살아가는 사람들이라면 상황이 더 안 좋을 게 뻔하다. 친구를 사귀려는 모든 노력이 소용없게 되어 혼자가 되었다면, 홀로 있으면서 해방감이 든다거나 상쾌함을 느낄 수 없을 것이다. 외로움과 건강 문제뿐 아니라 사랑하는 이들의 죽음이나 우울증, 불안증 같은 정신질환을 마주해야 하는 일 역시 많은 노인들의 현실이다. 하지만 영국의 수많은 노인들에게 정신 건강 문제, 신체

"크리스마스에는 누구도 혼자 있어서는 안 됩니다."
노인의 외로움을 환기시키는 영국의 공익광고

적 건강 문제, 외로움과 같은 심각한 문제점들이 있음에도 불구하고 (또한 정부도 이를 인지하고 있음에도) 해결되지 않는 어려움이 늘 존재한다.

취약한 노인들과 '해결되지 않는 어려움'

21세기 초반 노인층의 신체적·정신적·사회적인 취약성은 부인할 수 없는 현실이다. 그러나 도움이 필요한 노인을 위한 돌봄 체제는 상당히 열악한 상황이다. 돌봄 서비스는 신체적이기도 하고 정서적인 경우도 있으며, 우리 할머니의 사례와 같이 두 가지 모두에 해당될 때도 많다.

알츠하이머나 당뇨, 관절염과 같은 만성적인 질환을 지니고 살아가는 노인들은 병으로 인해 매일 조금씩 약해진다. 사회보장 지원을 받는 노인들도 있고, 가족, 친구, 이웃, 혹은 민간 의료서비스의 도움을 받는 이들도 있다. 그러나 옷 입고 목욕하고 식사하고 장을 보며 청소하고 병원 약속을 잡는 일에 도움이 필요한 노인들을 위한 돌봄은 전무한 상태다. 최근한 연구에서 모니카라는 여성은 혼자 살면서 제한된 이동성으로 고통받는 무기력함과 고통스러운 관절염, 피로함에 대하여 다음과 같이 묘사했다.

> 나는 숨이 차서 조금만 멀어도 걸어갈 수 없다.
> 요즘은 더 느려졌다. 지팡이를 하나 장만했지만 때로는
> 지팡이를 다루기도 쉽지 않다. 장본 물건들을 들고
> 집까지 가져와서 계단을 오르는 일도 버겁다. 몇 번씩
> 왔다갔다 해야 한다. 이제 한 번에 너무 여러 가지는
> 옮기지 못한다. 그럴 때 전화해서 와달라고 할 만한
> 사람도 정말 아무도 없다. 내가 고립감이
> 드는 건 이런 때다.[8]

이렇게 고립된 상황에서 외로운 감정이 드는 것은 당연한 일이다. 필요할 때 아무도 도와줄 사람이 없다는 사실을 느낄 때보다 세상과 단절되었다는 더 확실한 느낌이 들 때가 있겠는가? 영국에서는 수십 년간 노년층에게 해결되지 않는 문제점들이 있음을 인지해왔으나 왜, 어떻게 이런 문제들이 이렇게 만연하게 되었는가를 이해하기 위한 일관된 접근은 이루어지지 않았다. 어느 정도 보살핌이 필요한 사람들의 자신감 결여와 낮은 기대가 반영되었기 때문이기도 하다. 런던 도심과 외곽 지역에 거주하는 노인에 관한 연구에서, 조사원들

은 75세 이상 노인 20명 중 한 명꼴로 그들의 경험에 대한 표본조사를 실시했다. 그중 24퍼센트가 도움을 요청했고, 18퍼센트가 필요한 지원을 받았다고 응답했다. '왜 계속 도움을 요청하지 않았는가' 하는 질문에 사람들은 도움을 청하는 것이 망설여졌거나 별 기대를 하지 않았기 때문이라고 답했다. 서비스를 받아본 경험이 좋지 않았던 것도 이유 중 하나였다.[9] 많은 노인이 도움이 필요하다고 요청하는 게 무의미하다고 느꼈다는 뜻이다. 요청이 받아들여졌다 해도 지원이 보잘것없었다. 또한 지속적으로 도움을 받을 수 있는 게 아닌 경우 계속해서 다시 도움을 요청하려면 대단한 의지가 있어야 한다. 노인들이 지원을 받기 위해 이렇게 오랫동안 애를 써야 하고 그마저 성공 못 하는 경우가 많다면 현 상황이 쉽게 나아질 것 같진 않다.

한 연구에 따르면 영국 '성인 사회복지 사업 자문위원회 Councils with Adult Social Services Responsibilities'에서 65세 이상 노인들을 위해 사용한 총지출 금액은 2003~2004년과 2008~2009년 사이 8퍼센트가 넘는 약 90억 파운드가 증가했으나 서비스 제공에 들어가는 비용은 15~26퍼센트 많아졌다고 한다.[10] 따라서 어떤 서비스들은 위원회가 중단시켰고, 자택에서의 직접 방문 치료 시간 또한 2007~2008년에는

200시간이었으나 2008~2009년엔 183시간으로 줄어들었다.[11] 민간 사회복지 사업이 증가하여 위원회에서 제공하던 서비스를 많이 대체했다. 1980년대 중반부터는 지방 관청에서 제공하던 요양원 자리가 줄어들고 민간 부문에서의 서비스 제공이 증가했다. 자택 방문 서비스 역시 늘어나긴 했지만, 전반적으로 지원받기 위한 최저 기준이 '절대적으로 필요한' 경우로 높아져 25퍼센트가 넘는 이들은 그 기준을 충족시키기 어렵게 되었다.

확실히 영국 보건 복지 사업은 노인들의 필요를 충족시키지 못하고 있으며, 이것은 받아들이기 힘든 수준의 만성적이고 간헐적인 외로움을 겪고 있는 취약한 노인들의 숫자와 직결된다. 외로운 노인들 사이에도 개인적·사회적 차이가 있으며 이는 중요한 사실이다. 불가피하게도 가장 타격을 입을 이들은 사회복지 사업에서 부족한 부분을 스스로 보완할 능력이 부족한 사람들이다. 어떤 이유로든(언어 능력이나 자신감이 부족하거나, 알츠하이머를 앓는 등) 자신이 필요한 것 혹은 추가적인 도움 요청을 분명하게 표현하지 못하는 사람들 또한 마찬가지일 것이다.

노화와 신자유주의, 언제부터 노년이 골칫거리가 된 걸까?

고립과 외로움을 영구화하는 사회복지 서비스의 이미 잘 알려진 단점과 외로움과 맞서기 원한다는 정부의 주장 사이엔 뚜렷한 격차가 존재한다. 나는 이런 차이가 발생하는 원인이 보건 복지와 노화에 대한 정치적 이념이 복잡하게 얽혀 있고, 외로움의 복잡한 특성과 관련 있다고 생각한다. 우선 오늘날 노화에 대한 정부의 대응은 국가보다 가정과 사회의 책무를 전제로 한다. 웰빙의 개념에 대한 신자유주의적 접근법에 따라 가족이 노인들에게 필요한 것을 제공해야 한다는 것이다. 이제 정부의 복지 개념은 복지 국가가 형성되었을 때와는 달라졌다. 즉 연금 개시 연령이 올라가고 민간연금과 기업연금을 강조하는 데서 나타나듯, 개인주의 정책이 사회 계획을 대체하게 되었으며, 노화를 비롯한 건강과 웰빙에까지 복지의 개념이 확대되었다.

집단주의에서 개인주의로의 이 같은 변화가 영국에만 국한된 건 아니다. 소비자의 '선택'과 민영화(의료보장계약에서의 경쟁 또한 권장함)에 주목하는 신자유주의와 세계화를 향한 전 세계적인 동향은 서구 세계에 전반적으로 나타난 정치 발달의 특징이라 할 수 있다. 더구나 노화를 자산이 아닌 부담으로 여기는 이러한 접근 방식에는 노화에 대한 주관적인 경험이나 역사적인 맥락에서 생각해볼 수 있는 개인과 사회 현상으로서의 외로움이 지니는 복합성에 관한 고려는 빠져 있다. 외로움의 경험은 더 보편적으로는 노화의 경험처럼 사회의 전반적인 가치 체계와 결부시켜 검토되어야 한다. 가치 체계를 다양화하고 노인들을 문화 생활의 모든 측면에 통합한다면 우리가 앞으로 나아가야 할 길을 발견할 수도 있을 것이다. 영국 노화의 역사를 살펴보면 노화를 경제적인 부담으로 간주하고 고립과 외로움을 마치 정상인 듯 여기게 되어버린 사회 배경에 대한 통찰을 얻을 수 있을까?

역사 속 노화

나이는 숫자에 불과하다. 나이에 대한 특정 사회의 기대나 개인의 관점에 따라 다양한 인식과 기대가 이 숫자에 부여된다. 주관적인 나이에 대한 몇 가지 연구에서 사람들이 어떻게 보고, 느끼고, 행동하고, 무언가 되고자 한다고 여기는지 살펴보았고, 이를 통해 객관적인 숫자와는 거의 상관없는 다양한 판단이 있음을 알게 되었다. 그 가운데 한 가지 연구를 살펴보면 젊은 사람들이 주관적으로 더 나이 든 정체성을 지니며, 나이가 많은 사람들이 더 젊은 정체성을 갖고 있었다. 주관적인 경험과 실제 나이 사이의 차이는 노화와 그에 수반되는 두려움과 연관 있다. 노화와 외로움에 대한 두려움은 21세기 초반의 외로움에 관한 정신적 공포에 속하는 것으로 문화적인 고정관념이라 할 수 있다.[12] 노화에 대한 불길한 예감이 역사를 초월해 보편적으로 나타나는 것은 아니며, 노인층의 외로움에 대한 경험 역시 마찬가지다.

노인의 신체, 정체성, 성생활, 경험에 대한 정확한 기록은 놀라울 정도로 찾아보기 힘들다. 역사적으로 노화에 관한 문제는 최근에서야 관심을 끌게 되었기 때문이다. 이러한 상황을 고려해보면 노인층의 외로움에 관한 사료가 적다는 것도 그리 새삼스럽진 않을 것이다. 역사가 팻 테인Pat Thane이 쓴 《영국 역사에 나타난 노년: 과거의 경험, 현재의 문제》(2000)는 노화에 대한 의학적·철학적 관점의 변화를 다루고 있다. 가령 고대 그리스 작가들은 노년에 대해 정서적인 부담이나 고립의 측면이 아닌 신체 건강에 대한 교훈적인 이야기를 주로 썼다. 즉 젊은 시절부터 자신을 돌보고, 지나친 격정은 자제하며, 노년 그리고 궁극적으로는 죽음을 향한 여정에 도움이 되도록 하는 것이 중요하다는 내용이다. 젊음에 집착하고 가능하면 오래 젊음을 유지해야 한다는 문화적인 서사를 지녔던 서양의 후기 근대사회에서는 이렇게 노년을 '준비'하는 의식이 존재하지 않았다.[13] 하지만 노년을 받아들여야 하고 젊을 때부터 자기 의식 sense of self에 통합해야 할 것으로 여긴다면 외로움에 대해 다루고 그것이 발생하기 전에 미리 방지할 수도 있을 것이다.

중세와 근대 초기에는 노인들이 젊은이들과 함께 생활하고 일했으며, 나이 들었다는 이유로 어쩔 수 없이 낙인찍히거나 병약하다고 내쳐지거나 하지 않았다. 19세기 이후에는 인구 조사 자료 수집으로 노인들의 생활 습관에 대해 더 많은 증거 자료가 생기게 되었다. 보살피는 일에 있어서 성별의 역할에 대한 증거 자료도 찾아볼 수 있다. 가난한 계층의 나이 든 여성들이 아이 돌보는 일을 하거나(오늘날 무형의 경제 활동을 하는 근로자와 같이), 학식 있는 여성이 더 부유하고 나이 많은 여성의 친구 역할을 하기도 했다. 예컨대 경제학자이자 작가인 해리엇 마티노Harriet Martineau는 1830년대에 노리치에 있는 어머니의 말동무 역할을 하기 위해 집으로 불려갔으며, 작가인 샬롯 브론테는 1840년대에 성미 고약한 아버지의 간호를 맡아야 했다. 한편 아일랜드 작가이며 생체해부 반대론자인 프랜시스 파워 코브Frances Power Cobbe는 부모님을 돌보는 일을 딸로서의 마땅한 의무라고 언급했다.

민간 설화나 동화에서는 외로운 '노파'가 종종 등장했다. 이 여성 노인은 다른 이들과 다르게 자신을 부각시키는 사악하고 불길한 재주를 지니고 있기도 했다. '노파 crone'라는 단어는 14세기 앵글로 프랑스어인 '카론뉴 carogne'에서 유래했으며, 말 그대로 '썩어가는 고기'를 뜻하는 모욕적인 표현이었다.

노파의 정형화된 이미지는 흔히 마을에서 필요로 하는 '여자 마법사'로 약초학 같은 지식을 지니고 있었으며, 사람들로부터 비방과 원망을 사기도 했다. 노파의 이미지는 나이 들고 성적 매력은 없으나 강하고 독립적인 여성들에 대한 가부장적인 서구 전통 사회의 두려움을 드러낸 것으로 유럽과 북아메리카에서의 마녀 재판과 같이 역사적으로 나이 많은 여성들이 희생되었던 시기와 관련 있다.[14] 한편 이러한 현상은 사회의 취약한 구성원들이 사회적·경제적으로 부정적인 상황에 대한 책임을 뒤집어쓰는 역사적인 추세와도 일치한다. 여기서 중요한 점은 나이 든 남성의 신체도 이와 유사하게 조롱받았다는 사실이다. 남성 노인들은 근육의 힘이 약해져 여성처럼 된다고 여겨졌고, 그 결과 셰익스피어의 《리어왕》(1606년, 3막 2장)의 모티프인 '가난하고 나약하며 노쇠한 멸시당하는 노친네'처럼 권위도 떨어지고 가부장적인 힘도 잃은 채 광기로 치닫기도 했다.

늘어지고 약해진 나이 든 육체에 대한 인식은 서구사회의 노화에 관한 인식의 핵심이었다. 나이 들어 '보이는' 모습(흰머리와 주름, 처진 가슴과 발기부전 등의 경험)에 대한 문화적 해석은 영국과 북아메리카 문화가 젊어 보이는 외모를 더 중요시하게 된 1950년대에 접어들면서 바야흐로 대세를 이루게 되었다. 젊음을 숭상하고 화폐화하며 '틴에이저'를 만들어낸 것은 전후 시대였던 탓도 있었을 것이다. 신체적인 매력의 기준에 대해 완벽을 추구하고자 하는 문화적인 변화는 자기 계발이라는 이상적인 사고를 자극하는 광고계와 성형외과 기술이 맞물리며 더욱 꽃을 피웠다.[15] 젊음을 어떤 경험보다 가치 있다고 여기는 문화에서는 나이 들어 보이는 외모가 확실히 정서적으로 소외감이 들게 만들기도 한다. 더 나쁜 것은 잘 어울리지 않는데도 불구하고 젊은이 문화에 굳이 '끼어 맞추려' 하는 것이다. '새끼 양처럼 차려입은 어른 양'이라는 표현은 자기 나이보다 젊어 보이는 옷을 입은 여성들에 대한 비난이지만, 이런 현상이 완전히 새로운 것은 아니며 18세기에도 만연했다고 한다.[16]

19세기 이전까지 나이 든 신체를 향해 가해진 모든 조롱과 멸시에는 그래도 21세기 정부의 입장 같은 경제적 위협의 기류는 없었다. 여기서 명백히 해둬야 할 것은 정부가 우려하는 사람들은 재정적으로 독립하지 못하는 노인들뿐이라는 점이다. 부유한 사람들에게 노화는 일손이 더 필요해진 집안일이나 민간 의료 보험과 같이 나이 들어 겪게 되는 실질적인 면을 뜻하며, 경제력 차이에 따른 노화의 경험은 내용이 다를 수밖에 없다. 노동 인구에서는 개인의 신체가 비교적 경쟁력 있는 생산성을 지녔다고 판단되는 한은 나이 들었다고 해서 의존적으로 여겨지진 않는다. 산업혁명 이전 영국에서는 경제적으로 어린아이부터 노인까지 다양한 가족 구성원이 다 같이 가정의 수입을 벌어들이는 데 힘을 보탤 수 있었다. 그러나 시대의 흐름에 따라 가난한 이들에게 더 유연한 측면이 있었던 가내 공업에서 생산의 산업화로 광범위한 변화가 이루어졌으며, 점차 전통적인 작업 방식은 약화되고 남성 가장이 임금을 받는 형태가 일반화되었다. 역사가인 파멜라 샤프Pamela Sharpe는 여성들이 이 새로운 경제 체제를 통해 어떻게 주류에서 멀어지거나 그에 적응하게 되었는지, 또 노인들의 경제 참여 또한 이 체제에 의해 전반적으로 어떤 영향을 받았는지 제시한 바 있다.[17]

이제 삶의 단계로서의 노년에 대하여 영국 산업혁명과 연결된 근대적인 의미를 확인해보자. 당시의 근로 형태는 고용에 유연성이 있었던 개인의 집에서 벗어나 어떤 유연성도 없는 공장으로 옮겨갔다. 그렇다고 산업화 이전 시대를 미화하려는 건 아니다. 가내수공업 경제 형태에서도 산업화 시기와 마찬가지로 가난과 사회적 불평등이 존재했다.

　더구나 17세기 노동 생활에 대한 자료들에 의하면 생산적이지 못한 노인들이 '병약한' 사람들로 여겨지거나('빈민 구제법' 내용과 마찬가지로), 가족 내에서 무시당하거나 심지어 원망을 사기도 했음을 알 수 있다. 근대 초기에는 노인들과 '원조를 받을 만한' 빈민들을 돌보는 일을 지역 차원에서 교구위원이나 민생위원, 가족이 맡거나 혹은 노인들 스스로가 관리했다. 1834년 만들어진 새로운 '빈곤법'은 지원에 의존하는 사람들을 더 단죄하도록 했으며, 도움을 받을 만한 이들을 재정의하고 교구들을 연합체로 통합하여 선출된 공무원들이 관리하도록 하였다. 또 구빈원을 만들고 이곳에 수용되지 않은 신체 건강한 사람들에 대한 구제를 금지했다. 이러한 방식을 통해 자연권(자연법에 따라 인간이 나면서부터 지니는 기본권으로 평등과 자유에 대한 권리 등이 있다 − 옮긴이 주)에 기반한 자선과 지원이라는 전통적인 기독교적 이상이 자기 계발, 경제적인 개인주의 그리고 결정적으로 대규모 산업화의 발달을 낳은 '자유 노동 시장'을 토대로 한 복지 제도로 전환되었다.

산업화와 함께 노인들의 사회적·경제적인 기능 역시 바뀌었다. 가내 공업 체제에서는 핵심적인 역할을 맡았던 노인들이 이제는 공장에 채용되지 않은 어린 아이들을 돌보는 일을 맡게 되었지만, 아이들이 공장에 투입되고 나면, 경제 기능을 제대로 수행하지 못하게 되면서 부담으로 여겨질 수도 있다. 한편 부유한 사람들은 생산적인 역할을 맡지 못하는 시기로 넘어가기 전에 (현대의 '노후' 계획 같이) 미래를 위한 어떤 투자를 할 수도 있을 것이다. 이 책에서 언급한 경제적인 개인주의의 출현과 그 영향 그리고 그에 따른 사회적·정서적 경험에 미치는 여파에 관해 살펴보면, 경제적인 활동을 할 수 없게 되는 노년을 분류하고 심지어 병으로 보는 모습을 발견할 수 있다. 너무 느리거나 노쇠한 이들은 근대의 산업화된 업계에서 오갈 데가 없어진 것이다. 국가 연금에 의한 확정적이고 객관적인 노년이라는 표시는 이러한 고용의 시장 경제화와 관련된 것일 수도 있다. 아이러니하게도 사회에서 능력이 떨어진 이들을 돌봐야 한다며 노년을 부각시키는 '요람에서 무덤까지'라는 이상이 노년의 정의를 경제적인 활동을 할 수 없는 시기로 몰아넣고 있다. 노년을 확정적인 상태로 만들어 놓고 책무, 재정적인 책임, 보살핌의 의무에 대한 이상적인 질문들로 포장하는 것이다.

노인들을 개인의 차이에 상관없이 신체적으로 어떤 특정한 사회 집단으로 확인하는 방식은 건축을 디자인하고 완성하는 과정에도 영향을 미칠 수 있다. 그야말로 노인들에 대한 문화적인 태도가 환경에 적용된 것이다. 지리학자인 글렌다 로즈Glenda Laws는 특정 목적을 위해 만든 집단 건물과 노년을 연상시키는 주택 단지 그리고 논쟁의 대상이 될 만한 양로원과 노인 병동에 노인들을 따로 구분해 모아놓고, 경제적으로 활동 가능하지만 반드시 정서적으로 긍정적이라 할 수는 없는 사회의 나머지 다른 사람들과 노인들을 나눠놓는 방식에 대해 언급했다. 국가 정책을 통해 합법적으로 '노인 차별주의'가 반영된 환경이 조성된 것이다. 이러한 사실이 중요한 이유는 노인들을 함께 모아둠으로써(혼자 집에 있는 것보다 덜 고립적일지는 모르지만 그렇다고 반드시 외로움을 덜 느끼는 건 아니다), 나이 든 상태에 대해 병으로 간주하고, 연령을 토대로 사람들을 일반화하는 두 가지 문제가 모두 발생하기 때문이다. 만일 노인들이 해결되지 않는 어려움 속에 있거나 가족과 사회 관계에서 고립되어 있다면, 지역사회의 보살핌이 대안이 될 순 없다. 그래도 외롭거나 그렇지 않은 등 다양한 상황에 놓여 있는 노인들이, 사회 조직 안에서 가치 있고 의미 있는 구성원으로 여겨질 수 있는 중간 지점이 틀림없이 있을 것이다.

복합적인 노년의 외로움

노년의 외로움이 보편적이거나 불가피한 것은 아니다. 개인, 가족, 사회가 겪는 경험의 특성뿐 아니라 노화와 사회 복지에 대한 지배적인 사고가 어떠한가에 달려 있는 문제다. 노인들과 외로운 사람들이 '조용한 세대'(1925~1945년에 태어난 사람들로, 열심히 일하고 말을 아껴야 한다고 배우며 자란 이들)라는 심리적·사회적인 어떤 특성을 공통되게 지녔을지는 몰라도 동일한 집단은 아닌 만큼 외로움에 대한 접근 방식도 달라야 한다. 노인들은 어느 면으로 보나 다른 세대 집단, 즉 부와 심리적인 경험, 건강, 성별, 민족성, 이동 가능성, 가족 및 친구 관계 그리고 그 밖의 많은 것들에 의해 외로움을 다르게 경험하는 이들만큼 복합적이고 다양하다. 인터넷을 아주 익숙하게 사용하는 노인들도 있는 반면, 병약함, 경제적인 접근성과 사회적 자본, 온라인 커뮤니티 가입 방법에 관한 지식의 부재 같은 요인으로 디지털 사용에 제약이 있는 노인들도 있다. 노인들과 외로운 사람들을 전적으로 경제적인 관점에만 주목하거나 보건복지 위기의 요인이라고만 여긴다면 이러한 차이점들이 간과될 수 있다.

모든 외로움이 그렇겠지만 노인들의 외로움은 다른 수많

은 변수와 맞물린다 할 수 있으며, 그 사람의 인생과 노년을 거치며 변화한다. 우리 할머니가 자신과 다른 사람들 사이에 메울 수 없는 심연이 있음을 의식했던, 그 끔찍하고 강렬한 외로운 순간들이 장애는 있으나 정신은 멀쩡한 사람이 고립된 농가에서 강도가 들까 두려워하면서 경험하는 만성적인 외로움과 같을 순 없을 것이다. 노인들의 외로움도 젊은이 집단에서의 외로움과 마찬가지로 개인의 인간관계와 건강 그리고 삶의 질과 적응 유연성에 달려 있다. 외로움을 삶의 한 단계로 받아들이려면 상당한 노력이 필요하다. 다시 말해 청소년기나 젊은 시절에 나타나는 외로움이 몇몇 연구들이 말했듯 노년기 외로움에 대한 어떤 예측 변수나 지표라면, 그에 대한 개입이 더 빨리 이루어져야 한다는 것이다.[18]

개개인의 노인에게 외로움이 어떤 의미인지 알기 위한 체계적이고 증거에 기반한 시도가 몇 번 있었다. 그런데 연구자들은 공통적으로 노인들이 산업화 사회에서 압도적으로 건강은 좋지 못하고, 신체적으로 고립되어 있으며, 일은 할 수 없고, 빈곤하게 살아간다고 추론하고 있었다. 물론 노인들이 도움을 필요로 하고 노년이 심각한 고립과 외로움을 겪는 시기일 수 있다. 그러나 고대 그리스인들이 조언했듯 노년을 준비하기 위해서는 외로운 이보다는 '외롭지 않은' 사람에 대해 살펴봐야 한다. 노년에 외롭지 않은 상태에 주목한다면, 개별적인 차이점을 고려하는 한편 의료 복지 차원에서 적절한 개입 방식을 개발할 수 있을 것이다. 세계적으로 어떤 자료를 비교해보더라도 노화가 일어나는 것은 개인의 선택권이 없어지는 상황에 놓일 때임을 알 수 있다. 이러한 여건에서는 외로움과 노년의 병약함까지 생길 수 있다. 노화 자체가 문제가 아니라는 점은 우리에게 생각하고 성장할 기회가 될 수 있을 것이다.

환경적 요소와 사회적·경제적인 요소가 작동하는 것은 틀림없다. 기본적인 행복을 위해서는 일상생활을 할 수 있는 힘과 안전하고 편안한 집이 있어야 하는 것이다. 그러나 좀 더 시야를 넓힌다면 행복을 규정하는 원칙은 그 사회가 통합되어 있는지, 분리되어 있는지, 또 노인들이나 움직임이 덜 자유로운 사람들이 '사회의 다른 구성원들과 더불어' 사회적인 통합과 지지를 받을 수 있는가에 달려 있다 할 수 있을 것이다. 노인들을 요양원이나 다과회, 댄스파티에 모아두는 것이 경제적으로는 이득인지는 모르지만 그것만으로 노인들의 외로운 감정이 해결되는 건 아니다. 노년의 외로움에 대한 접근법을 개발하는 데 가장 중요한 단계 중 하나는 그 다양성을 더 제대로 이해하는 데 있을 것이다.

가령 성별은 삶의 모든 단계에서 그렇듯 외로움을 확인

할 때도 여전히 의미 있는 변수다. 전통적으로 노인 세대에서는 남성들이 노동자 계층의 가정에서 유일한 수입원이었으므로, 일을 중심으로 남성들만의 인맥이 형성되었다. 그들은 일을 통해 수입과 사회적 위치 그리고 동료애를 얻었다. 대규모 산업화가 야기한 문제 중 하나는 일의 '최종 결과물'에 대하여 개인의 자부심을 축소시키는 도급일이 주를 이루게 됐다는 데 있다. 은퇴는 성적 정체성을 강화하는 수단을 약화시키고 사회관계를 축소시킨다. 일자리 상실과 은퇴는 나이 든 여성들에게도 힘든 일이다. 결혼한 여성들은 성별에 따른 자기 정체성을 배타적인 고용 관계가 아닌 가족과 소셜 네트워크에 집중하곤 한다. 그러나 미망인이나 나이 든 독신 여성들은 사회의 가장 가난한 구성원들로서 확대된 가족 관계에 속해 있을 가능성이 낮고 신체적으로도 단절되어 있기 쉽다.

어떤 장소에 대한 개인적인 감정과 지리 또한 중요하다. 외로움은 외딴 농촌 지역이나 가난한 도심지에서 더 많이 나타난다. 이러한 환경적인 문제가 나이, 성별, 민족성과 어떻게 맞물리는지 더 주목해야 할 것이다. 민족적인 차이는 공간과 장소에 걸쳐 나타나며 결핍감 형성에도 결정적이다. 가령 놀이터와 공동체 공간 사용에 대한 사회학 연구들에 따르면 몇몇 민족 집단의 경우 사회적인 공용 공간을 사용하기가 다른 민족들보다 더 수월하다고 한다. 노인들이 가장 우선적으로 찾는 장소 중 하나로 공공 도서관을 꼽을 수 있을 것이다. 2000년대 지방 관청들의 복지비용 감축에 따라 점차 문을 닫긴 했지만 도서관은 오랜 기간 사회의 다양한 사람들을 한데 모으고, 공동체가 형성될 수 있는 사회 공용 공간을 제공하는 공공 기관의 역할을 해왔다.

21세기에는 대가를 지불하지 않고 사람들이 함께 만날 수 있는 공간을 발견하기가 매우 어렵다. 다시 말해 도서관에서 제공하는 것이 책만은 아니라는 것이다. 그래도 중요한 책들은 사회 조직과 개인들의 능력에 기여하며 사람들이 그 책들을 읽음으로써 동지애를 발견할 수 있게 해준다. 그러므로 정신적이고 교육적인 면뿐만 아니라 의료·보건 차원에서도 도서관을 보호해야 할 이유가 존재하는 것이다.

2014년 〈센터포럼〉에서 발표한 '홀로 나이 들어 가는 일'에 관한 보도에서는 노인들이 병원에 입원과 재입원을 반복하며 국민건강보험에 부담이 되지 않도록 여러 가지 사회적인 개입을 권하고 있다. '추가적인 서비스 지원'이 현재의 재정 상태에서는 쉽지 않을 것이기 때문이다. 기사에서는 "지역 사회에 참가하겠다는 모든 연령의 개별적인 의지에 주안점을 두어야 한다"고 단언했다. 또한 현대 사회에서 자체적으

로 외로움을 다룰 수 있도록 하기 위한 공식화되고 구조화된 기회들을 제시하고 있다.[19]

정부에서 개인주의를 우선시하면서도 또 한편으로 수정된 공동체적 사고의 개념을 권장하고 있는 것은 역사적으로도 매우 흥미로운 순간이라 할 만하다. 개인주의를 존중하는 정부에서 중요하게 보는 공동체의 이상은 책임감(라틴어 '컴무니타스communitas'의 전통적인 개념에도 존재한다)의 필요성을 인지하는 것이지만, 그렇다고 정부에서 어떤 역할을 수행하지는 않으며, 다른 이들에 의해 운영되는 공동체에 대해 관찰하고 격려만 할 뿐이다.

노년층의 미래

나는 이번 장에서 노년의 외로움에 대한 철학적이고 경제적인 접근에 초점을 두었으며, 노인의 외로움에 대해서는 여전히 다른 사회 집단과 마찬가지로 역사적인 맥락 속에서 통합된 접근을 하는 것이 '유행병으로서의 외로움'이라는 서술을 넘어설 유일한 방법이라고 생각한다. 이제 디지털 시대에 노년층의 미래에 대하여 그리고 공동체라는 측면에서 소셜미디어가 어떤 역할을 할 수 있을지 살펴보며 글을 맺고자 한다. 외로움은 모든 면에서 기술 혁신의 영향을 받을 수 있으며, '원거리에서 나누는 친밀함'(가족들과 어느 정도 떨어져 살면서 그들과 화상 통화나 문자를 통해 소통하는 수백만 명의 노인이 처한 상황을 표현하는 용어)으로 속상한 마음이 들 수도 있지만 그것이 반드시 가까이 사는 것보다 안 좋은 것이라고 생각할 필요는 없다. 사실 문제는 소셜미디어에 대한 노인들의 사고방식이 어떻게 형성되었는가 하는 점이다.

《허핑턴 포스트》에 실린 '은발 노인 서퍼의 증가: 기술은 노인들 삶을 어떻게 풍요롭게 하고 있는가'라는 제목의 기사에서 프랜 위터커우드Fran Whittaker-Wood는 노인들이 디지털 기술, 특히 사라져가는 기술을 대체하는 새로운 소셜 네트워크 생성과 관련된 디지털 기술을 통해 아무런 혜택도 받지 못하고 있다고 보는 것은 편견이라고 지적했다. 위터커우드는 '정보 격차'라는 개념을 부정하면서, 이전 어느 때보다 빠른 속도로 온라인에 접속하는 노인 수가 증가하고 있다고 주장했다. 또한 영국 통계청 연구를 인용하며 65세 이상 성인의 75퍼센트가 인터넷을 사용하며, 그중에서도 75세 이상 여성들의 사용률이 어떤 인구층보다도 큰 폭으로 증가했다고 밝혔다. 이러한 사실은 기술을 통해 노년 생활의 질이 상당히 개선될 수 있으며, 노인들이 마침내 어떻게 노화의 모습을 변화시킬 수 있는지 깨닫기 시작했음을 나타내는 것이다.[20]

이 기사는 노년의 외로움이 어떻게 치료를 요하는 질병으로 여기게 되었는지 그 과정을 잘 살펴보고 있다. 디지털 기술은 가족 및 친구, 사회집단과의 관계, 의학적인 건강 관리 및 기술 등의 다양한 상품과 서비스 같은 노년의 생활 방식에 광범위한 해결책이 되어줄 수 있다. 그러나 노인들의 외로움을 단지 디지털 격차 때문이라고 생각해서는 안 될 것이다. 디지털 기술은 젊은이들에게 역시 그렇지 않았듯 노인들의 외로움에 대한 만병통치약이 아니며, '실제 생활'에서의 물리적인 관계 부족에 대한 해결책도 아니다. 또한 구체적으로 나타난 외로움이나 반려동물 등을 통해 가능한 물리적인 접촉에 대한 바람을 해결하진 못한다. 배우자와 사별한 상태, 슬픔에 동반되는 단절감이나 친구들에게 소외된 느낌을 반드시 완화하는 것도 아니다. 소셜미디어를 사용하는 이유 중 하나가 다른 이들에게 자신의 특별한 모습(보통 친밀한 가족 관계, 경제적 안정, 친구들, 화목한 가정을 수정 과정을 거쳐 그려낸 '행복한' 장면)을 보여주려는 것인데 이로 인해 사람들에게 부정적인 비교와 낮은 자존감을 유발하여 외롭고 소외된 느낌을 오히려 더 증폭시킬 수도 있다.[21] 소셜미디어와 디지털 기술이 사회 관계를 변화시키는 것은 아니지만 그것을 재현해내긴 한다. 사람들이 소셜미디어를 사용하는 방식이 기존 관계의 형태와 맥을 같이하며, 원래의 상호 작용 습관이나 유형을 다시 드러내는 것이다. 사회적으로 단절됐다고 느끼는 노인들이 페이스북을 사용한다고 해서 문제가 해결되지는 않는 것이다.

보건 복지 차원의 개입에 긍정적인 영향을 주고, 사회 모든 계층의 외로움을 줄이려는 정부의 목표를 지원하며, 노인들이 뒤처져 있지 않도록 하기 위해서는, 다양한 사회 집단에게 외로움이 어떤 의미인지 그 집단의 구체적인 상황과 경험, 기대에 맞춰서 증거를 기반으로 역사적인 정보를 갖춰 제대로 파악해나가야 할 것이다. 이것은 영국과 다른 나라들 사이의 비교 평가보다 더 복잡한 문제이긴 하지만, 이러한 비교가 국가와 문화의 영향을 이해하기에 도움이 될 순 있을 것이다. 지금 필요한 것은 청소년, 한부모, 빈곤층, 노숙자 그리고 어떤 다른 취약 집단과 마찬가지로 노인들의 외로움에 대한 구조를 더 명확히 이해하는 일이라 할 수 있다. 이렇게 더 상세하고 면밀하게 주목하기 위해서는 다양한 시간과 장소에 따라 '외로움', '소속', '집'을 비롯하여 '노인', '공동체'와 같은 단어들이 다양한 시간과 장소에 따라 어떻게 다른 의미를 지니는지 살펴보아야 할 것이다.

7장

노숙자와 난민

'집'이라고 부를 공간이 없는 이들

집. 명사

□ 사람 또는 동물이 사는 곳
□ 거주 장소, 어떤 이의 집 또는 거주지, 한 가족 또는 세대의 고정 거주지,
　가정 생활 및 소유권 소재지,
□ 쉼터, 안식처, 자연스럽게 소속감이나 편안함을 느끼는 장소 또는 지역
□ 어떤 이의 조국 또는 출생지

《옥스퍼드 영어 사전》

집은 당신에게 어떤 의미인가? 아마도 웃고 있는 가족과 음식으로 가득 찬 식탁, 소파에서의 휴식, 리모콘을 두고 장난스럽게 티격태격하기와 같은 마시멜로처럼 부드러운 이미지일 것이다. 바비큐 파티를 위해 들르신 부모님, 일요일에 사랑하는 이들과 카페에서 시간 보내기 같은 장면일지도 모른다. 혹은 히스로 공항에 도착하니 친구가 마중 나와 있는 이미지일 수도 있을 것이다. 이런 경우라면 집이 의미하는 바가 조금 다르게 느껴질 것이다. '집'이 주택, 아파트, 방 또는 그보다 크게 자치주, 국가, 대륙과 같은 물리적인 구조를 암시할 수도 있다. 한편 집이 싸움과 증오의 장소인 전쟁터가 될 수도 있을 것이다. 아니면 잃어버린 혹은 한 번도 경험 못 해본 안정감과 소속감과 관련된 규정하기 어려운 이상일 수도 있다. 앞의 장들에서 나는 외로운 어린 시절과 결혼 생활, 배우자와 사별한 상태, 외로운 노년에 대해 언급했으며, 이 모든 상황은 윈저 성처럼 호화로운 궁전이든 지방 요양원의 1인실이든 공간적으로 가정에서 이루어진다. 세상의 물질문화와 우리를 둘러싼 물건들이 우리 삶의 형태와 의미 그리고 개인과 집단의 정체성을 부여해준다. 이 장에서는 이 주제들을 소비자 문화, 몸짓 언어, 외로움과 결부시켜 살펴볼 것이다.

먼저 오늘날 노숙자와 난민으로 정의되는, 집이라는 장소와 떨어져 다른 곳을 찾고 있는 그래서 현재 집이 없는 사람들이 지닌 외로움의 의미에 관해 살펴보려 한다. 이 두 집단 모두의 공통점은 취약성 그리고 전통적인 사회 집단과 사회 지원망에서 제외된다는 점일 것이다.

노숙자 문제는 21세기 영국에서도 다른 산업국가들과 마찬가지로 점차 심각해지고 있다. 유럽 난민 사태로 생겨난 망명자 문제 또한 마찬가지라 할 수 있다. 그러나 노숙자와 난민을 둘러싼 여러 문제 가운데 외로움은 비교적 소홀히 여겨진다. 이는 외로움에 대한 연구가 아직 덜 이루어졌기 때문이기도 하다. 한편으로는 감정과 신체의 외상이 있으면 일상생활과의 문화적 통합이 불가능하다는 게 너무나 분명한데도 불구하고 이주민들의 복잡한 심리적 욕구에 대한 관심이 그만큼 많이 부족하다는 사실을 드러내는 것이기도 하다. 난민과 노숙자들의 외로움이 어떻게 형성되고 경험되는지 명확하게 이해하지 못한다면, 그들을 위해 통합된 대응책을 마련하

온정의 손길을 구하는 노숙자

기 어려울 것이다.

　외로움의 역사와 문화에서 노숙자와 난민과 연관된 국가 정체성, 집, 소속과 같은 주제들에는 본질적인 측면이 있다. 이번 장에서는 외로움에 대한 문화적인 파악을 시도해봄으로써 어떠한 보건 정책을 수립할 수 있는지, 또 반대로 노숙자나 난민의 외로움이 21세기 여러 감정의 합이라 할 수 있는 외로움에 대한 이해와 닿아 있는지 알아보려 한다.

지붕 없이 사는 이들

노숙자 문제는 새로운 현상이라 할 수 있다. 적어도 이 용어가 안정적인 집이 없고, 심리적·신체적·사회적인 문제가 뒤따르는 상태를 의미하는 한 그러하다. '노숙자homelessness'에 관련된 사안은 1850년대 이후가 돼서야 산업화·도시화·빈민가 철거의 영향으로 인쇄물을 통해 논의되기 시작했다. 17세기 이전에는 노숙자가 드물었다고 한다. 그 주된 이유는 계급 제도로 이루어진 사회와 가부장적인 질서가 있는 확장된 가족 구조('가족'이 혈연과 결혼 관계뿐 아니라 하인들까지 아우르는 개념이었다)에 있었다. 즉 당시에는 어떤 한 사람에게 다른 이에 대한 책임이 있었던 것이다.

《옥스퍼드 영어 사전》에서는 '노숙자'('노숙자'라는 명사가 만들어지기 이전에)인 상태를 '집 또는 상주하는 거주지가 없는 상황'으로 정의하고 있긴 하지만, 17세기 이전까지 이 용어는 거의 사용되지 않았다. 1613년 자칭 '물의 시인Water Poet'이라 일컫는 존 테일러John Tayolr는 《세계의 8번째 불가사의》에서 노숙자에 대하여 처음으로 언급했다. "이들은 그가 자신이 다스리는 이 중에서 가장 하찮게 보는 자들이었다. 노숙자 패거리는 하나같이 양아치들이었다."[1] 노숙자 무리나 '방랑자들'에 대한 두려움은 17세기 전쟁터에서 돌아온 군인에 대한 이야기에 자주 등장한다. 1729년 아일랜드 작가인 새뮤얼 매든Samuel Madden 또한 《테미스토클레스Themistocles: 조국을 사랑한 자가 '집도 희망도 친구도 없이' 적으로 불리게 된 비극》에서 노숙자에 대해 얘기한다.[2] 하지만 노숙자들이 도시의 문제점으로 여겨진 것은 19세기가 되고 나서였다. 프랜시스 위긴스Francis Wiggins는 《월간 지성Monthly Repository》(1831)에서 독자들에게 "옷가지를 엉망으로 걸쳐 입고 볼품없는 소년이 되어 집도, 돈도 없이 필라델피아 거리를 거닌다고 상상해보라"고 이야기했다.[3] 또한 《뇌와 신경: 질병과 피로》에서 의사인 토마스 스트레치 다우스Thomas Stretch Dowse는 "만일 피부관리 기기를 사느라고 돈을 써 대는 수천 명의 사람이 런던의 내버려진 가난한 노숙자들에게 그 돈을 쓴다면, 정신 건강과 양심에 훨씬 유익할 것이다"라고 말했다.[4] 여기서 '양심'을 언급한 점이 중요한데, 이를 통해 노숙자들을 사회의 도덕적 풍경에 어울리지 않는 오점으로 여기게 된 인식의 전환을 확인할 수 있기 때문이다. 박애주의자들은 가난한 사람 중에서도 누가 도움을 받을 자격이 있는지 없는지를 오랜 기간 구분해왔으며, 노숙자 문제는 문화적으로 복합적인 측면이 있다 보니 조금 더 여유가 있는 사람들이 자비에서 우러난 죄책감을 느끼고 오래된 기독교의 자선을 베푸는 전통을 따르게 되었다. 하지만 노숙자들을 사회적·정치적인 '문제'로 인식하게 된 것은 21세기 이후부터였다.

1966년 11월 16일 영화《캐시가 집으로 돌아오다Cathy Come Home》가 BBC 1에서 방영되었다. 영화의 메인 테마는 노숙이었는데, 주류 언론에서 이런 주제를 다룬 적은 거의 없었다. 영화를 본 대중은 충격에 빠졌고 비평가들은 환호했다. 영화 제목과 이름이 같은 캐시와 그녀의 남편 레그가 가난한 노숙자 신세로 전락한다는 자극적인 주제가 문제였다. 노숙자들을 돕기 위한 여러 자선단체와 정부의 행동을 요구하는 정치 캠페인까지 생기게 되었다. 영화가 방영되고 며칠 지나지 않아 노숙자들을 위한 자선 쉼터가 동시다발적으로 세워졌고, 다음 해에는 영국의 국가 자선 단체인 '크라이시스Crisis'가 설립되었다. 주택정책은 약 10년 동안 점진적으로 개혁이 이루어졌으며, 1977년 노숙자들을 위한 주택법안이 통과됐다. 이 법은 지방자치단체 의회에 보호가 '시급하다고' 보이는 이들에게 주택을 공급하고 나머지 다른 노숙자들에게는 조언과 도움을 제공해야 할 법적 의무를 지우는 것이다.

《캐시가 집으로 돌아오다》의 사회적 성공과 노숙자들을 돕기 위한 주택 및 복지 개혁의 확대에도 불구하고, 1980년대 영국에서는 노숙자 수가 가파르게 증가했다. 주택가격 인플레이션, 임대주택 매각, 실업률 상승, 정신 건강 및 약물 관련 문제 증가, 16~17세 청소년의 주택수당 요구 금지 등의 이유로 거리로 나앉는 사람의 수가 늘어났다. 1980년대 즈음에는 빠른 도시화의 결과로 노숙자 문제가 정치적으로도 견고하게 자리 잡게 되었다. 토론토대학교 주택학과 교수인 J. 데이비드 헐챈스키J. David Hulchanski는 1851~2005년의 《뉴욕타임즈》 기사를 토대로 노숙자에 대해 연구했다. 그는 이 기간 동안 '노숙'이라는 단어가 4,755회 기사에 사용되었으며 그중 90퍼센트가 1985~2005년, 즉 최근 20년 동안 쓰인 것이라고 밝혔다. 1980년대 이전까지는 노숙이라는 용어를 거의 쓰지 않았음을 알 수 있다.[5] 21세기에는 노숙자 수가 더 증가했다. 2010년 이후 전면적인 보조금 개혁과 함께 상황은 더욱 악화됐다. 2013년에는 영국에서만 11만 2천 명이 넘는 노숙자가 확인되었으며, 이는 4년 전과 비교해 26퍼센트가 증가한 수치였다. 같은 시기에 런던에서 유랑 생활을 하는 사람들 숫자 역시 6천 명 이상 증가했으며 그 상승폭은 76퍼센트에 달했다. 비평가들은 70억 파운드에 달하는 주택 수당 감축과 복지 정책 개혁, 적당한 주택의 부족이 원인이라고 지적했다.

노숙자 중 일부는 떠돌이 생활을 한다. 임신한 여성이나 부양 자녀가 있는 부모, 지방 의회에 의해 '취약 계층'으로 분류된 사람들에게는 주택이 공급되지만 이 또한 일시적인 조치였다. '숨겨진' 노숙자들은 길거리에서는 보이지 않지만 민박집이나 친구, 가족이 사는 집의 남은 방이나 소파에서 살아간다. 이들은 보통 가난, 학대, 역경, 중독이라는 심각한 악순환의 덫에 빠져 있다.

1981년 UN에서는 1987년을 '노숙자들을 위한 세계 쉼터의 해'가 될 것이라고 공표했다. 노숙자 문제가 국제적으로 심각한 사안이 되고 있음을 인식한 데 따른 것이다. 당시에는 '노숙자'라는 단어가 사용되지 않았는데, 그 주된 이유는 충분히 알려져 있지 않았기 때문이었다. 노숙자는 사회와 가족의 지원과 유대가 부족한 상황과 관련 있으며, 이것이 지금 논의하고 있는 사항 중 가장 핵심이다. 노숙에는 그에 수반되는 우울, 불안, 외로움, 박탈감, 가난, 학대의 반복과 함께 단순히 집이 없다는 것 이상의 의미가 있는 것이다. 비록 일반적인 주택에 대한 논의에서도 암묵적으로 노숙에 대해 그저 집이 없는 상태로 보는 경향이 있긴 하지만, 약물 중독, 정신질환, 외로움이 높은 빈도로 발생하는 등 노숙자 문제에는 생각보다 훨씬 더 많은 의미가 내포되어 있다.

노숙자들은 어떤 이들인가?

노숙자가 되는 상황은 성별과 계층에 따라, 또 연령과 취약성에 따라 달라진다. 남성들은 실직과 중독으로 그리고 여성들은 신체나 정신적인 질환, 학대로 인해 노숙자가 되는 경우가 많다. 이주민이나 주변에 도움을 줄 만한 이가 없는 이들 역시 노숙자가 되기 쉽다. 2013년에는 동유럽 이주민들이 런던에서 유랑 생활을 하는 사람들의 30퍼센트를 차지했다.[6] 또한 16~24세의 젊은이가 전체 노숙자의 8퍼센트에 해당한다고 한다. 노숙자들은 대개 정규 교육을 받거나 직업을 위한 능력이나 자격증을 지니고 있지 못하며, 지방 관청의 보호를 받거나 교도소에 수감되었던 적이 많다. 그러므로 소비자 중심이며 개인주의적인 사회에서 덜 생산적이라고 여겨지는 빈곤층에 속한 이들이 대개 노숙자가 되는 고통을 겪는다. 자기 홍보와 자기 회복력이 넘치는 세상에서 노숙자들은 사회에 효율적인 기여자가 되지 못하는 것이다. 또한 그들은 공동체 의식과 정체성(가난을 통해 형성된 정체성이 아닌) 혹은 안정을 얻을 수 있는 사회적인 관계망에 극도의 거부감을 지닌다.

1980년대 들어 개인적 부를 추구하는 열풍이 불면서 이로 인한 공동체의 분열은 불안정한 임차권 및 시장 시세에 따른 임차료를 허용하는 2011 지방분권법(정부가 그로 인한 이득의 한도를 정한다), 복지개혁법과 같은 일련의 법률 제정을 통해 더욱 심화되었으며 이는 다시 노숙자 문제를 악화시켰다. 그리고 이는 '가진 자'와 '못 가진 자' 사이에 더 커다란 격차를 만들어냈다. 이것이 의미하는 바는 현실적으로 사람들이 단지 집이라는 물리적인 안정만이 아니라 다양한 보건복지 차원의 혜택까지 상실하게 된다는 데 있다. 예컨대 노숙자의 70퍼센트에 해당하는 이들이 정신질환(그로 인해 노숙을 하게 되거나 노숙 생활의 직접적인 결과로)을 앓고 있으며, 가난과 의존의 악순환에 빠져 있다.[7]

순전히 사안의 규모를 감안하면 외로움이 노숙자 문제에서 가장 덜 연구된 분야 중 하나라는 점도 이해가 된다. 비용 문제는 물론이고, 외로움보다 더 급한 불부터 끄는 일이 당연할 것이다. 그러나 노숙자들은 소외감을 느끼는 다른 사회 집단과 마찬가지로 신체적·감정적·사회적인 형태의 접촉과 그로 인한 행복에서 분리되었다는 단절감을 경험한다. 외로움은 노숙자가 만들어지는 중요한 원인이 되기도 한다. 노숙은 가족과 사회로부터 단절된 상태인 경우가 많기 때문이다. 대부분의 노숙자들은 사회에서 가장 소외된 이들에 속하며 '대체로 사회에서 단절되고 분리되었으며, 혼자이며 외롭다는 느낌'을 지닌 것으로 알려져 있다. 외로움에 노숙자 문제가 더해지면 심각한 결과를 초래한다. '쓸모없고, 외로우며, 사회적으로 소외되고, 자살 경향이 있다고' 여겨지는 노숙자에 대한 낙인찍기나 부정적인 선입견을 낳기 때문이다.[8]

노숙자와 외로운 이들에 대한 연구에서 일반 대중보다 노숙자들에게서 외로움의 빈도가 더 높게 나타난 것은 어쩌면 당연할 것이다. 노숙자들의 외로움에 대한 한 연구에서 조사자들은 다음과 같은 다섯 가지 요소를 추려냈다. 정서적인 괴로움(고통, 내적 혼란, 절망, 외로움과 관련된 공허감), 사회 부적응과 소외, 성장과 발전(외로움을 경험함으로써 생길 수 있는 내적인 힘과 자립을 의미함)의 부재, 대인 관계에서의 고립(친밀한 관계 또는 주요한 이성 관계의 부재), 자기소외(무감각하고 움직임이 적어지며 부인하는 특징이 있는 자기 자신에게 무심한 정도)가 그것이다.[9] 외롭다고 표현한 노숙자들은 대인 관계에서의 고립에 대해서는 높은 수준으로 그리고 '성장과 발전' 항목에 관해서는 낮은 수준이라고 답했다. 일반 대중이 늘 노숙자들에 대해 인지하거나 그들과 상호작용하는 것은 아니기 때문에 사회적으로 소외될 가능성이 더 높게 나타나리란 점은 너무나 명확하다.

'집'의 의미와 그 부재

현대에 들어 집과 내부 인테리어가 중요시되고, 19세기부터 집과 일터가 구분됐으며, 노숙에 대한 수치심과 책임감 사이의 복잡한 역학이 있음을 감안한다면, 노숙자들이 다른 종류의 외로움을 겪으리란 점을 알 수 있을 것이다. 그리고 그 경험이 나이나 성별, 민족성, 장애, 정신 건강, 스트레스에 노출된 기간과 같은 상황에 따라 달라지리란 점 또한 예측할 수 있을 것이다. 예를 들어 노숙 생활을 하는 여성들에게 성적·신체적 학대나 높은 정신질환 발병률, 더 빈번한 자살 시도,

커다란 건강 문제와 같은 경험이 더 많았다.

이렇게 노숙 생활은 외로움을 포함한 훨씬 더 커다란 정서적인 문제에 속한다. 영국에서 노숙자 여성들과 그들의 권리에 대한 연구가 부족하며, 여성의 견지에서 살펴본 노숙에 대한 연구가 적다는 점을 인지한 서섹스대학교의 애너벨 토마스Annabel Tomas와 헬가 디트마Helga Dittmar는 2007년 사회학적인 분석을 통하여 안전과 안정을 주는(덜 정서적인 개념인 '주택'과 반대되는) 공간으로서의 '집'이라는 개념이 안전하게 집에 사는 이들에게 어떤 영향을 미치며, 노숙 생활을 하는 이들에게는 왜 그렇지 못한지를 연구하였다. 이와 유사하게 안전하게 집에 사는 여성들이 사용하는 '집'이라는 용어와 관련된 안전과 안정이라는 주제 또한 집이 없고, 어린 시절이나 청소년기 또는 성인이 되어 학대를 당한 경험이 있는 이들에게는 결여된 개념인 것이다.

유의해야 할 점은 노숙 생활이 그저 지붕이 없음을 나타내는 구조적인 상황(비록 그렇게 규정되는 경향이 있긴 하지만)이 아니라는 것이다. 더 깊이 있게 보자면 노숙은 신체의 안전과 사회적인 소속이 결여된 사회적·정서적 경험이라 할 수 있다. 노숙 생활의 심리적 영향을 이해하기 위해서는 그런 일이 발생할 때 집에 대한 개인적·사회적인 의미와 그 관련 개념

인 '가족'이나 '소속'과 연결되는 정서적인 맥락을 살펴봐야
할 것이다.

난민과 외로움

이제 난민과 망명 신청자가 처한 특수한 상황을 알아보자. 이
들은 자신들에 대한 사회의 고정관념과 함께 정치적·사회
적·경제적인 압박을 받는 유별난 집단이 되어버리기 쉽다.
또한 세계적인 분쟁과 기후 변화 덕에 노숙자와 마찬가지로
점차 여기저기서 눈에 띄는 집단이 되었다. 성인과 아이들로
구성된 난민들은 정신적 외상을 주는 다양한 상황을 겪으며,
이런 체험이 정신질환이나 심리적인 불편함, 만성적인 외로
움으로 나타난다. 이러한 위태로운 감정 상태는 대개 호의적
이지 않으며 잘 알지 못하는 불안정한 환경, 특히 영국에서는
2016년 브렉시트 국민투표 이후의 상황과 관련 있다. 2011년
난민들을 위한 정신질환 치료의 필요성을 살펴본 한 연구에
서는 거의 90퍼센트의 응답자가 고국을 떠올릴 때의 비통함
과 슬픔, 새로운 환경에서 소외된 데서 오는 외로움과 같은
'심리적인 고통'을 호소했다.[10] 새로움에 대한 도전과 난민이

라는 정체성은 자신과 다른 사람들과의 비교에서 비롯된다. "주변을 보면 안정적이고 행복해 보이는 사람이 너무나 많아 보인다. 왜 나는 아닌 걸까? 나는 왜 저 사람이 될 수 없고 그들이 가진 것을 갖지 못하는 걸까? 이런 생각이 들면 나는 자꾸 울고만 싶어진다."[11]

이러한 주관적이고 부정적인 비교는 외로움이 생기는 모든 경우에 공통적으로 나타나는 현상이다. 결핍에 대한 인식은 자신이 무엇을 원하고, 다른 사람들이 무엇을 가졌다고 여기는가에 달려 있다. 난민들은 또한 집과 가족, 친숙한 환경, 집과 연결된 감각적인 경험(풍경, 소리, 향)에서 동떨어져 있다. 물질문화는 개인의 정서 생활과 외로움을 구성하는 데 매우 중요하며, 정체성이 담긴 이러한 물질의 상실은 공동체 인식의 결여와 함께(또한 심지어 많은 경우 사회적으로 배척을 받는 상태에서) 소속감을 느끼지 못하는 이들에게 꽤 치명적일 수 있다. 소외된 기분에서 생기는 외로움은 구체적으로 젊은 난민이나 망명 신청자, 특히 다른 이들에게서 고립된 채 새로운 관계를 형성하지 못하는 이들에게서 발견된다. 웰빙이나 사회관계, 외로움보다는 외상과 실질적인 고려사항에 더 초점을 두는 보건 복지 서비스 차원에서는 난민과 망명신청자의 외로움과 같은 문제는 쉽게 간과될 수 있다.

시리아와 레바논에서 온 노인 난민들의 건강 상태와 그 어려움에 대한 최근의 한 논문에서 연구자들은 자선단체의 도움을 받고 있는 60세 이상 노인들의 신체적·정신적 행복에 대해 조사했다. 존스 홉킨스 블룸버그 공중보건대학의 '난민과 재난 대응센터Center for Refugee and Disaster Response' 소속의 조나단 스트롱Jonathan Strong과 그의 동료들은 우리가 이 책에서 살펴본 사회 변화의 유형에 부합하는 방식으로 노인 난민들이 특정 연령층에 한정된 다양한 어려움에 직면해 있음을 발견했다.[12] 이러한 어려움은 분쟁과 이주라는 특수한 상황에도 상관없이 지속된다. 기동성과 건강상의 장애로 인해 다른 이들에게 의지해야 하지만, 사회 관계망은 시간이 갈수록 줄어들고, 젊은 시절의 직업이나 관계와 연결된 자존감은 위축될 수 있다. 젊은 세대에 비해 경제적으로 불안정하다는 추가적인 약점까지 있다. 전 세계적으로 노인층 인구가 증가한 상황에서 건강 증진과 윤택한 생활, 늘어난 수명과 더불어 사람들은 더 오래 살 것을 기대하게 되었다. 따라서 일반적으로 노인들에게 영향을 주는 건강과 웰빙이라는 똑같은 사안이 난민들에게도 영향을 미치는 것이다. 여기에다가 난민들에게는 그들만의 특수한 외로움이 있다는 점 또한 감안해야 할 것이다.

우선 위기 상황에서 노화와 관련된 어려움을 들어주는

의료 서비스는 사회적으로 그다지 위급하게 여겨지지 않는다. 따라서 노인들은 주변 환경과 공동체로부터 훨씬 더 감각적으로 분리될 수 있는 것이다. 노인들은 여성들과 아이들에게 제공되는 '취약층'을 위한 서비스에 거의 포함되지 못하는 경우가 많고, 정신 건강 치료에서도 우선순위에서 밀려나는 상황이다. 또한 위기 상황에서는 먹을 수 있는 음식의 양도 적고 제대로 섭취하는 것도 어려우며, 노인들은 젊은이들에게 자신들의 몫을 뺏기기 쉽다. 사회성과 소속감을 향상시키는 식사에 대한 문화적인 관습 또한 이와 유사한 영향을 받게 된다. 식사를 둘러싼 관습이 사회적인 결속과 행복감을 유지하는 데 얼마나 중요한가를 감안한다면, 식사시간에 소외된다는 사실이 행복에 얼마나 해로우며 외로움을 유발할 수 있는지 쉽게 생각해볼 수 있을 것이다.

스트롱과 그 동료들은 논문에서 국내 환경과 일상의 물질문화에 대해서도 주목했다. 음식과 소비에 대한 해체되고 깨져버린 습관 외에도 난민들이 머무는 물리적인 공간 또한 허술하고 제대로 가구도 갖춰져 있지 않을 수 있다. 시리아 난민의 약 26퍼센트가 텐트에서 생활하며, 11퍼센트는 공공건물이나 완공되지 않은 건축물 또는 그밖의 주거지에서 살아간다. 40퍼센트가량은 배우자나 손주들을 돌보는 보호자 역할을 떠맡기도 한다. 사실 영국에서 건강과 외로움의 측면에서 가장 연구가 이루어지지 않은 분야 중 하나는 보호자들의 정서적인 외로움이다. 특히 사회적인 지원이 불충분한 경우라면 상황은 더욱 심각해진다. 노인들은 배우자를 돌볼 때가 많은데, 다른 이를 보살펴야 한다는 부가적인 책임뿐 아니라 노화로 인한 취약성 때문에 자신도 힘든 상황이기 때문이다.

건강, 경제적인 불안정, 자국의 위태로운 상황 등 노인 난민들이 경험하는 취약성 외에도 난민이 된 상태에서 생기는 추가적인 압박도 있다. 전쟁터에 남아 있는 일가친척에 대한 그리움과 걱정, 사랑하는 이들의 죽음으로 느끼는 비통함, 위험을 피하고 살아남으며 생긴 트라우마 등이 이에 해당한다. 익숙한 음식, 향, 소리처럼 안정과 위안을 가져다줄 수 있는 일상화된 생활 역시 대체로 사라져버린다. 또한 불안(특히 위급한 상황에서 자신을 도와줄 만한 친구나 가족이 없는 경우 발생하며, 이는 노년기 외로움에 주로 나타나는 현상이기도 하다)이나 학식 있는 난민들에게 나타나는 우울감 그리고 외로움 등이 포함된다. 스트롱과 그 동료들에 따르면 이런 외로운 감정은 '궁핍한 재정 상태'와 열악한 환경에서의 삶 그리고 노인 난민이 병이 날 경우 그를 보살펴 줄 친구의 부재와 상관 있다고 한다.[13]

중요한 점은 이 책에서 외로움을 감정의 조합이라고 표

현한 것처럼 외로움이 여러 다양한 감정 상태로 이루어져 있다는 사실이다. 이러한 감정에는 우울증의 특징이라 할 수 있는 슬픔, 불면증, 무력감 그리고 미래에 대한 불안함과 실종되거나 죽었을지 모르는 가족들에 대한 애통함이 포함된다. 외로움에 관한 (시리아 난민에 대한) 이 중요한 연구에서 확인한 사실은 난민층의 외로움이 얼마나 지속적으로 계속되느냐 하는 점이었다. 의료 복지 차원에서의 다양한 어려움을 겪게 되고, 문화적으로 새로운 공동체에게 받아들여지고, '집'이라는 개념과 계속 연결될 수 있게 해주는 고유의 전통과 관습을 이어가는 일만 해도 충분히 힘든데 외로움의 영향까지 받게 되면 커다란 슬픔과 외상만큼 정서적으로 쇠약해질 수 있다.

노숙자와 난민이 겪는 외로움과 그 의미에 대한 통찰은 이 책에서 설명했던 지붕이 없고 뿌리내리지 못하는 상태와 보건 복지정책 사안으로 살펴본 외로움에 대한 탐색과 연결된다. 각 경우에 공동체에 통합되고 받아들여지는 어려움과 경제적인 불안정뿐 아니라 대체로 정신적·신체적인 장애를 경험하는 상황과 함께 추가적으로 외로운 기분이 들게 하는 것은 집의 부족으로 인한 안정성의 결여일 것이다. 또한 이들의 외로움은 물리적으로 주어진 환경을 통해 얻게 되는 정서적인 행복감과 상관 있는 구체화된 경험과도 관련 있다.

주관적인 경험인 외로움은 단지 정신적인 상태만이 아닌 신체적인 상태이기도 하다. 또한 외로움은 두려움과 원망에서 노여움과 슬픔에 이르기까지 다양하게 나타날 수 있는 일련의 구체적인 정서적 반응을 낳는다. 외로움을 드러내는 몸짓 언어가 복잡하긴 하지만, 외로움이 어떻게 생긴 것인지 파악하기 위해서는 우리 몸을 해석해볼 필요가 있다. 구체적으로 드러나는 현상은 당연히 몸만이 아닌 우리가 속해 있는 물질 세계를 통해서도 가능하다. 세상에서 우리가 경험하고 개입하는 것들은 우리를 규정하는 것들 즉, 옷과 그릇부터 자동차와 카펫까지 개인적·사회적 의미를 부여하는 사물들과 더불어 우리 몸을 통해서 늘 표현되는 것이라 할 수 있다. 그러나 몸으로 나타나는 외로움이라는 주제는 외로움에 관한 연구에서 소홀히 여겨져 왔기 때문에 이제는 몸에 대해 알아보려 한다.

8장

결핍 채우기

물질 그리고 외로운 신체

말하자면 피상적으로 느껴질 것이다.
'아무렴 어때, 상관없어' 식의 잘못된 생각에
쉽게 빠지며, 그저 차가운 진실과 마주하지 않기
위해 모든 느낌을 밀쳐낼 것이다.
고립된 상태에 대해서도 마찬가지다. 무겁게만
느껴지고 마치 엄청난 양의 주황색 점박이 벌떼
속에서 한 마리의 푸른 점박이가 된 것처럼
자신이 작게 여겨질 것이다.

익명, 12살

외로움을 정확히 정의하기란 어려운 일이다. 그리고 딱히 반대되는 개념도 없다. 외로움은 전적으로 주관적이며 시간이나 장소에 따라 그리고 개인마다, 심지어 자신이 처한 삶의 단계에 따라서 다르게 인식된다. 어린이들이 느끼는 외로움은 성인의 외로움과 다를 것이고 이 책에서 다룬 각 개인과 사회 집단과도 같지 않을 것이다. 더구나 우리 또한 외로움에 대해 살펴보며 연구자이자 인간으로서 심리적인 체험과 언어 표현, 구체적으로 형상화된 감정을 겪게 되는 것이다. 외로움에 대한 연구가 점점 더 많이 이루어지고, 외로움이 사회적·심리적인 경험이기보다는 정신적이고 개인적인 것이라는 생각이 강화되고 있는 반면, 외로움에 대한 구체적인 체험은 소홀히 여겨진 면이 있다. 외로운 몸을 통해 주변 세상과 상호작용하는 방식 또한 그러하다. 외로움을 구체적이고 생생한 경험으로 정의하고 평가하고 묘사하기 어려우며, 특히 역사가들에게는 이런 고충이 더 심하게 와 닿을 것이다.

한편 '고독'과 관련된 물질문화는 쉽게 발견할 수 있다. 하나밖에 없는 욕실의 칫솔, 식탁에 놓인 포크 하나, 현관에 놓여 있는 신발 한 켤레. 그러나 비혼을 나타내는 사물은 외로움을 드러내는 사물과 같지 않으며, 이러한 점은 앞서 살펴봤던 홀로 있음과 혼자라고 '느끼는' 것의 차이를 다시금 생각나게 해준다. 외로움에 대한 물질문화는 그보다 더 간과되고 있지만, 외로움의 체험과 소통에 있어서 중요한 문제다. 예컨대 건강에 대한 새로운 물질적인 접근은 사람들 간의 물리적인 '관계와 영향'이라는 네트워크 속에서의 몸 상태를 묘사한 '조합'이라는 개념을 사용한다.[1] 외로움은 다른 감정 상태와 마찬가지로 형상화 원리를 통해 정의된다. 개인의 경험이 상징적이고 언어적일뿐 아니라 물질적이고 신체적이기도 한 것이다.

신체적이고 물질적인 습관을 통해 소속감(외로움에 대한 '반의어'가 없다는 문제를 설명하며 이 책에서 살펴봤던 제한적이고 불충분한 표현방식이다)이라는 본질적인 수단을 얻을 수 있다. 일상생활과 전통, 문화, 종교, 민족 정체성에서 드러나는 몸짓과 사물들은 개인과 사회의 정체성을 형성하는 핵심적인 요소다.[2] 자기 정체성과 역사, 세상에서의 위치, 다른 이들과의 관계(과거, 현재, 미래에서의)는 음식, 책, 시계 무브먼트, 옷, 사진,

가구, 건물, 커텐, 일회용품 등과 같은 물질적인 제품들을 통해서 구조화된다. 말이나 몸짓과 더불어 사물은 우리의 신체적·정신적 세계를 구축하고 자신과 다른 이들에게 정서적인 체험을 드러내는 수단이라 할 수 있다.

사물 즉, 물질적인 대상은 우리가 누구이며 세상에서 우리가 어느 지점에 있는지 나타낼 수 있으며, 특히 우리의 정체성이 손상되고 표류하게 될 때(이를테면 난민이나 이주민들의 경우처럼) 그 의미가 가진 중요성이 더욱 커진다. 자신에 대한 정의가 변하면 속해 있던 물질세계와의 관계까지 변하며, 한 학자가 말했듯 장소와 물건, 다른 이들까지 달라진다.[3] 1920~1940년대 한 소수 기독교 종파의 여성 난민들이 갖고 있는 음식에 대한 추억을 다룬 연구에서는 배고픔과 결핍이라는 주제와 관련하여 형성된 음식과 요리를 둘러싼 자아와 정체성에 관한 이야기를 발견할 수 있다.[4] 여기서 특히 흥미로운 점은 신경과학자인 존 카시오포와 패트릭 윌리엄Patrick William이 외로움을 개인이나 집단이 생존을 위해 어떤 것을 필요로 한다는 표시인 일종의 배고픔과 비교했다는 것이다.[5] 신체적인 배고픔은 실제 체험이라는 물질적인 특성뿐 아니라 개인의 몸을 둘러싸고 사회적인 경험에 의미를 부여해주는 생활 습관과도 관련이 있다. 우리는 이 점을 다리아 마틴

Daria Martin의 영화, 〈배고픈 예술가A Hunger Artist〉에서 확인할 수 있다. 이 작품은 프란츠 카프카가 쓴 같은 제목의 단편 소설 (1922)을 토대로 만들어졌다.

카프카는 책에서 죽음과 예술, 고통, 소외를 다루고 있다. 소설 속의 예술가는 대중의 관심이 시들해지자 스스로 수차례 금식을 한다. 이러한 반복적인 생활의 최후는 마틴의 영화에서 예술가의 감각기관(움푹 패인 볼, 슬픈 눈동자, 그의 귓가에 울려대는, 똑딱이는 시계 소리로 바뀌는 심장 박동 소리)을 표현하기 위해 세심하게 고른 음악과 조명, 앵글이 감정이입의 반응을 보이는 구경꾼들과 함께 연출되어 있다.

〈배고픈 예술가〉에 대한 대부분의 해석은 19세기 유럽과 미국에서 배고픈 예술가들이 실제로 겪었던 상황(마술사 데이비드 블레인David Blaine의 영감으로 이어지는)이나 사회에 의해 잠식당한 예술가의 역할에 대해 무엇을 말하고 있는가에 주목하고 있다.[6] 하지만 나는 그보다 구체적으로 형상화된 외로움과 물질세계에서의 외로운 신체에 대해 무엇을 이야기하고 있는가에 관심이 있다. 관객들이 먹고 마시고 즐거워하며 연대감을 연출하는 동안 예술가는 홀로 있다. 예술가를 구성하는 단조로운 색채와는 대조적으로 관객들은 외설스러운 입과 취기 어린 눈과 함께 온갖 색채로 뒤덮여 있다. 마틴의 영화는 구체적으로 드러나는 소속감의 감각적인 특성과 더 나아가 외로움 즉, 소속감의 결핍을 상기시킨다. 배고픈 예술가는 마지막 장면이 되면 말하거나 듣지 못하며 감각을 느끼지 못한다. 그의 몸은 다른 이들에게서 떨어져 고립되어 있으며 그저 거친 천조각과 메마른 지푸라기에 닿아 있을 뿐이다.

배고픈 예술가는 인간적인 유대감을 느끼지 못하고 거부당한다. 그는 음식뿐 아니라 사람과의 접촉에도 굶주려 있다. 다른 이들과 함께하는 식사는 사회의 일원이 된 느낌이 들게 해주는 연대감을 위한 일종의 의식이기 때문이다. 배고픈 예술가를 다른 이들의 영역에서 분리시키는 것은 창살만이 아니라 그의 내적인 단절감이라 할 수 있다. 영화에서 유일하게 인간적인 구원의 순간은 어린 소녀가 손을 뻗어 예술가와 접촉했을 때다. 감정을 얘기할 때 가장 소홀히 취급되는 감각인 촉각을 통해 상징적인 희망과 유대의 시간이 펼쳐지지만, 모든 것은 너무도 순간적이다. 마침내 뼈대만 남은 얼굴이 점차 인간 영역에서 분리되고, 밀짚 침대 아래로 미끄러져 내려가더니 날렵한 검은 표범으로 변신한다.

배고픈 예술가는 고독한 게 아니라 외로운 것이다. 육체적으로 다른 이들에게서 분리되어 있는 것처럼 심리적으로도 갇혀 있는 상태임이 분명하다. 형태를 알아볼 수 없는 옷가지와 의기소침한 몸짓, 신체적·정신적으로 인간 세상에서 멀어진 상태를 통해 예술가의 외로움이 전해진다. 사람들은 예술가를 바라보고 있지만, '그'를 보고 있는 건 아니다. 그들은 예술가의 몸을 구경거리로 여기고 있을 뿐 사회적 연대에 요구되는 공감하는 눈길은 찾아볼 수 없다. 스스로 원한 것이 아닌 경우 외로움은 감옥이 될 수 있다. 이런 일은 군중 속에서뿐 아니라 사회적으로 고립되어 있을 때도 생겨난다. 마틴의 영화는 우리에게 다른 이들과 신체적으로 연결되어 있는 것의 의미와 외로운 신체가 마주할 수 있는 다양한 시선에 대해 생각해보게 해준다. "저는 늘 여러분들이 제 단식을 경이롭게 바라보길 원했습니다." 그러나 사람들은 그러지 않았다. 그는 경멸과 조롱, 동정 그리고 무엇보다 그를 기죽게 하는 무관심의 대상이었다.

하지만 개인이 사회나 물질세계와 교류하면 필연적으로 그 흔적이 남는 법이다. 이번 장에서는 외로움이라는 경험과 그 물리적인 영향에 대해 어떻게 파악할 수 있을지를 살펴보려 한다. 우선 사람들은 외로울 때 그 특유의 느낌을 갖게 되며, 이러한 감정은 몸짓 언어를 통해 다른 이들에게 전달된다. 다음으로는 물질문화라는 영역에서 구체화된 체험이 어떤 방식으로 생기는지도 보려 한다. 우리가 머물고 있는 몸과 자기 주변에 두는 물건들은 일종의 결핍에 속하는 외로움을 이해하는 데 있어서도 그 토대가 될 것이다. 여기서 특히 중요한 점은 뇌를 중심으로 이루어진 서구의 시각을 몸을 중심으로 한 논의로 되돌려놓아야 한다는 것이다.

현대 의학과 보건 정책은 외로움을 정신적인 고통으로 여긴다. 아마도 병적인 외로움이 대개 우울증과 불안, 낮은 자존감으로 이어지기 때문일 것이다. 감정을 정신의 영역으로 분리한 것은 19세기 과학적인 분류에서 비롯된 것이다.[7] 하지만 외로움으로 인해 정신뿐 아니라 신체에도 병이 생길 수 있다. 또한 외로움은 물질세계와 타인이 있는 세상으로 이어지는 물리적이고 실질적인 체험이다. 물질세계와의 연결이 반드시 소비지상주의나 과도함으로 이어지는 것은 아니다. 그렇지만 무엇이든 상품화되어가는 서구 사회에서는 그런 일이 빈번하게 발생하고 있으며, 그로 인해 결국 외로움이 증가하게 된다. 이제 몸짓 언어를 다루기에 앞서 외로움과 사물의 관계에 대해 우선 살펴보고자 한다.

외로움과 사물의 관계

21세기에 만연하는 소비지상주의와 물질(만능)주의는 과도한 개인주의로 인한 현상으로 여겨졌고, 다양한 사회악을 유발한다는 비난을 받아왔다. 듀크대학교의 모니카 바우어^{Monica Bauer} 같은 심리학자들과 신경과학자들은 '물질주의적인 사람들'(이러한 정의에도 분명 문제가 있긴 하지만)이 덜 물질주의적인 이들보다 행복하지 못하다는 결론을 내렸다.[8] 물질주의는 사회 연대에 해가 되며, 개인이 친근감과 친밀함에 대한 욕구를 스스로 채울 수 있는 능력 또한 줄어들게 한다는 것이다.

끝없는 소유욕과 상품 소비, 그에 이어지는 더 다양한 상품에 대한 욕구는 친구들의 인정을 바라는 10대나 경제적으로 어려운 사람들을 포함해 사회의 여러 계층에 영향을 끼친 소비지상주의라는 '악의 순환'으로 간주되고 있다. 물질주의 소비와 개인주의 사이의 관련성은 명백해 보이며, 이런 특성을 지닌 이들에게는 자신이 소유한 것 그리고 다른 이들과의 협동보다는 경쟁을 통해 스스로에 대한 정의를 내리려는 성향이 있다.

이런 상황에서 물질문화와 행복 간의 관련성을 얘기하는 문헌의 양이 늘어나고 있다. 하지만 그에 비해 외로움과 물질문화 사이의 특수한 관계에 대한 글은 적은 편이다. 외로움은 물질주의로 인한 산물이기만 한 것이 아니라, 실제로 물질주의를 증가시키기도 한다. 외로움과 물질주의 간에 위험한 연결고리가 형성되어 순환하고 있는 것이다. 사람들이 더 많은 소비재를 갈망하고 손에 넣을수록 사회적인 유대감에 대한 욕구가 줄어들며, 그들이 다른 사람들과 유대감을 덜 경험할수록 소비재를 더 원하게 된다. 이렇게 주장하는 이들은 사람들 사이에 '관계'와 연결에 대한 기본 욕구가 있으며, 물질적인 상품들로 귀결되는 욕구 또한 인간적인 관계로 대체될 수도 있다고 본다.[9]

21세기의 외로움에 대하여 사회학 연구들에서는 물질적인 위안과 보상이 인간관계에서 오는 충족감을 일시적으로나마 대체할 수 있다고 주장한다. 더구나 외로운 사람들에게서는 사물을 (그리고 인간이 아닌 친구를) 의인화하는 경우가 더 흔하게 나타난다.[10] 이런 현상은 영화 〈캐스트 어웨이〉에서 외딴 섬에 표류하게 된 척 놀랜드(톰 행크스 분)의 행동을 생각나게 한다. 부상을 당한 척은 옆으로 던져버린 농구공에 피 묻은 손바닥 자국을 남기게 된다. 후에 척은 외로움을 느낀(그렇게 암시되어 있다) 순간 공에 눈, 코, 입을 그려 넣고 바위 위에 얹어 몸도 만들어준다. 그리고 '윌슨'이라는 이름도 지어주었다. 표류 기간 동안 윌슨은 척의 가장 중요한 친구가 된다.

사물이 주는 위안과 그로 인한 보상은 만족스러운 인간 관계보다 더 쉽게 얻을 수 있기 때문에 인간관계에서 오는 부족함을 대신하기도 한다. 이러한 접근이 심리학에서는 애착 이론과 맥을 같이 한다고 할 수 있다. 애착 이론에 따르면 유아기 경험(공감해주는 양육자와 관계 형성이 되지 못한 경험 등)이 훗날 사물에 의존하는 행동으로 이어질 수 있다고 한다.[11] 하지만 사물을 통해서는 단기간의 만족만 얻게 되기 쉬우며, 소유욕이 강화되어 소비지상주의를 우선하게 될 수 있다.

소비지상주의라는 말이 남용될 수 있으며 '지나친' 소비라는 개념이 정의하기 어렵다는 점(특히 전반적으로 물질문화가 개인과 사회 집단을 정의하는 데 필수적인 경우)을 알고 있다. 하지만 외롭다고 느낄 때 물건을 사느라 더 많은 돈을 쓰고, 그런 소비 습관으로는 마음에 만족을 얻는 것이 아니라 오히려 더 외로워진다는 것은 이미 입증된 사실이다. 따라서 쇼핑을 통한 기분전환은 21세기의 외로움과 연관된 유형이자 행동이라 할 수 있을 것이다.[12]

그러나 개인적인 자기 표현이 아닌 사회 결속을 추구할 때도 소비 행위가 일어난다. 사회적인 정체성과 관련된 물건의 소유욕은 젊은층에게서 많이 나타난다고 여겨지지만, 자신들의 공통된 뿌리와 유산을 공고히 하고 기념하기 위해 특정 물건의 소유에 의존하는 이주민 집단에서도 이런 현상이 뚜렷하게 나타난다. 노인들 또한 사회 결속이 느슨해지면서 어딘가에 소속되고자 하고, 의미 있는 관계를 찾으려는 열망이 생기는데, 이런 마음이 특정한 물질적인 대상에 고착될 수 있다.

서구 사회에서 노인들은 일반적으로 사회적인 유대감이 부족한 경향이 있으므로(친구와 가족의 죽음, 사랑하는 이들과 지리적으로 떨어져 지내는 삶, 정신적, 신체적 질환으로 인해), 자기 자신이 보존되고 지속된다는 느낌을 주는 특정 사물이 '가족'이나 지인, 전통 또는 개인의 삶에 계속해서 의미를 부여해주기도 한다. 물질적인 대상은 공동체를 유지하고 지속시키기도 한다. 가령 선물처럼 한 사람과 다른 이와의 관계를 나타내기도 하지만 골동품과 가보와 같이 세대를 이어주는 물건이 되기도 하는 것이다. 더구나 물건을 가지고 있는 사람은 그것을 잘 간직하고 있다가 다른 이에게 넘겨줌으로써 특별한 역할과 책임을 느끼고, 더 넓은 사회와 역사의 맥락에서 자신을 의식하게 될 수 있을 것이며, 어쩌면 그 물건에 추가적인 의미와 관계를 부여할 수도 있을 것이다.

이렇게 우리는 물질문화를 통해 외로운 기분을 방지하거

소비욕: 우리는 물질만능주의로 인해 외로워지는 것일까?

나 거꾸로 형성하게 하는 내적이고 개인적인 의미와 함께 소
유라는 공통된 '사회문화적 코드'를 얻게 된다.[13]

외로움과 신체

사물은 그저 아무 의미 없이 존재하는 것이 아니며, 그것을
사용하는 사람의 몸과 마음을 통해 개인과 공동체에 연결되
어 있다고 할 수 있다. 내 흥미를 끄는 점은 감정적·신체적으
로 물건과 교류할 때 물건을 대하는 태도나 행동들을 통해서
어떻게 외로움을 포함한 감정의 단서를 얻는가다. 미국 작가
인 줄리어스 패스트Julius Fast의 책《보디랭귀지》에서 노인들과
관련된 예를 찾아볼 수 있다. 패스트는 요양원에 보내질 예정
인 한 노인 여성의 경우를 살펴본다.[14] 패스트는 '몸이 메시지
다'라는 부분에서 '그레이스 아주머니'가 자신을 요양원에 보
내는 문제에 대해 이야기하는 가족회의에서 누구에게도 부담
을 주고 싶지 않아 침묵을 지키고 있는 모습을 묘사한다. 그레
이스 아주머니는 자신의 의견을 내는 대신 "가족 가운데 앉아
목걸이를 만지작거리며 고개를 끄덕이다 작은 석고로 된 문
진을 들어 매만졌고, 한 손으로는 소파의 벨벳 결을 따라 쓰다

듬다가 나무로 된 조각상을 어루만졌다."

가족들은 어떻게 해야 할지 결정을 내리지 못하다 결국 그레이스 아주머니가 무엇을 하고 있는지 알아차렸다. "그녀는 혼자 살게 된 이후 줄곧 무언가 매만졌다." 아주머니는 손에 닿는 모든 것을 만지고 쓰다듬었다. 온 가족이 그 사실을 알고 있었지만 그제서야 모두가 그 어루만지는 행동이 무엇을 말하고 있는지를 깨달았다. 아주머니는 몸짓언어로 그들에게 얘기하고 있었던 것이다. "난 외로워. 친밀한 관계가 필요해. 제발 나 좀 도와줘!"[15]

그레이스 아주머니에 대한 이 이야기를 접하니 로즈 할머니가 떠올랐다. 할머니는 치매 증세가 심해질 때 외모에 전혀 신경 쓰지 못하는 것 같았지만, 정신이 돌아올 때면 머리를 단정하게 정리했다. 할머니의 솔빗이 침대 머리맡 탁자 위에 놓여 있었지만, 할머니가 그것을 사용하는 일은 드물었다. 하지만 그 빗을 사용하고 안 하고는 중요한 것이 아니었다. 솔빗은 비스킷통과 함께 할머니의 인생이 담긴 사회적·심리적 정체성과 관련된 물건이었다. 우리는 몸단장을 하면서 세상과의 정서적인 교류 그리고 날마다 상호작용하며 드러내고 확인받는 사회적인 자신을 떠올리게 된다. 우리 할머니는 미인 대회에서 상을 받은 분이다. 단장한 모습은 그녀에게 다른 이들과의 관계나 자신을 의식하는 정체성에 있어서도 매우 중요한 일이었다. 이는 할머니가 몸을 움직이거나 화장하는 방식에서도 확연히 드러났다. 나는 할머니가 제정신이 들곤 할 때 느꼈을 외로움을 떠올리며, 그 솔빗이 궁금해졌다. 할머니는 그 솔빗으로 사회와 가족 관계에 좀 더 관여하던 시절을 떠올렸을까, 아니면 그런 추억 때문에 더 외로워지셨을까? 물질적인 대상과 풍경, 건물들과 관련해 몸으로 나타나는 외로움의 예는 과거부터 오늘날까지 수없이 많이 찾아볼 수 있다. 외롭다는 감정은 더는 기억하지 못하는 추억이나 상실감, 또는 감각적인 경험을 통해 생겨날 수도 있다. 외로울 때는 한 세상과 또 하나의 세상이 연결될 수 있으며, 친구가 고통을 주는 이로 변하고, 희미한 흔적이 아픔이 될 수도 있다. 예를 들어, 빅토리아 여왕이 남편 앨버트의 부재로 인해 외로워했을 때, 그 외로움은 지속적인 감정이기도 했고, 때때로 슬픔이나 그리움이 느껴지는 순간 찾아오는 것이기도 했다. 여왕은 미망인이 된 지 6개월 정도 지난 1862년 6월 3일 일기장에 앨버트가 사망한 장소였던 윈저궁으로 돌아오며 자신의 감정을 이렇게 묘사했다.

가련하고 애처로운 윈저궁, 이곳은 한여름 녹음이

우거졌구나. 모든 것이 지난날 애스콧에서 보낸 때와

달라진 게 없다. 하지만 얼마나 다른 상황이란 말인가!

앨리스(빅토리아 여왕의 둘째 딸)와 프로그모어까지

차를 타고 갔는데, 어찌나 아름다운지.

꽃이 여기저기 만발해 있고 진달래, 철쭉, 세링가나무

등으로 가득 차 있었다. 공기는 또 어찌나 향긋한지.

아! 이곳에 오니 지난날 행복하고 행복했던 나날이

다시 떠오르고 내 마음은 애달파지는구나.

외롭고 황량한 마음이 나를 짓누른다.[16]

　　남편인 앨버트를 떠올리게 하는 사물들과의 감각적인 교
류에 있어서 빅토리아 여왕은 둘째가라면 서러울 정도였다.
여왕은 앨버트의 흉상과 그의 손 모양으로 된 석고상, 사진 그
리고 '수많은' 기념비와 유품에 둘러싸여 있었다. 국가 차원
에서 기념하는 물품(명판과 흉상, 그릇, 손수건 등 대량 생산의 징표
라 생각될 만한 것은 무엇이든)을 반복해서 대량으로 생산했으며,
오스본궁과 밸모랄궁을 비롯하여 윈저궁(앨버트가 사망한 곳)에
있는 앨버트의 방을 그대로 보존했고, 앨버트가 여왕에게 처
음으로 준 꽃다발부터 그녀의 신부 화환까지 두 사람 사이에
주고받은 선물들도 간직하고 있었다. 여왕은 흉상과 조각상을

주문하고 자녀들에게 앨버트의 머리카락과 손수건을 넣은 꾸러미를 보냈으며, 남은 일생동안 계속해서 검은 상복을 입었다. 또한 앨버트가 사망하자 집과 주변에 외로움이 반영된 복합 구조물들을 만들었으며, 물질적인 대상에 앨버트 영혼이라도 깃들어 있는 듯 그것에 대고 말을 건넸다. 대표적인 물품으로는 여왕이 늘 주머니 속에 가지고 다니는 상아빛 미니어처와 그녀가 아름다움 풍경에 대해 이야기하고 싶을 때마다 꺼내 펼쳐보는 앨버트의 사진이 담긴 로켓(사진, 머리카락 등 기념이 될 만한 물건을 넣어 펜던트처럼 목걸이나 팔찌 등으로 사용한 타원형 등의 금속제로 된 작은 갑 – 옮긴이 주)이 있었다. 빅토리아 여왕은 프로그모어에 왕실 묘지까지 만들었으며 앨버트를 애도하기 위해 그곳을 자주 찾았다.

> 오후에 차를 타고 루이즈와 함께 사랑하는 앨버트의
> 묘지로 갔다. 참으로 평화롭고 고요했다! 이곳엔 이렇게
> 축복받은 휴식이 있었다. 그리고 나는 늘 내 사랑하는
> 이가 잠들어 있는 이 복된 장소에서 나 또한 이 세상
> 다툼과 분노, 비방과 사악한 격정에서 멀리 떨어지고
> 싶다는 염원을 가져본다.[17]

"오! 하나님 감사합니다" 여왕은 후에 일기장에 이렇게 기록했다. "나는 이제 내 사랑하는 이가 그곳만이 아니라 모든 곳에 있는 것 같다." 앨버트의 유품으로 그렇게 둘러싸여 지내는데 어떻게 그가 함께 있는 것 같지 않겠는가?

21세기 또한 17세기와 마찬가지로 공주든 가난뱅이든 사물이나 물리적인 환경과의 교류를 통해 그 사람의 정서적인 세계와 사회관계 그리고 세력이 같을 때 존재하는 힘의 균형이 드러난다고 할 수 있다. 과거 역사에서 물질문화에 나타나는 외로움의 흔적을 찾기란 어려운 일인데, 그것은 외로움이 18세기가 되어서야 언어적인 실체를 갖추었기 때문이다. 18세기 이전에는 '홀로 있음'이 정서적인 결핍이 아닌 그저 홀로 있는 상태를 가리켰다. 과거와 현재, 혹은 다양한 문화 간에 구체적으로 표현되는 외로움을 비교하고, 외로움과 연결된 개인의 물질적인 대상에 대한 관계를 살펴보는 것도 흥미로울 것이다. 관련된 주제로는 물질적인 대상에 대한 의인화 그리고 인간적인 우정을 대신하는 동물을 활용한 치료가 있다. 많은 연구를 통해 알 수 있듯 동물을 중심으로 한 치료가 중요한 것은 노인들에게 정서적인 유대감을 만들어주기도 하지만, 사람들 간의 관계를 활성화시키기도 하기 때문이다. 반려동물은 세상 밖으로 나갈 구실과 기회와 함께 얘기할 거리를 만들어준다. 요양원에 있는 노인들을 조사한 한 연구에 따르면 1주일에 한 번씩 반려동물과 접촉하는 것만으로도 외로움이 현저히 줄어들었다고 한다. 반려동물이 가능하지 않은 곳에서는 로봇으로 만든 개를 도입하여 긍정적인 효과를 거두기도 했다. 그러므로 요양원 같은 곳에 반려동물을 도입한다면 노인층의 외로움을 완화하는 데 도움이 될 것이다.

외로움을 느끼는 몸

생각하고 느끼는 몸 없이는 자기 자신을 인식하고 경험할 수 없을 것이다. 몸은 마음뿐 아니라 과학, 의학, 신학의 관점을 통해서도 바라볼 수 있으며, 따라서 자신과 세상의 접점이 된다고 할 수 있다. 감정 또한 정신과 신체를 통해 얻은 경험의 연결점이며, 세대를 통해 전해지는 서사와 기억으로 만들어지고, 물리적인 구조와 사물의 세계에 깊이 새겨진다. 그러므로 몸의 언어는 외로움을 파악하는 핵심이라고 할 수 있다.

외로움에 대한 해석은 정신적인 면에 초점을 두는 경향이 있다. '정신'이 어떤 문제보다도 가장 우선시되어야 운동이든 사회성이든 제대로 할 수 있다고 보는 것이다. 21세기에 사람들이 심리적인 상태인 감정에 얼마나 주안점을 두는지 감안한다면 현대 의학에서 감정에 이 정도의 중요도를 두는 것도 그리 놀라울 일은 아닐 것이다. 하지만 외로움은 정신적이면서도 육체적인 것이다. 노인들에게 뇌졸중과 심장 질환에 걸릴 확률이 높아지는 등 신체적으로 문제가 생기면 경제적으로만 심각한 어려움이 생기는 것이 아니다. 외로움이라는 슬픔, 질투, 노여움, 원망 같은 (그러나 그에 한정되지도 않는) 강렬한 본능적인 감정 상태로 나타날 수도 있다.

외로움을 주로 우울감, 불안 또는 다른 병리적인 상태와 관련된 정신적인 것(혹은 생의학적인 좁은 의미에서 뇌에 관한 것)으로 봄으로써, 서구 현대의학은 몸보다는 마음에 더 주력하는 경향이 있다. 대증요법이 이런 식으로 몸과 마음으로 분리된 이유는 19세기부터 의학이 철학적이고 실용적인 분야로 발달했기 때문이다. 역사적으로 근대 이전에는 지나친 고독을 심리적인 고통이라기보다는 신체 어딘가와 관련된 문제로 보려 했지만, 오늘날은 외로움을 의학적으로 방지하는 데 그리 주안점을 두고 있지 않다. 더구나 외로움이 우울감과 관련 있을 수 있기 때문에 요즘은 항우울제나 심리 요법과 함께 치료하기도 한다. 운동, 다이어트, 침술 등 다른 형태의 치료를 권하는 의사들도 있다. 하지만 이렇게 신체를 대상으로 한 활동은 이차적인 방편으로, 개인을 사회적으로 건강한 습관을 지니도록 돕는 의도를 가지고 있다. 이는 의미 있는 전인적인 치료 요법과는(심지어 이와 관련된 사회 관계망과도) 다른 것이다. 왜냐하면 강제적인 사회 관계(나가서 더 많은 사람을 만나라는 권고)는 지속되기 어렵기 때문이다.[18] 외로움을 덜기 위해 필요한 것은 굳이 사람이 아니더라도 개나 고양이와의 관계처럼 서로를 이해하는 의미 있는 유대감이다. 다른 이들과 함께 시간을 보내더라도 정서적으로 소외감을 느낀다면 홀로 있을 때보다도 더 외로워질 수 있다. 반대로 반려동물을 쓰다듬으면 친구나 사랑하는 이와 나누는 친밀한 접촉과 상당히 유사한 방식으로 옥시토신과 같이 기분을 좋게 해주는 호르몬이 증가하고 스트레스가 완화된다고 한다.[19]

'결핍' 채우기

다른 사람들과 있으면서도 외로움을 느끼는 '군중 속의 고독'은 약물 남용과 갱생 프로그램에서 나타나는 사회적 고립과 매우 비슷하다. 예방의학 교수인 스티브 서스먼Steve Sussman 교수는 의존증, 금단 증상, 회복과 관련해 기술한 신체적인 증

서로를 이해하는 의미 있는 유대감은
때론 사람보다 동물을 통해 얻을 수 있다.

상에는 '피부에 느껴지는 불편함'과 불쾌한 감각을 덜기 위한 음식이나 음료에 대한 욕구가 포함된다고 했다.[20] 흥미로운 점은 외로운 상태로 이어지는 복합적인 여러 감정과 관련해, 음식이나 음료가 개인적·집단적으로 몸을 편안하게 해주는 비유와 상징으로 쓰이며, 실질적인 징표이기도 하다는 사실이다. 외로움을 개인 간에 전파될 수 있는 심리적인 '전염병'으로 비유한 신경과학자 존 카시오포는 외로움을 가리켜 내적인 '배고픔'이라 칭하기도 했다. 이는 카시오포가 사회 신경학적인 접근을 통해 '다른 사람들과의 단절'을 삶에 위협이 되는 상황으로 간주하며, 그속에서 외로움은 행동을 변화시키려는 신호(배고픔, 목마름 또는 신체적인 고통과 매우 흡사하다)로 작동한다고 보았기 때문이다.[21] 정신 건강을 위한 자선 단체인 '마인드Mind'에서도 사람들에게 외로움을 어떻게 극복하는지 조언해줄 때 같은 비유를 사용한다고 한다. "외로운 기분을 배고픈 느낌이라고 생각하면 도움이 될 수 있습니다. 배고픔이 당신 몸에 음식이 필요하다는 표현인 것과 마찬가지로, 외로움 역시 당신에게 사회적인 접촉이 더 필요하다고 말하고자 몸이 사용하는 수단인 겁니다." 이 주장에 내포된 의미는 굶주린 몸에 음식을 섭취하게 하는 똑같은 방식으로, '더 많은, 다양한 사람'을 만남으로써 외로움의 허기를 충족시킬 수 있

다는 것이다.[22]

음식 이외에 외로움을 드러내는 또다른 비유로는 온도가 있다. 말 그대로 또는 비유적으로 차가움과 뜨거움을 이르며, 외로움은 차가움에 속한다. 독일 정신과 의사이자 지그문트 프로이드와 동시대를 살았던 프리다 프롬 라이히만Frieda Fromm-Reichmann은 처음으로 외로움을 병적인 정신 상태로 본 이들 가운데 한 명이었다. 그녀는 1959년 자신의 에세이에 정신분열증으로 인한 우울감을 앓고 있는 여성이 다음과 같이 큰소리로 외쳤다고 적고 있다. "저는 왜 사람들이 불과 열기가 타오르는 곳을 지옥이라고 하는지 모르겠어요. 거긴 지옥이 아니에요. 얼음덩어리 속에서 꽁꽁 얼어붙어버리는 게 지옥이에요. 제가 줄곧 있었던 곳이죠."[23]

반대로 타인과 단절되고 외롭다는 느낌이 들 때 물리적인 온기를 통해 신체적·상징적으로 보상받는 듯한 효과를 얻을 수 있다. 가족이나 친구들과 유대감이 형성되어 있을 때 느끼는 마음의 온기를 뜨거운 목욕만으로 온전히 대체할 수는 없지만, 고립된 개인에게 신체적·심리적으로 위안을 줄 수는 있다. 외로운 이들은 마치 사회적인 따스함에 대한 결핍을 반영하듯, 뜨거운 목욕이나 샤워 그리고 따뜻한 음식과 음료를 유달리 선호한다. 이러한 음식에 대한 연관성은 꽤 중요한데,

폭식과 같은 식이장애 역시 고립감이나 외로운 느낌과 관련된 것이다.[24]

비만인 여성들은 그렇지 않은 여성들보다 높은 수준의 외로움을 호소한다고 한다. 서구에서의 비만에 대한 사회적인 불명예를 감안한다면 이해할 만한 특성일 것이다. 하지만 같은 연구에서 비만인 남성들이 그렇지 않은 남성들보다 더 외로운 것으로 나타나지는 않았다. 아마도 성별에 따른 외모에 대한 기대가 반영된 때문으로 보인다.[25] 불면증과 외로움, 비만 사이의 연관성 또한 확인됐다. 불안이 수면을 방해하며 수면 부족과 체중 증가 사이의 관련성이 있다는 사실을 고려한다면, 외로움이 식사나 수면 같은 기본적인 기능에 영향을 미친다는 사실이 이해될 것이다. 그러나 정신과 의사들은 코티솔이라는 '스트레스 호르몬' 분비에 변화가 생기면서 불면증과 체중 증가에 영향을 주는 것이라고 주장한다. 이는 특히 청소년들 사이에 두드러진다.[26] 식습관과 수면에 대해 신경 쓰는 건 고대와 근대 이전의 의사들이 자기 관리와 연결지었던 '몸에 대한 습관'과 관련이 있다. 우리 몸의 비자연적인 요소들(외부적인 요소가 몸에도 영향을 주는 것)로는 수면과 영양뿐 아니라 운동, 공기의 질, 감정 조절 등이 있을 것이다. 19세기 이전에는 몸과 연관된 습관들이 모든 감정 상태에 관한 논의의 중심에 있었다. 의사들은 '나쁜 피'를 없애겠다고 환자들 피를 뽑았으며, 고여 있는 나쁜 체액을 제거하기 위해 구토와 설사를 유도하기도 했다. 체액설은 19세기경 거의 사라졌으나 피를 뽑는 요법은 여러 형태로 계속 이어졌다. 외로움을 바라보는 신체적인 시각은 치료 요법의 역사에서 뚜렷이 나타났다. 21세기 이전의 비약물적인 개입은 신선한 공기와 운동(사실 체액보다는 호르몬에 좋은), 영양가 있는 음식과 음료, 충분한 수면, 다른 이들과의 관계 유지, 세상으로부터 떨어져 있는 대신 그 안에서 균형 잡는 것을 권하는 식과 같이 몸의 비자연적 요소에 대한 전통적인 사고와 맥을 같이 하고 있다. 외로운 마음이 아닌 몸에 자극을 주는 방법은 21세기에도 가능할 만한 치료법으로, 매우 흥미로워 보인다. 생각하고 말하는(인지 행동 치료와 같이) 방식에 의존하는 강요된 형태의 사회성 대신 춤추기, 애완동물 쓰다듬기, 단체로 요리하고 식사하기 그리고 감각적인 몸과 사회적인 몸을 마음과 한데 아우르는 다양한 활동이 이런 치료에 해당할 것이다. 영국에서 사회성 증진과 독립을 장려하는 자선 활동들('창고에서 작업하는 사람들men in sheds 운동부터 영국 동카스터 노인들Age UK Doncaster의 독립을 위한 모임' 등)은 실질적으로 외로움을 방지하는 기술과 신체활동의 중요성을 인지하고 있다.[27]

외로움 극복을 위한 보건 복지 방안에는 예방 차원의 전략이나 구체적인 경험에 대한 요소가 거의 담겨 있지 않다. 영국에서는 '사회적인 처방social prescribing'에 대한 움직임이 생겼는데, 의사가 환자들에게 약물뿐 아니라 지역 자원봉사 단체에 참가할 기회 역시 처방할 수 있다는 뜻이다. 그러나 비평가들은 사회적인 처방이 충분한 정확성과 성공에 대한 근거 없이 시행되고 있으며, 최악의 경우 이를 통해 국민건강보험의 부담은 줄어들겠지만 개인들은 지원을 충분히 받지 못하게 될 수 있다고 주장했다.

더구나 사회적인 처방은 근대 의학의 몸과 마음의 분리라는 틀을 재구성하지 못했으며, 외로움의 신체적인 차원을 중점적으로 다루고 있지도 않다. 또한 외로움의 감각적인 측면(청각, 후각, 시각, 촉각)이 어떤 방식으로 실질적인 경험에 영향을 주는지(기차의 덜컹거리는 소리부터 사과꽃의 향기까지, 우리 삶의 물질적인 환경과 기억은 신체적인 경험을 반영한 것이다) 살펴보지 않는다. 신체 경험이 외로움이라는 '유행병'과 관련되어 있다고 간주되고 있지 않다는 것이다. 예를 들어, 반려동물 외에 특히 노인층의 신체 접촉에 대한 욕구에 대해서는 의식하지 못하고 있다. 이는 서구 의학에서 당연시되는 몸과 마음의 분리뿐 아니라, 노인들의 감각적인 체험도 소홀히 여겨진다는 점을 드러낸다. 우리는 사회와 의학 차원에서 노인의 신체에 대해 젊은이들과 똑같은 욕구와 필요를 지닌 자아로 생각하지 않는 경향이 있다. 특히 노인 문제에 있어 성관계 문제는 잘 다뤄지지 않고 있다.

몸으로 말하기

다른 이들이 느끼는 외로움을 인지하기 힘든 이유 중 하나는 외로움이 한 가지 감정 상태라기보다는 여러 가지 감정의 조합이기 때문일 것이다. 그러나 이런 특성은 모든 감정에 해당하는 요소이기도 하다. 이는 감정의 일시적인 속성 때문이기도 하고, 감정을 일으키는 사건과 인지적인 맥락이 모든 감정과 연결되어 있어서이기도 하다. 따라서 사랑에 대한 모욕으로 인한 노여움에 굴욕감과 슬픔이 함께 물들 수도 있고, 상대 운동선수에 대한 질투가 실망과 분노와 연결될 수도 있는 것이다. 어떤 감정 상태도 그대로 변함없이 인식과 주변환경의 영향을 받지 않은 것은 없다. 그러나 외로움은 다른 대부분의 감정 상태와 달리 사회적으로 이해될 만한 몸짓으로 표현되지 않는다. 서구사회에서 번득이는 눈과 꽉 쥔 주먹, 벌개진

안색으로 연상되는 분노나, 빠르게 뛰는 심장 박동과 홍조 띤 얼굴, 아니면 부끄러워하는 모습(고개를 숙이고 어깨가 움츠러드는)으로 떠올릴 수 있는 사랑을 생각해보라. 그러나 외로움을 나타내는 관습에 따른 몸짓이나 표현 방법은 역사적으로 존재하지 않는다. 내리뜬 눈과 움츠러든 어깨가 특징인 슬픔조차 외로움을 드러내는 방식과 같다고 말할 수는 없다. 외로운 이들이 늘 슬픈 것은 아니기 때문이다. 때로는 화가 나고 원망하기도 하고, 언제는 수치스럽다가도 체념하거나 심지어 마음이 편안할 수도 있다.

그러므로 외로움을 드러내는 몸과 관련된 자세나 행동은 매우 다양하다고 볼 수 있는 것이다. 이런 행동 가운데 하나는 아이러니하게도 다른 사람들의 감정을 이해하고 해석하지 못하는 식으로 나타날 수 있다. 이는 제 기능을 못 하는 코딩 시스템이라고 할 수 있을 것이다. 몸짓 언어를 읽고 파악하는 것은 결국 사회적인 기술이다. 강제적으로 고독한 상태에 있었거나 사회성을 제대로 보여주지 못할까 봐(혹은 거부당할까 봐) 긴장하거나 걱정할 때 정서적인 소통이 어려워질 수 있다.

몸짓 언어는 사회적인 의미를 전달하려는 의도가 담겨 있을 수도 있고 그렇지 않을 수도 있다. 악어의 눈물인지 아닌지를 구별해야 할 경우를 예로 들 수 있다. 화를 참는 것처럼 감정을 억제하는 몸짓 언어 또한 마찬가지다. 감정을 담고 있는 몸에 대해 파악하기 위해서는 자세, 태도, 어조, 움직임을 비롯해 몸단장하는 습관, 몸에 걸치는 옷과 그 변화에 주목해야 한다. 역사가인 키스 토머스Keith Thomas는 1990년대에 "우리 몸의 크기나 형태, 키, 피부색 같은 신체적인 특성 중 그 어떤 것도 보는 사람에게 사회적인 의미를 전달하지 않는 것은 없다"고 주장했다. 건강, 직업, 교육, 환경, 성별, 계층, 민족성에서의 차이는 언제나 흔적을 남긴다. 또한 자세나 몸짓의 의미에는 그 사람을 바라보는 이의 인식과 편견이 추가된다.[28]

앞에서 살펴봤던 친척들이 요양원에 보내는 문제를 의논하던 그레이스 아주머니의 사례에서 그녀가 주변의 사물을 어루만진 행동은 겉으로 드러내지 않은 그녀의 기분에 대한 단서를 얻게 해주었다. 아마도 그레이스 아주머니 자신도 알아차리지 못한 감정이었을 것이다. 사실 그녀가 얼마나 많은 부분을 스스로 의식하거나 의도하고 행동했는지는 확실치 않다. 외로운 사람이 자신을 의식하고 의도적으로 행동하는 경우는 많지 않기 때문이다. 또한 감정을 드러내는 행동에 어떤 한 가지 패턴이 있는 것도 아니다. 그레이스 아주머니는 물건을 어루만졌지만, 어떤 사람은 그 물건을 집어던졌을 수도 있는 것이다. 사회 문제를 다루는 가톨릭 단체Catholic Agency for Social Concern 소속의 앤 포브스Anne Forbes는 1998년 《영국 의학저널》에 게재한 글에서 지역 보건의들이 환자들, 특히 나이들고 약한 이들이 보이는 외로움의 징후에 좀 더 민감해져야 한다고 지적했다. 그녀는 외로운 사람들의 여러 가지 신체적인 특징을 확인했다. 그들은 말을 마구 쏟아내기도 하고 오랫동안 자신의 손이나 팔을 붙잡고 있거나 다리를 꼬고 있기도 하며, 칙칙한 옷차림에 패배자 같은 태도를 보이기도 한다.[29] 포브스의 발상을 의학계에서 더 발전시키지 못한 것은 부끄러운 일이다. 각각의 신체적인 신호가 우울증과 두려운 감정(마구 쏟아내는 말), 불안감(오랫동안 붙잡고 있는 자신의 손이나 팔), 수줍음(단단히 꼬고 있는 팔과 다리), 부족한 자산(칙칙한 옷차림)과 연결되는 만큼 외로움을 명확히 나타낸다고 보기에 충분치 않다고 판단했기 때문이다.

　　포브스의 지적은 보건 복지 차원에서 '보살핌의 물질적인 측면'을 탐구해온 의료 사회학자들의 연구 그리고 공간, 장소, 물질문화의 정서적인 면에 오랜 기간 주목해온 지리학자들의 문화적·정서적인 작업과 흥미로운 유사점을 가진다. 사회사학자들 또한 신체적인 외양과 정신 상태 간의 관계에 주의를 기울여왔다. 17세기 당시 누더기 차림과 초라한 겉모습을 우울감과 연결시켰던 마이클 맥도널드Michael McDonald의 책

《신비로운 혼돈Mystical Bedlam》(1981년)을 떠올려보자. 근대 초기 결혼한 여성들의 외양이 사회적 지위나 체면, 정신 건강과 연관 있다는 유사한 주장도 있다. 그러므로 남편이 변변한 옷을 사주지 않는 여성들은 사회적인 수용성과 지위도 매우 낮았다. 그러나 깨끗하고 말끔한 옷차림과 표면적인 상냥한 모습(양팔을 벌린 활달한 몸짓을 포함하여)이 내면화된 '교양 있는' 행동 방식으로 해석되기보다 그저 외롭지 않은 상태로 여겨지는 것은 문제가 있다. 성별, 민족성, 국적에 따른 소통의 차이를 인지해야 할 필요가 있는 것이다. 슬플 때 미소로 자신의 기분을 의도적으로 감추는 행동 또한 외롭다는 감정을 부끄럽게 여기며 회피하려는 '허세 부리기'의 하나라 할 수 있을 것이다.

구체적으로 드러나는 외로움에서 간과되기 쉬운 요소는 노화와 사랑하는 이들의 죽음으로 인한 외로움 속에서 크든 작든 우정을 찾으려는 욕구와 능력이 제한될 수 있다는 점이다. 이러한 사회생활의 위축은 외로운 이들뿐 아니라 그들을 돌봐주는 사람들(가장 연구가 제대로 안 된 직업군에 속한다)의 특징이기도 하다.[30] 따라서 외로움이 표현되는 몸짓 언어와 물질문화를 이해하는 일은 21세기의 외로움을 더욱 섬세하게 파악하기 위한 필수적인 과정이라 할 수 있다. 이를 통해 외로움을 어떤 방식으로 체험하고 전달하며 예방하는지, 또 몸으로 표현하는 외로움을 어떻게 '읽어낼' 것인지에 대한 통찰을 얻을 수 있을 것이다. 행복을 나타내는 몸짓과 습관을 규정하는 과정에서 외롭지 않은 상태를 이해하게 될 수도 있을 것이다. 이때 스스로 선택한 고독과 달갑지 않은 외로움의 차이 그리고 언제 사람들이 개입을 반기는지를 구별하는 일은 상당히 중요하다.

외로움이 신체적인 상태로 표출될 때 도움이 될 만한 개입 방식은 당연하게도 몸과 관련된 것들이다. 수영, 춤추기(춤에는 음악 차원의 정서가 추가된다), 걷기, 조각품 만들기 등등 어떤 형태든 움직이는 동작은 접촉과 마찬가지로 다른 이들과 교감하기 위한 감각적인 방식이 될 수 있다. 외로움이 온몸으로 느끼는 것이라면 더 나아가 개인이 세상과 나누는 감각적인 교류도 당연히 다뤄야 할 것이다. 소리, 향, 다른 사람의 손길(사랑을 나타내거나 양육할 때의, 또는 성적인)은 모두 구체적으로 표출되는 다른 이들과 연결된 개인의 체험을 만들어낸다. 과거 런던 이스트 핀츨리에 살 때 내 친구네 집 근처를 지나가던 북부 노선 지하철 소리가 친구에게는 짜증스러웠지만 내게는 위로가 되었다. 그 지하철 소리를 들으면 내가 결코 혼자가 아니고 훨씬 큰 세상에 속해 있어서 언제든 그 안에 들어갈 수 있고 원할 때면 벗어날 수도 있다는 생각이 들었기 때문이다.

선택할 수 있느냐가 중요하다. 고독은 그리고 (제대로 된 맥락에서라면) 외로움까지도 모두 우리에게 힘이 되고 기운을 북돋아줄 수 있다. 서구 사회에서는 외로움이 전적으로 부정적인 연상으로 이어지는 경향이 있지만, 외로움 또한 고독처럼 치유나 창의력과 연결될 수도 있다. 또한 강요는 없었는지, 오래 됐는지, 자신이 염원하는 일인지, 혹은 사회적·감정적인 약점으로 해석되는지에 따라 많은 부분이 달라질 것이다. 외로움에 대한 연구에서 어려운 점은 사람과 시간, 문화에 따른 차이를 인식하는 일 외에도, 어떤 때 인간의 체험이 풍요로워지는지 인식하는 작업일 것이다.

9장

쓸쓸한 구름과 빈 배

외로움이 선물이 되는 시간

나는 피난처가 되어주는 수녀원으로 가서
종교적인 칩거에 들어갔다. 한때는 너무나
고통스러웠고 지금도 늘 어떤 공포가 느껴진다.
외로워질까 봐, 배의 밑바닥을 볼까 봐
너무도 두렵다. 아우구스투스 같은 몇 명의
성인과 함께한 체험 속에서 나는
'진정한' 의식에 다다랐다.
내 눈앞에 보이는 추상적인 어떤 것은 지상에도
하늘에도 깃들어 있다. 이 존재 외에는 어떤 것도
중요치 않다. 나는 그 안에서 휴식을 취하며
계속 살아갈 것이다.

버지니아 울프, 《작가의 일기 A Writer's Diary》(1928년)

외로움은 존재나 일상의 모든 차원에서 끔찍한 일이다. 특히 장애, 노쇠함, 정신 건강 문제, 취약함이 있는 경우라면 더욱 심각한 상황이 될 것이다. 그러나 영국의 영향력 있는 근대 작가이자 '의식의 흐름 글쓰기'의 선구자인 버지니아 울프가 말했듯 창작 과정을 위해서라면 고통스럽지만 외로움이 필요할 수 있다. '배의 밑바닥을 바라보며' 일상의 소란과 구별되는 실체를 경험하면 자신과 세계에 대한 새로운 깨달음을 얻을 수 있을 것이다.

나는 단순한 고독을 말하고 있는 게 아니다. 물론 고독 역시 창의력이나 글쓰기와 그림 그리기 또는 그저 생각에 빠지는 시간이나 장소와 관련 있긴 하다. 하지만 나는 의미 있는 관계와 사교성의 측면에서 그리고 본인의 소유와 필요 사이에서 결핍을 느끼는 외로움을 얘기하는 것이다. 특히 우리가 외로움을 스스로 선택하고 그것을 조심스럽게 약간씩만 사용한다면, 외로움이 그다지 부담스럽지 않는 자산이 되리라는 점에 대해 말하려는 것이다.

나는 이번 장에서 예술적 창의성이 외로움과 어떤 관련이 있으며 외로움을 추구하고 그것을 인내해내는 것이 (그리고 재해석이) 어떻게 부정적이면서도 긍정적인 경험이 될 수 있는지 살펴보고자 한다. 또한 작가와 예술가들이 작품에서 외로움을 갈망하는 방식이나 과거 수도원 생활이나 신과의 친밀함 같은 정신적인 형태의 은둔의 삶을 사는 적극적인 외로움의 추구가 기록된 문헌들을 찾아볼 것이다. 이러한 외로움은 고독 속의 명상을 통해 이를 수 있는 자연과 정신의 특별한 교감으로 유명한 윌리엄 워즈워스의 〈수선화〉(1804)라는 시에 잘 드러나 있다.

나는 홀로 정처 없이 돌아다녔다.

계곡과 언덕 너머 하늘을 떠도는 구름과 같이,

그러다 느닷없이 마주쳤다.

황금빛 수선화 물결을……

소파에 누워 멍하니 있거나 생각에 잠길 때면 이따금,

그 수선화 물결이 내 마음속에 불현듯 떠오른다.

이것은 고독이 가져다준 더없는 행복……

외로움은 사회로부터의 의식적인 분리와 고독을 통해 성스러운 자연과의 교감을 가능하게 해준다. 외로움이라는 단어는 부정적이면서도 긍정적인 양면성 덕분에 낭만주의적인 개인주의 맥락 속에서 새로운 의미를 띠게 되었다. 창작을 위한 불가피한 고립이라는 주제는 이때부터 다락방에서 외로이 굶주리며 창작 활동에 고뇌하는 예술가의 문화적인 표상이 되었다.

외로움 추구에 수동적이 아닌 능동적인 측면은 없을까? 극도로 부정적으로 여겨지는 '외로움'을 21세기 분류방식에서 이롭게 재해석할 순 없을까? 이에 답하려면 인본주의적인 '자아' 개념이 신성한 정통 신앙을 대체하기 시작한 낭만주의 Romantics 예술사조부터 살펴보아야 할 것이다.

외로운 낭만주의 작가들

평론가들에게 호평을 받은 《외로운 도시》에서 작가인 올리비아 랭은 외로움의 고통뿐 아니라 기쁨에 대해 찬미하며, 외로움을 도시적인 정체성의 표출이자 창의적인 모험심으로 규정했다. 랭은 이론적으로는 사람들 간의 거리가 더 가까워졌으나 익명으로 각자의 위치를 잃어가고 있는 현대의 도시 풍경 속에서 외로움이라는 모순된 상황을 아름답게 그려낸다. 그녀는 거대한 도시 속 외로움이라는 자신의 개인적인 이야기를 미국의 사실주의 화가이며 판화 제작자인 에드워드 호퍼 Edward Hopper(1882~1967)의 그림 속에 스며 있는 자아의 익명성과 같이 현대 예술 작품들과 연결시킨다. 호퍼가 표현한 현대 미국인들의 삶, 예를 들어 호텔 로비나 작은 식당에 보이는, 서로 교제의 가능성은 있으면서도 왠지 다른 이들과 동떨어져 보이는 고독한 얼굴들은 도시 환경에서의 소외와 동의어가 되었다.[1]

낭만주의 시인들에게 외로움은 종교와는 거리가 있으며, 창조적인 특별한 정체성의 탄생과 맞물린 것이었다. 또한 이 외로움은 아름다움, 사랑, 영혼을 추구하는 문화 대 자연에 관한 통합된 사고였으며 남녀를 구분지어 생각하기도 했다. 폭넓은 의미에서 낭만주의적인 이상으로 바라보는 외로움에 대한 시각은 18~19세기 영국 낭만주의 시인들의 시와 글에서 자주 찾아볼 수 있으며, 이 시기의 작가들은 지난 시대의 신에 관한 영적인 사고를 한데 모아 이를 다시 인본주의적이며 때로는 이신론적인 분위기로 만들어냈다.

미국 문학 비평가이며 수필가인 윌리엄 데레저위츠William

Deresiewicz는 고독에 대한 낭만주의적 이상의 출현을 18세기 고독의 기원과 그 종교적인 뿌리를 인정하는 방식으로 다음과 같이 간략하게 설명했다.

> 자아는 이제 신이 아닌 자연과 마주하게 되었다.
> 자연을 만나기 위해서는 자연으로 가야 하며
> 특별한 감수성을 지녀야 한다. 시인은 사회를 바라보는
> 자이자 문화의 본보기로서 성인을 대체하게 되었다.
> 그러나 낭만주의가 18세기의 사회적 공감대라는
> 개념이 이어진 것인 만큼 낭만주의 사조에서 고독은
> 사교성과 변증법적인 관계에 있다.[2]

낭만주의자들이 본질적으로 비사교적이거나 영원히 고독하길 원하는 것은 아니다. 한때는 그런 생각이 널리 퍼지기도 했지만 오래가지는 않았다. 그들은 워즈워스가 그랬던 것처럼 자연과 교감하기 위해 고독한 시간을 보내고 자기 경험을 다시 생각해보는 순간을 소중하게 여기면서도, 다른 시인들이나 작가들과 함께 어울리고 도시의 흥겨움을 즐길 때는 무척 사교적이기도 했다. 사실 낭만주의 작가들에게 글 쓰는 행위는 개인적·영적인 가치뿐 아니라 사회적인 기여를 위한

것이기도 했다. 또한 기계화, 도시화, 산업 혁명 그리고 윌리엄 블레이크가 말하는 '어둡고 사악한 공장들'로 인해 누군가에게는 잔혹할 수 있는 환경 속에서 자신의 길을 어떻게 헤쳐 나갈지에 대한 개인의 물음에 도움이 될 만한 답을 찾는 일인 것이다.[3]

블레이크와 마찬가지로 워즈워스 또한 영국 낭만주의 사조의 첫 번째 세대에 속했다. 워즈워스는 《서정 가요집Lyrical Ballads》의 1802년 중쇄본에서 18세기의 경직된 어조에서 탈피하여 자연의 고요함 속에서 흙을 가까이하며 얻을 수 있는 즉흥적인 글쓰기를 향한 시의 새로운 형태를 시도했다. 중산층에 형성된 특별한 낭만주의적인 감성은 넘치는 감정 표출과 자연 세계에 대한 감수성이 두드러지며, 이런 감성을 통해 자연에서 신과 교감하기 위해 필요한 자기 반성과 자기 성찰을 얻을 수 있다. 워즈워스는 평생 신을 믿었으나, 모든 낭만주의 시인들이 그랬던 건 아니다. 워즈워스의 시 〈수선화〉에서는 상상력(내면의 눈)과 신의 존재와 유사한 창작의 과정을 위해 고독과 고요한 성찰의 중요성을 강조하고 있다. "소파에 누워 / 멍하니 있거나 생각에 잠길 때면 이따금, / 그 수선화 물결이 내 마음속에 불현듯 떠오른다 / 이것은 고독이 가져다준 더없는 행복……" 이 시에서 그는 홀로 있는 상태에 대해 부정적이지 않다. 이는 18세기에 외로움을 병적인 감정 상태로 보지 않았음을 나타낸다.

초기 낭만주의에서 자연을 중심에 두었던 것과는 별개로 특별한 형태의 환경들이 외로움을 초래하고 커지게 한다고 알려져 있다. 문화 지리학자들은 물질세계가 정서에 미치는 영향에 대해 탁월한 통찰력을 보인다. 21세기의 외로움에서, 특히 도시의 빈곤 지역에서 나타나는 외로움 중 가장 눈에 띄는 것은 어떤 형태로든 '자연'이 부족하다는 데 있다. 몇몇 연구에 따르면 녹색 식물을 지속적으로 접하지 못하는 사람들이 외로움을 비롯한 정신질환에 걸리기 쉬우며, 녹지의 회복 기능에 대해서는 점차 더 많은 입증이 이루어지고 있다고 한다.[4]

행복의 원천으로서의 환경 의료화는 18세기 기후에 대한 논의나 건강과 관련된 자연과의 교류를 통한 '산책' 그리고 종합적인 건강의 개념과 신체의 습관을 연상시킨다. 21세기 도시의 빈곤화와 녹지 부족 간의 관련성과 낭만주의 시대 위안이 되어준 자연에 대한 계층적인 사고에 기반한 해석 모두 주목할 만하다. 워즈워스의 시 〈농부Peasants〉에서 농부는 근대 이전 풍경에서 쉽게 눈에 띄는 존재였으나 사실 고요한 명상의 주체라기보다는 극도로 힘든 육체노동 종사자였다. 1818년 경 작가이자 철학자며 여성 인권 운동가인 메리 울스턴크래프트의 딸 메리 울스턴크래프트 셸리Mary Wollstonecraft Shelley는 고독과 사회적인 고립을 폭넓게 다룬 '근대의 프로메테우스'라고도 불리는《프랑켄슈타인》을 출간했다. 그녀의 소설은 호러스 월폴Horace Walpole의 소설《오트란토 성: 고딕 이야기The Castle of Otranto: A Gothic Story》(1764)와 같은 이전 시대 작가들의 괴기스러운 요소의 영향을 받았으나, 폭도들의 지배에 대한 두려움이나 워즈워스의 글에 보이는 목가적인 전원시나 인류애(혹은 그 결핍)를 규정하는 (의학과 과학의 역할과는 대조적인) 시골 풍경의 음침함(스위스 산맥과 스코트랜드의 황량한 언덕과 같이)처럼 당시의 정치, 사회에 대한 우려를 표현했다. 이 책에서는 전능한 조물주가 자신의 창조물을 고립과 절망, 죄악에 유기하는 창세기와《실락원》신화를 의도적으로 계속해서 언급하고 있다. 또한 셸리는 존 번연의 글을 명구로 소개한다. "신이시여, 제가 당신께 이 점토로 저를 빚어달라고 했나요? 어둠에서 끌어내달라고 당신께 애원했던가요?"

　　셸리의《프랑켄슈타인》에서 소설 제목과 같은 이름을 가진 물리학자는 죄책감과 후회에서 잠시나마 놓여나기 위해 고독을 쫓는다. "나는 사람들을 피했다. 기쁨이나 만족감을 나타내는 모든 소리가 내게는 고문이었다. 고독만이 내 유일한 위안이었다. 깊고 어둡고 죽음 같은 고독만이." 여기서

21세기 작가들이 중점적으로 다루게 될, 고독이 휴식이기도 하고 고통이기도 하다는 근대 시대의 고립에 대한 단서를 발견할 수 있다. 중요한 점은《프랑켄슈타인》에서 '외로움'이라는 단어가 한 번도 나오지 않으며, 단지 '외로운lonely'이라는 표현이 딱 한 번 언급된다는 사실이다. 여기서 외롭다는 말은 그저 혼자 있음, 그 이상도 그 이하도 아니었다. 고독의 쓸쓸함은 조물주의 유기와 연관될 수 있으며, 이는 사회가 18세기 후반부터 외적으로 더욱 세속화되면서 외로움이 생기게 되었다는, 즉 외로움이 혼자인 상태뿐 아니라 버려진 느낌과 관련 있다는 내 주장과도 비슷하다. 메리 셸리가 글을 쓰던 당시에는 많은 낭만주의 시인들의 정치적·사회적인 급진주의에도 불구하고 창의적인 여성들이 여전히 주류에 편입되지 못한 상태였다. 확실히 여성 작가들은 남성 작가만큼 자유롭게 수선화를 찾아 배회하기 힘들었을 것이다. 또한 낭만주의 시대에 여성의 글은 남성에 비해 경시되었다.

외로움과 현대의 프로젝트

20세기 초반 버지니아 울프의 글에서 고독과 외로움이 연관되어 있음을 찾아볼 수 있다. 울프에게 외로움은 고통스러운 감정 상태이긴 하지만 창작을 위해서는 꼭 필요한 것이기도 했다. 외로움은 "너무나 고통스러웠고…… 늘 어떤 공포가 느껴질" 수 있는 것이다. 하지만 그럼에도 일상의 번잡한 소리와 친구들, 지인들에 둘러싸인 채 경험하는 것과는 다른 '진실'을 느끼고 전하기 위해서는 불가피한 선택이었다. 울프는 많은 작품에서 고독과 외로움에 대한 글을 썼으며, 창작을 위해 홀로여야 하는 내적인 필요와 함께 '외적으로' 사회적인 면을 유지하고자 하는 지속적인 시도에 대해서도 언급했다.

1920년대 즈음 외부를 향하는 외향성(스위스 정신의학자인 칼 구스타프 융이 사용한 표현을 그대로 쓰자면)과 잠재적으로 신경증적이라 할 수 있는 내향성이라는 개념이 정신의학과 정신 건강에 대한 논의에서 진전을 보이기 시작했다. 울프의 열렬한 팬이었던 실비아 플라스 또한 내향적이고 외로운 성격과 신경증 사이의 관련성에 대해 비슷한 걱정을 했다. 고독과 정신질환의 연결성(신체가 체액으로 이루어져 있다고 보던 고대와 초기 근대 시기에 늘 잠재되어 있던 위험요소였다)이 더욱 견고해진 것이다. 21세기에는 정신질환과 창의력이 자주 관련지어지며 정서적으로 연약한 예술가의 특징으로 계속해서 언급되고 있다.[5] 그렇다고 신경증과 외로움 간의 관련성을 융이 만들어낸 것은 아니지만 서구 사회에서 20세기 초반부터 내향적이기보다 외향적인 행동(사교성, 사회적 자신감)을 더 좋게 평가해왔다는 사실은 의미심장하다 할 수 있다.[6]

1905년부터 작가, 예술가, 지성인들은 버지니아 울프와 그녀의 여동생인 바네사 벨의 집인 런던 고든 스퀘어 46번지에서 모임을 가졌다. 자체적으로 구성된 블룸즈버리 그룹 Bloomsbury Group 회원들은 자유롭고 부유한 백인 출신이었으며, 성생활, 도덕, 결혼에 관한 전통적인 태도를 거부했다. 울프는 평생 정신질환에 시달렸다. 아마도 어린 시절 겪은 성폭행으로 인해 악화된 것으로 보인다. 울프 역시 외로운 시간이 글을 쓰고, 평범한 일상에서 벗어난 새로운 세계를 상상하고 만들어내는 능력의 핵심이란 점을 알고 있었다. 그녀는 1929년 5월 28일 일기장에 "이제 모험과 공격의 시간이 될 것이다"라고 기록했다. "어느 정도는 외롭고 고통스럽겠지. 그래도 고독이 새 책에는 유익할 것이다. 물론 나는 친구도 사귀고 겉으로는 외향적인 삶을 살 것이다. 좋은 옷도 좀 사고 새 집에도 가보려 한다. 나는 늘 내 모난 마음에 덤벼들 것이다."

때로 울프는 꼭 글을 쓰기 위해서가 아니라 글에 대해 생각하기 위해서, 특히 새로운 계획을 구상할 때도 홀로 있어야 한다고 명확히 밝히기도 했다. 그녀의 글에는 사회성과 창의력에 대한 기대가 곡예하듯 긴장감을 보일 때도 많다. 이는 2장에서 살펴본 실비아 플라스의 여성스러움이라는 문화적 기대에 닿으려는 처절한 시도를 생각나게 한다. 플라스는 가정이 얼마나 폭력적이었는가와 상관없이 가정생활의 세부적인 면까지 돌보려했으며, 그러면서도 글을 쓰고 창작을 하는 발판 또한 유지하고 싶어 했다. 이는 역사적으로 꽤 익숙하게 되풀이되는 현상이라 할 수 있다. 여성의 글쓰기가 가정이라는 영역에 의해 뒤로 밀리는 경우는 너무나 흔하게 일어난다. 《자기만의 방》은 울프가 다른 여성 작가들과 연대하고자 하는 외침이었겠지만 여전히 많은 여성이 그 두 가지 틈 사이에서 글을 쓰고 있다.

울프는 1929년 9월 10일 일기장에 "지쳤다"라는 표현을 썼다. 그녀는 이스트 석세스 루이스에 있는 바네사 벨의 집에서 피크닉 중이었다. 울프의 남편은 그녀와 떨어진 곳에서 피크닉을 즐기고 있었다. "내가 왜 지치는 걸까? 어쨌든 내가 혼자인 적은 없었다. 내가 또 불평을 하려는 걸까? 내 마음만큼 몸이 피로한 건 아니다." 그녀에게는 끊임없이 사람들을 접대해야 한다는 것이 압박으로 다가왔다. "케인즈 씨 가족이 머물렀고 다음엔 비타가 왔다. 그리고 앤젤리커와 이브가 도착했다. 이어서 우리는 워딩으로 떠났고 나는 머리가 지끈거리기 시작했다. 나는 글을 쓰지 못하고 있다. 그게 문제일 건 없다. 하지만 모든 것을 사고하고 느끼지도 못하고 있는 것은 문제였다." 울프로서는 많은 작가가 그렇듯 끊임없이 사람들과 어울리는 일이 힘들게 느껴졌다. 하지만 이와 마찬가지로 혼자 너무 많은 시간을 보내는 것도 문제였다. "나는 고개를 떨궜고 아찔한 기분이 들었다. 아이도 없고 친구들과 멀리 떨어져 살면서 글도 제대로 쓰지 못하고 음식에 너무 많은 시간을 쏟으며 나이 들어가고 있는 것이다. 나는 무엇 때문인지 나 자신에 대해 너무 많은 생각을 한다. 시간이 내 주위에서 동요하는 게 마음에 안 든다."

시간이 '주변에서 소란스럽게 굴지' 못하게 하려는 것이 울프가 일기를 쓰는 주된 목적이었을 것으로 보인다. 그녀는 일기에서 글에 대한 불안과 성과, 다른 작가들 사이에서 자신의 위치와 미래에 대한 두려움을 적기 시작했다. 울프가 시간의 흐름에 집착하는 것(그녀의 소설 《등대로To the Lighthouse》에 가장 분명히 표현되어 있다) 또한 제대로 검토된 적 없는 시간과 외로움의 관계를 감안한다면 당연한 행동일 수 있다. 시간에 대한 우리의 인식이나 기억, 연상은 감정의 주체 그리고 타인이나 자신과의 단절 경험에 있어서 핵심이 된다 할 수 있다. 시간은 우리가 행복할 때보다 지루하거나 슬플 때 혹은 고통스러울 때 더 천천히 흐르는 것 같다. 그리고 시간에 대한 이러한 주관적인 경험은 외로움에 대한 인식과 관련 있다. 사회적으로 고립되어 외롭다면 사람들과 만나는 시간이 아주 길게 느껴지는 반면, 사랑하는 이와 보내는 행복한 시간은 너무나 빨리 지나가 버릴 수 있다.

블룸즈버리 그룹에서의 유대감을 통해 울프는 다른 관계에서는 찾지 못한 정서적인 일체감을 충족시킬 수 있었을까? 어떤 어려움이 있어도 세상을 같은 방식으로 바라보는 이들(반드시 서로 동의하진 않더라도 가치와 믿음 체계를 공유하는 사람들)과 함께한다면 작가의 고립감을 줄이는 데 어느 정도는 도움이 되었을 것이다. 외로운 이들 사이에 그런 종류의 모임이 있기도 하다. 하지만 그렇다고 자칭 외로운 예술가들이 정말 세상의 걱정거리에서 동떨어져 있는 건 아니다. 오히려 그 반대다. 울프는 "대작은 결코 혼자의 힘으로는 탄생할 수 없으며, 여러 해에 걸친 공통의 사고와 많은 이의 생각에 관한 결과다. 그러므로 하나의 목소리 뒤에는 수많은 대중의 경험이 놓이게 되는 것이다"라고 말했다.

그러나 개인의 경험 차원에서 어떤 체험들은 심오하고도 색다른 느낌을 줄 수 있다. 그 한 가지 예가 깊은 슬픔이다. 오빠인 줄리언 토비가 장티푸스로 사망했을 때 울프가 보인 반응은 빅토리아 여왕이 (남편의 상중에) '절박하고 주변은 온통 적막함에 둘러싸였을 때' 정서적으로 다른 사람들과 단절되어 있었던 상황을 떠오르게 한다.

> 내가 이 마지막 말을 무슨 뜻으로 한 건지는 사실 나도
> 잘 모르겠다. 나는 한 번도 사람들과 '만나는 일을'
> 멈추지 않았기 때문이다. 네사와 로저, 제퍼스 가족,
> 찰스 벅스턴을 만났고, 데이비드 경도 만났어야 했다 –
> 그리고 엘리엇 – 도 봐야 하는데 – 아, 비타도 있구나.
> 아니, 이건 외부 세계의 적막이 아니다. 어떤 내면의
> 외로움이다. 할 수만 있다면 분석해보면 재밌을 것이다.
> 한 가지 예를 들어보자 – 나는 베드퍼드 거리를
> 걸어올라가고 있었다 – 나는 즉흥적으로 이렇게
> 혼잣말을 했다. 난 얼마나 괴로운가. 이 거리를 올라가며
> 내가 얼마나 고통받고 있는지, 토비가 죽고 난 후 어떤
> 비통함에 시달리는지는 아무도 알지 못한다 –
> 홀로, 혼자서 무언가에 맞서 싸우고 있다.

무언가에 맞서 싸우고 있다는 생각은 외로움, 특히 커다란 슬픔과 상실과 관련된 외로움을 논할 때 흔히 나타나는 현

버지니아 울프는 '외로움'이 창작을 위해 꼭 필요하다고 보았다.

상이다. 울프의 글에서 우리는 개인적인 외로움의 다면적인 성격을 발견할 수 있다. 외로움은 필요할 경우 예술 창작 과정을 위한 고통이 될 수 있으나 정신질환에 수반되거나 다른 이들과 소통하지 못하게 되는 고립과 소외이기도 한 것이다. 외로움과 창작에 대한 양면성, 특히 고통이나 사교성과 연관된 양가 감정은 시인 라이너 마리아 릴케의 작품에서도 발견된다.

릴케는 보헤미안 오스트리아의 시인이자 소설가이며, 그의 글은 믿음, 고독, 정체성에 대한 의문에 집중되어 있다. 그는 실존적인 글들을 통해 찰스 디킨스 같은 19세기의 전통적인 세계관과 울프 같은 모더니스트들에게 나타나는 세계관 사이에 있는 과도기적인 인물로 평가되곤 한다.《시간에 관한 책 The Book of Hours》은 릴케의 저서 가운데 가장 중요한 작품 중 하나로 널리 알려져 있다. 러시아 태생의 정신분석가이자 작가이며, 프리드리히 니체와 지그문트 프로이드와 연관 있는 루 살로메에게 헌정한《시간에 관한 책》은 신을 찾는 그리스도인과 관련된 세 개의 영역('수도원 생활에 관한 책', '순례에 관한 책', '가난과 죽음에 관한 책')으로 구성되어 있다.《시간에 관한 책》이라는 제목은 중세 프랑스에서 인기 있던 기도서에서 따온 것이다.

나는 이 책의 시작 부분에서 실존주의 철학의 영향 그리고 모더니스트 작가들의 의미 추구에 대해 언급했었다. 릴케의 작품에서도 그 핵심적인 영향이 분명히 드러난다. 예컨대 합리주의적인 계몽운동에 의해 신의 가능성을 없애버린 "신은 죽었다"라는 유명한 말을 한 프리드리히 니체의 영향을 들 수 있을 것이다.

신이 없다면 인간은 가부장적인 조언이나 안내 같은 것은 사라진 채 세상을 여기저기 표류하는 존재가 된 것 같았을 것이다. 《시간에 관한 책》에서는 신에 대해 정의하고 확인하며 소통하고자 하는 일련의 시도를 그리는 한편 삶의 의미 있는 기준을 탐색하고 있다. 신은 범신론적인 '이웃'의 모습으로 나타나며, 때로는 "한밤중 요란하게 문을 두드리기도 한다." 신과 인간이 단지 '얇은 벽'을 사이에 두고 분리되어 있었기 때문이다.

그러나 신에게 그리고 자기 자신에게 다가가는 일이 쉬운 건 아니다. 울프가 '진정한' 현실이라고 한 선명한 순간은 너무 빠르게 지나가 버린다. 실체는 다만 외롭고 다른 이들로부터 고립될 때만(아마도 '구름처럼 쓸쓸한' 상태일 때) 손에 넣을 수 있다. 릴케는 1914년 루 안드레아스 살로메에게 편지를 보내 창의성이 막히고 우울하여 힘겹다고 토로하면서, 언제나 자연을 바라보던 인간이 갑자기 자연에서 단절되어버린 느낌이라고 표현한다. 그는 자신을 활짝 피어나 너무나 많은 체험을 하는 통에 밤에 다시 잎을 오므리기 힘들어진 '작은 아네모네'라고 묘사하였다. 릴케는 감각적으로 너무나 계속해서 외부 사건과 사람들에 의해 자극을 받아 소진된('공허하고 자포자기한 고갈된') 느낌이 든다고 했다.[7]

자연계의 핵심 이미지와 순환하는 속성, 젠Zen과 같은 상태는 여러 예술가와 작가로 하여금 시각적으로 외로움에 대한 추구를 묘사하도록 했다. 20세기 낭만주의 시인들에게 자연계가 인간 존재의 야만성으로부터의 후퇴와 범신론에서 말하는 신이라는 숭고한 존재의 구현을 모두 나타낸다는 점을 기억한다면, 자연에 가까워짐으로써 초자연적인 힘에 다가갈 수 있었음을 알 수 있다. 문자 그대로 건강한 정서와 창조적인 삶의 추구는 20세기 후반 시인이자 수필가인 메이 사튼May Sarton의 글과 같이 땅의 견고함에 깃들어 있다고 할 수 있다. 사튼은 고독, 외로움, 우울에 관한 느낌과 존재의 속성에 대한 통찰을 기록했으며, 씨를 뿌리거나 "붓꽃을 꺾고 축축한 흙내음을 들이키곤 했다." 사튼은 이렇게 조언한다. "생존을 위해 바삐 움직이라. 삶의 세세한 면에 집중하기보다 자연이 이끄는 대로 하라. 어떤 것도, 고통조차도 오래도록 같은 모습으로 있지는 않으니."[8]

사튼의 책 중 가장 잘 알려진 것은 《혼자 산다는 것Soli-tude》이다. 이 책에서 그녀는 예술가로서의 어려움과 우울감과 외로움 같은 감정에 대해 언급한다. 버지니아 울프와 마찬가지로 사튼 또한 일상과는 다른 종류의 현실에 다다르기 위한 수단으로서 고독과 외로움의 장점과 단점에 관하여 기술했다. 사튼이 생각하는 고독의 양면적인 가치는 "특정한 스트레스를 받을 때는 균형을 찾게 해줄 만한 것이 아무것도 없듯이, 내부로부터의 공격에 대한 어떤 완충 장치도 없다는 데서 비롯된 것이었다". 그러나 '내적인 폭풍'이 아무리 고통스러워도 때로 "진실을 품고 있기도 하다. 그래서 어느 순간엔 이를 이겨내면 빛을 품고 있을지도 모를 무언가를 위해서 그저 우울한 시기를 견디어 내는 것이다."

이번 장에서 거론한 창의성 추구를 위해 고독과 외로움까지 추구하는 예술가와 작가에 대한 예시들이 특별한 건 아니다. 수세기 동안 많은 시인과 작가들은 개인과 사회 그리고 인간과 신 간의 관계에서 오는 의문점에 대한 답을 탐색해 왔으며, 개인의 감정과 사회적·물리적인 환경 사이에 생기는 틈을 메우고자 했다. 이러한 의문에서 중심이 된 것은 고독과 외로움 간의 연관성 그리고 역사상 어느 시점부터 홀로 있는 것을 긍정적이기보다 부정적으로 보기 시작했는가다. 20세기에는 실존주의 철학의 영향 속에서 이전 어느 때보다 인간 경험의 본질적인 고립에 대해 주목하게 되었다. 프랑스계 미국인 예술가인 루이즈 부르주아는 이런 말을 했다. "사람은 홀로 태어나 혼자 죽음을 맞는다. 두 지점 사이의 가치는 믿음과 사랑에 있다."[11]

외로움에 대한 21세기의 논의는 대부분 외로움을 감정 상태로 보고 병리화하는 데 집중한다. 이렇게 된 데는 경제적인 이유(광범위한 정서적·신체적 고통과 외로움과의 연관성으로 인해 재정적인 비용과 도덕적인 책임감 논란을 일으킨다는) 외에도 고독과 내향성이 신경증적이고 부정적인 상태라는, 정신과학이 생겨난 이래 지배적이 되어온 맹목적인 추정 또한 이유가 될 수 있다. 하지만 창의력 차원에서 내향성과 고독은 대체로 필수적인 요소다. 그렇다면 외로움에 대한 창의적인 논의로부터 21세기 외로움을 다루는 데 도움이 될 만한 무언가를 배울 순 없을까?

고요함과 고독에는 가치가 있다. 그러나 그런 가치는 전적으로 주관적인 것이다. 외로움이 파괴적인 반면 회복 기능을 발휘하기도 하는데, 이것도 스스로 선택한 외로움일 경우에 한정된 것이다. 이 책에서 살펴본 대부분의 사례는 사회적·경제적인 결핍의 위기에서 비롯된 외로움과 관련되어 있었다. 그렇다고 해서 스스로 외로움을 택한 이들이 개인적인 삶에 어려움이 없었다는 뜻은 아니지만, 대체로 외로운 사람들은 다른 이들로부터 고립되는 체험과 삶의 단계를 거치면서 이론적이고 실질적인 이유로 의미 있는 관계를 발달시키기 어려워진다. 75세의 미망인(대부분의 자선 단체 광고에 나올 만한 외로운 얼굴을 한)이 어떤 교류를 희망하며 창밖을 내다보거나, 창의적인 작업을 하고 잡초를 뽑으며 자기 만족을 얻는다고 얘기하는 건 별 도움이 되지 못할 것이다. 혹은 세 아이를 둔 엄마인 노숙자에게 철학적인 성찰이 사회적·경제적인 덫에서 빠져나올 길이라고 조언하는 것도 적절치 않을 것이다. 이렇듯 계층, 특권, 장애인 차별, 신체적으로 타인에게 의존해야 하는 이들에 대한 무시는 외로움이 '누구에게나' 지적·정서적으로 보상이 될 수 있다고 보는 편협한 시각과 맞물리게 된다.

고독, 심지어 외로움의 추구에 있어서 가장 두드러진 특징 가운데 하나는 일시적이라는 것이다. 회복 혹은 창작을 위해 사회에서 물러나 있는 행동은 개인적인 집중과 심리적·예술적인 어떤 진실을 파악하기 위해서는 매우 필수적이지만, 그렇다고 영구적이어야 하는 건 아니다. 일상에서 고요한 시

간을 보낼 수 있는 장소(21세기에 넘쳐나는 '마음챙김' 앱과 점심시
간을 이용한 명상과 관련된)가 있을 수 있겠지만, 이 경우 시간이
매우 중요하다.[12] 단기간의 스스로 선택한 외로움이 (혹은 고독
이) 매일 이어지는 들리는 거라곤 똑딱거리는 시계 소리밖에
없는 강제적인 고립과 과연 같을 수 있을까?

　　외로움에는 이렇게 창조적이거나 파괴적이고, 사회적 혹
은 개인적인 다양한 형태가 있다. 이러한 차이점들을 비롯하
여 외부 세계와 여러 가지 관계를 맺고 싶어 하는 개인의 욕
구를 인식함으로써, 더욱 상상력 풍부하고 유의미하며 사람이
중심이 되는, 외로움에의 접근이 가능해질 것이다. 더 나아가
신자유주의 시대의 '현대적인 유행병'인 외로움을 다룰 만한
도구까지 발견할 수도 있을 것이다.

결론

신자유주의 시대와
외로움의 재구성

외로움은 역사와 매우 깊은 관련이 있고, 여러 가지 감정으로 이루어져 있다. 개인적이며 사회적인 감정의 조합인 외로움은 두려움, 분노, 억울함, 슬픔과 같은 매우 다양한 반응으로 구성된다. 또한 외로움은 심리적인 경험과 국적, 종교를 비롯하여 민족, 성별, 성적 취향, 나이, 사회적·경제적 계층과 같은 환경에 따라 다양하게 나타난다. 심리적이면서 신체적이기도 한 외로움의 시작은 '외로움'이라는 단어가 홀로 있다는 부정적인 감정을 표현하는 새로운 방식으로 처음 사용되었던 18세기 후반으로 거슬러 올라간다. 그 이전에는 '외로움'이나 '홀로 있음'이라는 용어가 그에 따른 어떤 감정의 결핍과는 상관없이 다른 이의 부재를 표현하는 데 사용되었다.

오랜 시간에 걸쳐 감정이 어떻게 변화했는지를 폭넓게 훑어보며 설명한다는 건 쉽지 않은 일이지만, 외로움이 불과 200년 전만 해도 드문 현상이었다가 오늘날 이렇게 널리 퍼질 수 있었는지를 이해하는 데 매우 중요한 방식이라고 생각한다. 홀로 있음에서 외로움이 된 언어적인 전환을 통해 더 폭넓은 사회적·문화적인 변화가 생겨났을 것이다. 나 또한 이 책에서 사람들과 그 문화적·물리적·인구통계학적 환경 사이의 관계가 어떻게 발달했는가에 초점을 두는 장기간에 걸친 역사적 접근을 시도했다. 20세기 후반에는 사회학자나 문화 사학자들이 에피소드나 단기간에 일어난 사건들에 주목하고 그 의미 체계를 살피는 데 주목하면서 장기간 역사를 활용하는 연구에 대한 선호도가 떨어지기도 했다. 그러나 눈에 띄는 '언어적인 변화'가 있다 보니 다양한 학문 분야의 문헌에 대한 의미 분석에서 언어의 뜻보다는 창의적인 면에 집중하게 되었으며, 그 결과 놀라울 정도로 창의적이며 선구적인 작품들이 탄생하였다.

감정의 역사에서 장기간에 걸친 연구는 이론적 접근에서 가장 핵심이 되는 요소라 할 수 있다. 감정의 변화에 관해 설명하고 그 변화의 성격을 밝히며, '변화'가 표현이나 생리적으로 원래 감정의 차원에서 전통적인 의미를 담고 있는지를 살피는 것이 역사적인 개념으로서의 감정 파악인 것이다. 감정의 역사에서 핵심이 되는 개념들로는 '감정의 원형emotionology'(해당 사회의 기준)과 '감정표현emotives'(정서적인 언어로 정체성을 형성하는 표현), '감정 공동체emotional communities'(어느 특정 사회 집단에서 받아들여지는 행동들에 대한 다양한 정서적인 기준)가 있다.[1] 몇몇 연구들에서는 감정에 대한 언어 이전의 소통 형태는 존재하지 않으며, 감정을 말로 표현하게 된 후에야 그 감정이 생기게 되는 것이라고 주장한다. 영국계 호주인이며 작가인 사라 아흐메드Sara Ahmed는 인류학자, 사회학자들과 함께 감정이라는 것이 심리적인 사건 못지않게 (마치 사회 관습처럼) 사회적으로 형성되는 것이라고 주장했다.[2] 아흐메드는 감정이 '여기저기'에 있는 게 아니라 사회적인 개인의 내부에 내재되어 있는 것이라고 주장했다. 즉 감정의 '대상'은 순환의 결과로 나타나며, 정확히는 사회에 속한 개인의 관여를 통해서 생기게 된다는 것이다.

이러한 접근들이 외로움의 역사에 대한 사고에 도움이 될 것인가? 이 연구들 모두 언어의 중심적인 역할에 관심을 보인다. 또한 외로움을 정신적 공황 상태로 보는 것은 도움이 되지 않는다는 데 의견을 같이하고 있다. 우리는 개인적인 경험을 세상에 표현하고 그 과정을 통해 그리고 다른 이들과의 교류를 통해 다시 영향을 받는다. 이러한 양방향 소통은 계속해서 이어진다. 이것이 우리가 어린 시절뿐만 아니라 평생에 걸쳐 물리적인 주변환경에 정서적으로 뿌리내리게 되는 이유라 할 수 있다. 일상에서 반복하는 수많은 작은 습관과 마찬가지로 정서적인 기대와 믿음이 내면화되어 마치 호흡처럼 자연스러워지는 것이다.

이것이 만성적인 외로움을 극복하기 힘든 또다른 이유인 걸까? 손톱 깨물기부터 폭식까지 몸에 밴 습관들은 없애기 힘들다. 부정적인 마음가짐에서 벗어나는 것 또한 마찬가지다. 불안하거나 힘든 감정을 극복하는 방법으로 국민건강보험 공단에서 가장 선호하는 인지행동치료의 전반적인 전제는 우리가 자신이나 상황에 대한 생각을 재정의할 수 있으며, 그러므로 정서적인 반응 또한 바뀔 수 있다고 보는 것이다.

인지행동치료는 상대적으로 저렴하고 단기간에 끝나기 때문에 특히 선호되는 치료법이며, 특정한 부분에 국한되었을 경우 성공적일 수 있다. 그러나 복잡한 문제이거나 감정들이 신체적으로 그리고 외상과 연관되어 고착화한 경우라면 그리 도움이 되지 않는다. 부정적인, 심지어 불쾌한 감정에 얄궂게도 중독성이 있을 때도 있다. 때로는 불쾌함 자체가 어떤 위안이 되기도 한다. 내가 흡연자였을 때, 아침 담배를 핀 후 혀 뒤에 남는 그 텁텁하고 쓴 맛은 역겨웠고 메스꺼웠다. 하지만 익숙했다. 그 맛이 없으면 아침 같지가 않았다. 마찬가지로 외로워지고 소외감이 들게 하는 사람들과 함께 지내는 것도 불쾌하지만 익숙할 수 있다. 하루를 시작하는 첫 담배의 쓴맛과 같은 불쾌함이더라도 당신이라는 사람의 한 부분을 이루게 되면 바꾸기 힘들어지는 것이다.

외로워질까 봐 걱정하면 오히려 외로워질 가능성이 더 커질까? 그럴 수 있다. 정신적인 공황 상태로 감정이 외부로부터 어떤 영향을 받을 확률이 올라가기 때문이다. 외로움은 종합적인 감정이며, 자존감, 소속감, 소외, 상실과 같이 정체성을 둘러싼 다양한 주제들과도 연결되기 때문에, 이는 마치 모자를 몇 개든 걸 수 있는 못 한 개와 같다고 할 수 있다. 그러므로 외로움에 대한 연구의 틀을 잡고, 학문 간의 통합적인 연구를 통해 무엇을 알아볼지(무슨 뜻인가? 언제 어디서 일어난 일인가? 사람들은 이에 대해서 뭐라 하는가? 어떤 느낌이 드는가?) 정하는 것이 매우 중요한 것이다.

어떤 형태로 표현되든 한 가지는 확실하다. 외로움이 결핍으로 규정되는 내재화된 불편한 느낌이라는 것이다. 나는 외로움이 1800년경 사회·정치·의학·철학·경제 차원에서의 뚜렷한 일련의 변화에 따라 생겨난 감정임을 언급했다. 이러한 환경과 개인의 인식이 어떤 방식으로 연결되는지를 분명하게 꼬집어 말하긴 쉽지 않다. 나는 사라 아흐메드와 달리 개인과 사회의 영역이 같다고 보지 않는다. 그래도 아흐메드의 그러한 시각 덕분에 감정에 정치적 힘이 실리게 된 부분에 대해서는 감사하게 생각한다. 나는 자아와 사회가 개인의 삶을 통해 변화하고 발달하며 상호작용하는 두 개의 영역이라고 본다. 또한 자아는 태어나면서부터 주변 세상과의 관계 속에서 발달하고 조정해나가며 재정의된다고(말 그대로 신경 사이의 연결을 통해 그리고 비유적으로는 사회관계를 통해서) 생각한다. 이러한 양방향 과정은 프랑스 비평 이론가인 피에르 부르디외Pierre Bourdieu와 같이 존재하고 사고하고 느끼는 어떤 방식을 만들어내는 내재화된 행동 코드, 즉 '아비투스habitus'의 중요성에 대해 강조하는 사회 구조 유형의 핵심이라 할 수 있다.[3]

이러한 내재화의 요소들은 이 책 전반에 걸쳐 살펴본 내용이다. 세속화와 진화 이론, 산업화, 경쟁적인 개인주의, 근대의 심리적·정서적인 틀, 실존주의 철학과 소외로 인해 자아가 다른 이들과 다르며 분리되어 있다고 표현하는 외로움이라는 사회적인 언어가 생겨나게 되었다. 시간이 흐르며 일상적이 된(글과 말의 세계뿐 아니라 언어, 몸짓, 습관을 통해) 외로움이 언어 체계와 감정의 조합, 두 가지 형태로 모습을 드러냈다.

사회구조 역시 자신과 세상과의 관계에 대한 재고를 통해 바뀌었다. 수세기 동안 지역 사회의 인간관계와 대가족에 토대를 둔 기존의 면대면 체제는 집과 일터의 분리 그리고 가내 공업 경제가 아닌 사회의 가장 극빈층에 속하는 자라도 스스로의 힘으로 먹고 살아야 하는 유급 고용 형태의 경제를 기반으로 한 관계로 전환되었다. 이에 따라 노인들은 자원을 고갈시키는 별도의 부류로 취급받게 됐다. 사회의 다른 취약층과 마찬가지로 노인들에 대한 조건부 지원을 위해 긴급 행정 업무가 형성되었으며, 이를 통해 사회적인 계약이 다시 만들어지고 있다. 또한 '공동체'(이것의 의미가 얼마나 문제 있는 것이든)라는 개념은 개인이 세상에서 차지하는 위치가 그 사람의 경제적인 기여와 역할에 따라 달라지는, 가치의 화폐화 뒤로 밀려나게 되었다.

진화론의 확산은 개인의 기대와 사회 구조를 바탕으로 형성된 신념 체계의 한 예로 볼 수 있다. 예컨대 '적자 생존'이라는 용어는 사회 변화에 대해 설명하는 논리 중 하나가 되면서 정당화되기 시작했다. 하나의 개념으로서의 진화론은 왜 개인주의가 이익만이 아닌 생존을 위해 중요한지를 설명하는 상징처럼 쓰이게 되었다. 사회진화론Social Darwinism의 다양한 경쟁적 형태는 시험과 경력 쌓기에 대한 야심부터 연애와 데이트, 또 경제 생산부터 신자유주의의 '자유 방임주의 laissez-faire' 정책에 이르는 인간 경험의 모든 측면에 도입되었다. 진화론은 정치적·경제적·사회적인 의사결정을 좌우하는 자연스러운 하나의 틀이 되었다. 경쟁이 진화의 밑거름이라는 생각은 서구 사회에서 원시적인 욕구와 이기심의 추구가 당연하고 불가피하다는 무언의 확신을 강화해주는 '충동'과 '본능'과 같은 언어를 통해 은연중에 내재되어 있다.[4]

가장 기본적인 인간의 '본능'이 자기 보존을 위한 것이라는 추정은 1980년대부터 서구사회에서 자유 시장 자본주의와 개인에 대한 신조를 둘러싸고 야기된 정치 철학인 신자유주의에 대한 허용을 넘어 기념하고 있는 것이라 할 수 있다. 이름에서 암시하듯 신자유주의는 자유주의 정신, 특히 '자유 방임주의'와 연관된 자유주의(민영화, 긴축, 자유 무역, 민간 경제의 활성화, 국가의 탈규제)를 떠올리게 한다.

개인주의의 추구는 19세기에 출현했으며, 변화에 대한 철학과 경제적인 이상이라는 두 가지 틀에 따라 형성되었다. 이러한 이상은 남성적인 언어로(사람 손길이 닿지 않은 여성스러운 자연계는 산업화라는 이미지에서 공통된 주제라 할 수 있는 기계적이며 남성적인 세계에 의해 약탈당했다) 그리고 개인주의가 뒷받침하는 이상적인 체계를 통해 표현되었다.

개인주의적인 사고, 세속주의, 과학과 의학 사이의 경쟁, 철학, 경제적 담론이 지속적으로 강화되는 상황에서 '외로움'이라는 용어는 1800년대 세계적인 대변화로 인한 소외의 특성뿐 아니라 새로운 형태의 감정 체험의 출현을 반영하게 되었다. 모든 것을 아는 자애로운 신은 더는 존재하지 않으며, 경쟁적인 개인주의가 끈질기게 확산하는 상황 속에서 하나의 빈 공간이 생겨났고, 그 안에서 개인은 홀로 고립되었으며, 가족 또는 변화의 물결을 타고 홍수처럼 쏟아져 나온 소셜 네트워크에 의존하게 되었다. 종교는 사라지지 않고, 과학의 옆자리를 굳건히 지키며 흥할 수 있었지만 개인이 세상에서 자신의 위치를 확신할 수 있게 해줄 만한 외적인 의례와 사회적인 활동에는 변화가 있었다. 물론 그렇다고 내가 신에서부터 천사와 왕을 거쳐 농부와 땅에 이르는 모든 개체에 대하여 위계적인 질서가 세워져 있던 '존재의 대사슬Great Chain of Being'을 만족스러운 상태라고 여기는 건 아니다. 그러나 적어도 그 시대에는 '공공의 복지'가 우선시되었으며, 책임이 중요시되었다. 또 개인 또한 타인과 체제 그리고 자신을 보호해주는 초자연적 힘에 대한 유대감을 얻을 수 있었다.

나는 이 책 전반에 걸쳐 외부 환경뿐만 아니라 개인적인 경험에 따라서 외로움이 개인과 사회에 미치는 구체적인 방식에 대해 설명하고자 했다. 이 책을 통해 외로움이 사람들 삶에 각 시기마다 어떻게 다른 영향을 주는지 그리고 외로움 그 자체에도 생애주기가 있음을 살펴보았다. 모든 감정은 수사적인 장치이자 사회적 실체이고 관계를 구성하는 방식이며, 그

러므로 정치적이라 할 수 있다. 하지만 역사적으로 어떤 감정
도 외로움만큼 정치적인 것은 없다.

　나는 외로움을 역사적으로 살펴봐야 한다고 계속해서 주
장해왔다. 그리고 외로움이라는 감정이 어떤 순위에 따라 이
렇게 우리에게 자연스럽게 다가올 것인지 검토해야 한다고
언급했다. 21세기의 정치적인 수사학 차원에서 외로움이 보
편적이고 역사를 초월한 것이라는 가정은 외로움이 사회적
책임보다 경제적인 자유를 우선시하는 정부가 내린 결정의
산물이 아니라 불가피한 인간의 조건이라는 것을 의미한다.

　작가이고 기자이면서 정치활동가이기도 한 조지 몽비오
George Monbiot는 신자유주의가 소비지상주의에 집중함으로써
개인의 소유가 행복에 이르는 길인 것처럼 느끼게 하여 외로
움이 생겨났다고 주장했다.[5] 나는 이 해석에 동의한다. 사회적
인 불평등과 환경 보호에 대한 몽비오의 전체적인 접근을 따
라 외로움을 환경에서 비롯된 감정 상태로 바라볼 필요가 있
는 것이다. 내가 몽비오와 관점이 다른 부분은 외로움이라는
문제의 역사성과 범위에 있을 것이다. 신자유주의는 민영화,
탈규제화, 의료 복지를 포함한 모든 분야에서의 경쟁을 부추
겼다. 신자유주의에 대해서는 미국의 로널드 레이건 대통령과
영국의 마가렛 대처 총리의 자유 시장과 관련된 내용이 가장

흔히 거론되곤 하지만, '사회계약'의 진화 과정에서 그보다 훨씬 앞선 선례가 존재했으며, 이는 국가 권력의 적법성을 개인 그리고 시민들의 권리와 책임 간의 관계로 규정한다.

사회계약설의 시작은 고대 문화에서 찾아볼 수 있으며, 경제·정치사상을 연구하는 역사가 도탄 레셈Dotan Leshem은 이러한 고대 문화가 신자유주의의 기원이라고 주장했다.[6] 사회계약의 전성기는 17세기 중반부터 19세기였으며, 토마스 홉스(1651), 존 로크(1689), 장 자크 루소(1762)의 주장이 이에 해당한다. 거칠게 요약하자면 홉스는 법 없이는 인간이 자연 상태로 돌아갈 것이며, 그곳에서의 삶은 "끔찍하고 야만적이며 수명도 짧을" 것이라고 주장했다. 따라서 절대적인 정부가 유일한 해결책이 되는 것이다. 이와는 대조적으로 존 로크와 장 자크 루소는 모두 사회 속 개인의 중요성과 지배받는 이들에게 부여되는 권리와 책임을 확인했다.

사회계약에 대한 논의는 19세기에 공리주의가 거론되면서 점차 시들해졌다. 고전적 자유주의와 경제적 자유주의는 두 가지 모두 법으로 시민의 자유를 옹호했고, 산업화의 발달을 지지했다. 경제적 자유주의의 핵심 신념은 정부의 가부장적인 기능에서 벗어나 선천적으로 이기적이며 자신의 이익에 의해 동기가 부여되는 개인의 판단을 지향하는 것이었다. 고

전적 자유주의는 (선택적으로) 《국부론》(1776)으로 널리 알려진 스코틀랜드의 윤리학자이자 경제학자 아담 스미스의 연구를 활용해 사람들이 사리사욕을 추구하는 것이 사회 전반적인 공공의 복리에 속한다고 주장했다.

근대적인 감정으로서 외로움이 생겨난 것은 국가의 권리와 의무, 경제적인 독립, 신의 부재 속 개인의 권한, 부유한 사람들 간의 지위를 둘러싼 다툼, 가난한 이들의 생존을 위한 싸움을 둘러싼 상당한 논쟁이 있던 때와 그 시기를 같이 한다. 세력 강화 정책을 옹호하기 위해 진화론을 들먹이고 이용하던 시기였던 19세기 후반, 신고전주의를 따르는 자유주의가 출현하여 자연 선택이라는 진화론 개념을 인간 사회에 적용한 사회진화론을 부추겼다.

사회진화론의 4가지 주요한 원리는 행동을 지배하는 생물학 법칙, 끊임없는 생존 경쟁이 생길 것으로 예상되는 인구 증가에 따른 압박, 경쟁에서 살아남는 신체적·성적인 장점, 이러한 과정이 미래 세대에 누적되어 나타나는 효과를 들수 있다.[7] 19세기와 비교해 상대적으로 집단주의적인 사회였으며, 시인과 작가들도 개인과 사회의 행복이 늘 연결되어 있다고 생각했던 18세기에는 약점이 되었을 개인적인 자율성과 탐욕도 부채가 아닌 자산으로 여겨졌다.

노인들을 위한 보건 복지가 적절한 사례일 것이다. 영국은 전통적으로 이탈리아와 같은 다른 유럽 국가들과 같이 노인들을 집에서 돌보는 문화가 존재하지 않는다. 그래도 가내 공업 경제 체제에서는 노인들이 가정에서 최소한의 기능을 수행할 수 있었다. 신체적으로 허약한 노인들도 어린아이들을 돌보고 집안 일을 거들었다. 그런데 일거리가 모두 공장으로 옮겨가자 노인들은 문화적인 자산이 아닌 경제적인 골칫거리가 되었고, 구빈원으로 보내지는 일이 잦아졌다. 이때의 빈민 구제는 면대면 관계 형성보다는 1834년 제정된 새로운 '빈민 구제법'과 함께 표면적으로 도입된 초기 관료주의에 의해 시행되었다.

오늘날 정부에게 노인들은 공포가 되었다. 영국 인구는 다른 산업화된 국가와 마찬가지로 평균 연령대가 올라갔으며 수명도 전보다 길어졌다. 점점 더 많은 이가 신체적·정신적· 사회적 기능이 떨어지며 외롭다고 호소하고 있으며, 이는 다시 현대 시대의 외로움으로 이어지고 있다. 다양한 역사적 의미에 대해 체계적인 연구가 이루어지지 않은 외로움이 감정상의 질환을 두루뭉술하게 표현하는 방식이 되었고, 흰 머리나 주름처럼 불가피한 노화 현상의 하나가 되었다. 그러나 잘 움직이지 못하고 건강이 좋지 못해도 사회와 가족 간에 강하고 의미있는 유대관계를 유지하는 노인들은 외롭다고 느끼지 않는다. 반면 이런 좋은 유대 관계가 없고 가난하며 몸을 씻고 옷을 갈아입고 식사하는 등의 기본적인 일이 '해결되지 않는 어려움'을 겪고 있는 노인들은 외롭다고 말한다. 이런 문제를 해결하기 위해서는 정부가 직접 지갑을 열어야 한다.

하지만 2018년 영국 정부가 외로움을 관리하는 장관직을 만들었던 해, 그 직책에 임명된 장관이 공동체를 활용하자고 제안하며 외로움을 인간 조건으로 받아들여야 한다고 했으나, 이미 공동체가 형성된 특히 사회의 가장 가난한 지역에서는 공간과 자산(도서관, 사회 보장, 독립 생활 지원금 Independent Living Fund, 임대주택)이 계속해서 축소 및 제거되었다. 이러한 정부 정책으로 더 큰 외로움을 겪는 이들이 노인들만은 아니다. 노숙자와 난민 또한 단순히 집이 없어서가 아니라 집이라는 상징과 안전함이 없어서 심각한 외로움에 시달리고 있다. 앞에서 언급했듯 1980년대부터 사회·경제·철학·과학에서의 변화를 토대로 만들어진 신자유주의 정책 아래서 노숙자들은 정서적·사회적인 박탈감과 함께 그 수가 지속해서 증가했다.

그렇다면 신자유주의 시대에 '공동체'는 무엇이며 어디에 있는 것일까? 공동체라는 용어가 너무 남용되다 보니 그 의미가 퇴색되어버린 듯하다. 인터넷 시대는 여러모로 자유

시장 이념과 개인주의 추구의 전형이라 할 수 있다. 역설적인 것은 인터넷이 원래 공공의 이익이라는 개념으로 만들어졌다는 사실이다. 이것이 인터넷 발명가인 영국 엔지니어 팀 버너스 리^Tim Berners-Lee가 인터넷에 법적인 규제의 틀이 있어야 한다고 주장했던 이유일 것이다.[8] 소셜 네트워크 형태의 온라인 커뮤니티가 출현했다고 해서 관심사 공유와 상호간의 책임을 토대로 한 실생활에서의 공동체를 대체할 수는 없다. 소셜미디어는 외로움을 부추기고 사람들이 실제 생활에서 연결되지 못하게 막는다는 비난을 받아왔다. 그러나 지금 개인과 사회 그리고 정부가 할 일은 정서적·사회적인 온라인 소통 유형이 사회 불안과 '눈팅', 트롤링(인터넷 공간에서 다른 이들의 관심을 끌거나 그들의 반응을 즐기기 위해 일부러 무례하고 공격적이며 반사회적인 내용을 올리는 행위 – 옮긴이 주)처럼 실생활에서의 소통 방식을 그대로 모방하고 있음을 인지해야 한다는 것이다. 인터넷은 새로운 커뮤니티를 형성하는 데 유익하지만, 오프라인 영역에서 자기 관리와 행복을 증진시키는 방식으로 사용될 때만 그렇다고 할 수 있다.

인터넷의 주된 사용처 가운데 하나는 사랑을 찾는 일이다. 혹은 성관계 상대를 찾기도 한다. 로맨틱한 사랑이 신과 의미 있는 상대가 떠나버린 빈 공간을 채워주는 것이다. 애착 이론에 의하면 로맨틱한 영화, 소설, 시, 희곡, 노래의 대사나 가사에서 그렇듯 사랑이 문자 그대로 모든 것이 될 수 있다. 19세기 이후 '영혼의 동반자'라는 말 탓에 사람들이 사랑에 대한 비현실적인 시각을 가지게 되었으며, 그 사랑을 잃을 경우 결핍감까지 경험하게 되었다. 로맨틱한 이상형이라는 말에 내포된 의미가 소녀나 여성들에게는 자기패배적이고 문제적인 요소가 될 수 있으며, 특히 사랑이 통제 가능하며 모든 것을 아우르는 것으로 여기는 경우라면 더욱 그럴 것이다. 자기 스스로 충분하지 않다고 느낄 때 역시 마찬가지다. 역사적으로 이런 사회적 이상형 때문에 삶에 영향을 받은 (만일 그렇지 않았다면 재능 있고 독립적이었을) 여성의 모습은 실비아 플라스의 글에서 볼 수 있다. 플라스는 평생 만성적인 외로움과 세상과의 단절감에 시달렸다.

사랑을 잃으면 그 결핍은 훨씬 더 강력해진다. 이혼하면 고통스럽고 고립감이 들 수 있지만, 결혼 생활 중에 외로움을 느꼈던 경우라면 자유로운 기분이 들 수도 있을 것이다. 홀아비나 미망인이 되었을 때 역시 쓸쓸하긴 하겠지만 결혼 생활에서 학대를 경험했다면 때로 자유롭다고 느끼기도 할 것이다. 한편 배우자의 죽음으로 인한 슬픔은 신분과는 상관없다. 빅토리아 여왕은 남편의 죽음을 통해 18세기의 상점 주인인 토머스 터너와 상실이라는 면에서 대등해졌다. 그러나 18세기에는 외로움이라는 말이 존재하지 않았다. 터너는 신의 뜻이 언제나 옳다는 믿음을 통해서 자신의 슬픔을 극복할 수 있었지만 빅토리아 여왕에게 앨버트 공의 죽음은 수십 년 간의 애도를 그리고 특히 죽은 남편을 떠올리게 하는 물건들과 풍경 속에서 스스로 규정한 외로움을 의미했다.

물질적인 것 또한 중요하다. 이 책에서 살펴본 외로워지기 쉽다고 알려진 인생의 다양한 전환기와 힘든 시기에 발생하는 외로움을 방지하고 완화하기(조치를 원하고 바랄 경우) 위해서는 외로움으로 인해 나타나는 영향을 제대로 파악할 새로운 방식을 개발해야 한다. 구체적인 형태로 나타나는 외로움은 정신적인 경험과 마찬가지로 신체적인 경험으로 이해해야 한다. 몸뿐 아니라 물질문화와 물건들을 통해 나타나는 외로움의 신호와 증상을 파악한다면, 외로움이 발생할 때 자신과 사회에 대한 인식을 높이고, 나아가 보건 복지 차원에서 개입할 수 있는 틀을 잡는 데도 도움이 될 것이다. 몇 가지 경우를 제외하면 뇌와 정신에 관심이 집중된 21세기에 신체적 외로움은 상대적으로 도외시되었다. 다른 이들의 몸짓 언어를 보고 그 사람이 외로운지를 살피지 않으며(외로움이 노여움, 슬픔, 비통함, 두려움과 같은 감정들의 '조합'이므로 겉으로 드러나는 전통

적인 표현방식이 존재하지 않는다) 몸을 통해 외로움을 막고 완화
하라는 조언을 누군가에게 들을 수도 없다.

사회 복지 규모는 계속해서 축소되고 있으며, 그로 인해
많은 노인과 병약한 이가 '보디워크bodywork'(몸에 대한 자세와
습관 교정 또는 마사지, 지압과 같은 수기요법과 운동 등을 통해 몸의 기
능과 효율을 높이며 퇴화를 막는 치료요법 – 옮긴이 주)의 도움을 받
지 못하고 있다. 마사지 요법은 일상적인 관계에서 접촉을 경
험하지 못하는 이들의 외로움을 줄여준다고 입증되었다.[9] 말
기 환자를 위한 고통 완화 시설palliative care에 근무하는 의료계
종사자들은 마사지가 '사람의 따뜻한 손으로 죽어가는 환자
의 가치를 확인시켜주고, 실존적인 휴식'을 제공해주는 장면
을 목격하고 있다. 마사지를 통해 자존감을 높이고 사회적인
단절을 완화해주는 효과를 얻을 수 있는 것이다.

감각과의 소통을 통해서 사회적인 유대관계를 회복할 수
도 있다. '스피츠 위탁 자선단체Spitz Charitable Trust'는 노인들의
외로움을 감소시키기 위한 프로그램을 개발해왔다.[10] 치매를
앓는 이들이 젊은 시절 듣던 노래를 들으면 다시 활기를 찾는
다는 건 널리 알려진 사실이다. 이처럼 음악으로 외로움을 어
느 정도 방지할 수도 있다. 작곡가인 나이젤 오즈본Nigel Osborne
이 음악과 창의적인 예술을 사용해 정신적 외상을 입은 어린

이들에게 도움을 준 것과 마찬가지로 음악은 모든 연령이 겪는 외로움에 긍정적인 영향을 준다. 춤은 '몸의 움직임'과 음악을 한데 모아 긍정적인 효과를 발휘할 수 있으며, 브라질에서는 노인들의 외로움을 줄이기 위해 사교댄스를 활용했다고 한다. 한 연구에 따르면 춤은 사회적인 고립감을 덜어주고 정신적·감정적·신체적인 행복감을 높여준다고 한다. 그러면 음식은 어떨까? 함께 음식을 만들어 먹으면 소속감을 높여주며, 예전에 먹던 맛과 같이 기분 좋아지게 하는 음식은 신체적으로도 일체감이 들게 해준다. "닭고기 수프가 영혼에 진짜 좋았던 것이다."[11]

마지막으로 우리는 외로움의 안 좋은 면뿐 아니라 좋은 점에 대해서도 인식할 필요가 있다. 외로움은 정서적 치유와 함께 창의적인 사고와 활동에 도움이 될 수 있다. 외로움이 자신과 세상 사이에서 완충 지대 역할을 해주므로 혼자 있는 시간이 부정적이지 않을 수 있다. 고독과 외로움 사이엔 중요한 차이점이 있지만, 외로움도 고독만큼 생산적일 수 있다. 외로움을 통해 자기 성찰과 자기 인식을 할 여유 공간이 생기며, 특히 내향적이며 사회 접촉에 의해 쉽게 지치는 사람이라면 더할 것이다. 스스로 선택한 고독이나 외로움을 단기간 경험한다면, 아마 의미 있는 사색과 독서 또는 긴장 이완까지 하게 될 것이다. 외로움의 긍정적인 부분들은 자연 세계에 연결되어 있으며, 예술적 창작과도 관련 있다. 그러나 이러한 경험들은 사회적·경제적으로 박탈감을 느끼는 사람들에겐 해당되지 않는 이야기다. 여러 연구에 의하면 사회적으로 혜택을 받지 못한 많은 젊은이가 바랄 수 있는 것은 오직 불평등을 이겨내고 잘 살게 되는 것이라고 한다. 혼자 아이를 기르며 밤낮으로 일하는 엄마에게 혼자 있는 시간을 잘 보내는 것은 소설 읽기보다는 넷플릭스 앞에서 빨래 개는 일이 될 것이다. 슬로푸드 개념과 마찬가지로 자기 관리와 자기 계발은 계층에 따라 그리고 시간은 물론이고 정신적·신체적 여력이 있느냐에 따라 그 가능성이 달라진다.[12]

부유한 사람들이 외로움을 겪지 않는다고 말할 수는 없지만 더 가난한 사회의 약자들이 이 책 전반에 걸쳐 논의한 이유들로 인해 외롭다는 표현을 더 많이 할 수 있다.[13] 간병인에게 지급할 돈이 없고, 집을 살 예금이 없고, 시민권을 얻고 음식이나 옷, 약을 살 돈이 없으면, 사회 경제적인 박탈로 인해서 부유한 사람들은 느낄 수 없는 특별한 종류의 외로움을 겪게 된다. 하지만 부유함만으로는 개인주의에서 오는 실존적인 불안에서 자유로울 수 없다. 은둔 생활을 하는 부자들의 외로움은 다양한 문화적 이미지와 이야기의 단골 주제다. 재산은 그 자체로 사람을 고립시키는 성격이 있는데, 달리 만났다면 친구가 되었을 수도 있는 이들의 접근을 의심하게 될 경우가 많이 있기 때문이다. 또한 사교에 있어서도 제한적이 되기 쉬운데 부유한 친구들과의 만남이 만족스럽지 않더라도 처지가 다른 사람들과 교제하는 일은 쉽지 않다. 아동기 때의 외로움부터 사랑의 상실까지 그리고 이혼과 홀아비나 미망인 상태부터 노화에 이르는 인생의 힘든 일들은 소득, 지위, 직업에 관계없이 누구에게나 일어날 수 있는 일이다. 더구나 부유함으로 얻을 수 있는 완충 효과도 나이가 들고 나면 의미가 많이 퇴색한다. 돈이 많으면 노년에 더 편안한 생활을 할 순 있겠지만, 초고령 노인의 가족과 친구 수가 점차 줄어드는 현상은 다른 어떤 것보다 모든 이에게 평등하게 적용되는 요소라 할 수 있다.

외로움의 재조명

신자유주의 시대에 외로움은 어떻게 재조명해야 할까? 우선 역사적으로 외로움이란 감정을 만들어낸 정치·경제 구조의 영향을 인식해야 한다. 다음으로는 외로움을 구체적인 개인과 사회적 환경 속에 놓고 살펴야 하며, 외로움이 다양한 사람에게 똑같이 나타나지 않는다는 점을 인정해야 한다. 마지막으로 이제는 외로움이 분명하게 규정된 어떤 것이라고 말해서는 안 된다. 외로움은 유동적이어서 건강과 행복이라는 다른 영역까지 흘러들어갈 수도 있다. 심지어 한 사람의 인생 안에서도 달라질 수 있다. 무엇이 필요하고 가치 있느냐는 사람에 따라 다르지만 의미 있는 관계의 추구는 보편적인 현상이라 할 수 있다. 이런 유의미한 관계가 부족해질 경우 외로움이 나타나는 경우가 많으나 꼭 그런 것만은 아니다.

이 책을 비롯하여 외로움에 대해 이야기하는 대부분의 연구는 서구 사회에 초점을 맞추고 있다. 그런 점에서 여러 인생 단계뿐 아니라 다양한 문화에서 경험되는 외로움의 의미와 기능에 대한 더 많은 비교 연구가 필요한 상황이다. 나는 '외로움'이라는 단어에 대한 영어와 아랍어 사이의 언어학적 차이점에 대해서도 알아본 적이 있다. 중동 국가에서는 외로움을 영국과 같은 방식으로 경험하지 않을 수도 있다. 외로움이라는 뜻으로 널리 쓰이는 언어가 없기 때문이다. 집단주의 사회에 모든 답이 있다거나 사회 속 가족이나 지역사회가 모든 것을 아우른다는 얘기가 아니다. 더 정확히 말하자면 외로움을 파악하기 위해 개인, 몸, 사회, 감정, 심지어 자아를 바라보는 또다른 방식까지 포용할 수 있는 통합적인 연구가 필요하다는 뜻이다.

'외로움이라는 전염병'에서 확실한 한 가지는 감정을 표현하는 언어와 그에 따른 정신적인 공황 상태에 대해 의문을 제기해야 한다는 점이다. 전염병으로 규정된 외로움은 널리 퍼져나가고 있다. 감정 상태의 사회적인 속성을 이해하는 매우 귀중한 연구를 남긴 존 카시오포를 포함한 신경과학자들은 전염이라는 언어를 통해 외로움을 생물학적인 모델로서 강화했다. 전염이라는 말은 (감염과 마찬가지로) 문화적으로는 매혹적이지만(강력하고 쉽게 은유로 사용할 수 있으므로) 정치적·도덕적인 차원에서는 문제의 소지가 많다. '오염'이라는 단어의 부정적인 뜻이 연상된다면, 전염이라는 용어는 도움이 되지 못할 것이다.[14] 예를 들어 한쪽 벽에 이민자들을 아주 몹쓸 질병처럼 묘사한 그림이 그려져 있는 건물이 있다고 해보자. 그 건물에 담긴 감정적인 언어는 소수민족을 바라보는 태도에 매우 파괴적인 결과를 일으킬 것이다.[15]

'외로움이라는 유행병' 같은 표현 또한 외로움을 유행병의 발생, 재앙을 떠올리게 하는 단어로 만들어버렸다. 외로움은 자동적으로 공포와 혐오감을 불러일으키고, 그에 따라 외로움이 어떤 의미이며, 왜 문제라는 틀이 씌어진 것인지, 언제

유익한 힘이 될 수 있을지 생각할 의욕조차 잃을 수 있다. 또 유행병이란 말로 인해 사람들이 생물학적인 불가피성을 떠올리게 됨으로써 외로움이 문화와 환경의 산물이며 불가피한 인간 조건의 일부가 아니란 사실이 도외시될 수 있다. 언론에서 계속해서 노인들의 외로움에 대해 보도하면서 실제로 노년기 외로움에 대한 두려움을 만들어내고 있다. 노년은 자부심을 느낄 수 있는 상황이 아닌 무언가 불안해해야 하는 상태가 되었다(사실 말하자면 대부분의 노인에게 재원이 부족하다보니 불안을 양성하기에 충분한 것도 사실이다).

외로움은 전염병이며 병리적이라고 여겨지다 보니 어떤 고쳐야 할 질병이라고 여겨지게 되었다. 이렇게 외로움을 의학적 소재로 만드는 예로 뉴스만한 것도 없을 것이다. 2019년 1월에는 신경과학자들이 '외로움 알약'을 개발하고 있다는 보도가 나왔다. "경쟁은 시작되었다"라는 헤드라인이 여기저기 떴다. 뭐 안 될 것도 없지 않은가? "우울증이나 불안과 같은 사회적인 고통에 약이 있다면, 외로움은 왜 안 되겠는가?" 《가디언》의 로라 엔트릴스Laura Entlis는 이렇게 반문했다.[16] 시카고 프리츠커의과대학교의 뇌 역동성 실험실 책임자인 스테파니 카시오포는 고故 존 카시오포의 부인이기도 한데 두 사람은 사회 신경과학적 입장에서 외로움에 대해 연구했다.

발표된 임상적인 발견들을 보면 카시오포와 그녀의 팀이 외로운 이들에 대한 개입을 폭넓게 분석하고 발달시켰는데 여기에는 '사회적인 접촉, 사회 기술 그리고 멘토링의 기회'를 만드는 일이 포함되어 있다. 2015년에는 다른 이들과 다시 관계를 맺는 과정에서 생기는 정서적인 불편함을 줄여주기 위해 '적절한 약물 요법'이 검토되었다.[17] 이 요법은 항우울제와 거의 똑같은 방식으로 작용하면서도 피로와 메스꺼움 같은 부작용은 없었다. 이런 개입은 "외로운 이들의 마음속 경보 장치를 완화시켜서 타인에게서 물러나는 대신 다시 그들과 연결되도록" 하기 위함이다. 그러므로 '외로움 알약'이 치유하고자 하는 것은 외로움이 아니라 그에 수반되는 고통스러운 감정이며, 이는 중요한 차이라고 할 수 있다. 비록 이러한 증상이 그 자체로 사회적으로 위축되게 만들고, 이것이 다시 외로움으로 이어질 수 있긴 하지만 말이다.

또한 외로움이 늘 나쁜 것도 아니다. 이롭고 창의적일 수도 있는 것이다. 외로움이 자산이 되기도 한다. 외로움을 추구하고 주장하고 옹호하는 순간은 외로움이 영적인, 혹은 세상을 사색하는 수단이 될 때다. 외로움이 자신과 다른 이들을 이해하게 해주는 통로가 되기도 한다. 더 나아가 외로움은 다른 감정 상태와 마찬가지로 우리가 세상에서 어떤 사람이 되고 싶으며, 원하는 관계와 애착은 어떠한지, 그것에 대해 비록 소통하거나 귀기울여주지 않더라도(어떤 이유에서든) 도움받기 위해 외치며 무언가 신호를 보낸다. 우리는 긍정적이고 부정적인 외로움을 분리해야 하며, 특히 정서적이고 영적인 명료함을 위하여 추구하던 혼자인 상태 또는 '홀로 있음'과 파괴적이고 실존주의적인 결핍감인 외로움을 구분해야 한다. 외로움과 소통하면서도 그에 대해 효율적으로 반응하는 길은 이러한 둘 사이의 차이점을 역사적인 정보를 갖춰 제대로 파악하는 데 있을 것이다.

서론

1   L. Andersson, 'Loneliness research and interventions: A review of the literature', *Ageing & Mental Health*, 2 (1998), pp. 264–74, 265.

2   O. Laing, *The lonely city: Adventures in the art of being alone* (New York: Macmillan, 2016).

3   P. Ekman, 'Are there basic emotions?', *Psychological Review*, 99 (1992), pp. 550–3.

4   R. Plutchik and H. Kellerman, *Biological foundations of emotion* (Orlando, FL: Academic Press, 1986); R. Plutchik, 'A general psychoevolutionary theory of emotion', *Theories of Emotion*, 1 (1980), pp. 197–219.

5   L.F. Barrett, *How emotions are made: The secret life of the brain* (London: Macmillan, 2017).

6   D. Konstan, *The emotions of the ancient Greeks* (Toronto; London: University of Toronto Press, 2006).

7   F. Bound Alberti, *This mortal coil: The human body in history and culture* (Oxford: Oxford University Press, 2016).

8   C.E. Moustakas, *Loneliness* (Englewood Cliffs, NJ: Prentice Hall, 1961), preface.

9   G. Monbiot, 'Neoliberalism: The ideology at the root of all our problems', *The Guardian*,

15 April 2016: https://www.theguardian.com/books/2016/ apr/15/neoliberalism-ideology-problem-george-monbiot.

10 V.A. Lykes and M. Kemmelmeier, 'What predicts loneliness? Cultural difference between individualistic and collectivistic societies in Europe', *Journal of Cross-Cultural Psychology*, 45 (2014), pp. 468–90.

1장 '홀로 있음'이 '외로움'으로

1   A. Worsley, 'Ophelia's loneliness', *ELH*, 82 (2015), pp. 521–51.

2   M. Raillard, 'Courting wisdom: Silence, solitude and friendship in eighteenth-century Spain', *Vanderbilt e-journal of Luso-Hispanic Studies*, 10 (2016), pp. 80-9

3   F. Bound Alberti, *This mortal coil: The human body in history and culture* (Oxford: Oxford University Press, 2016).

4   L. Gowing, *Common bodies: Women, sex and reproduction in seventeenthcentury England* (New Haven, CT: Yale University Press, 2003).

5   Cullen Project (1777 and 1779), http://www.cullenproject.ac.uk, docs ID 4087 and 4509.

6   J. de Jong-Gierveld, 'A review of loneliness: Concept and definitions, determinants and consequences', *Reviews in Clinical Gerontology*, 8 (1998), pp. 73–80.

7   K.D.M. Snell, 'Agenda for the historical study of loneliness and lone living', *Open Psychology Journal*, 8 (2015), pp. 61–70 and 'The rise of living alone and loneliness in history', Social History, 42 (2017), pp. 2–28.

8   R. Stivers, *Shades of loneliness: Pathologies of a technological society* (Lanham, MD; Oxford: Rowman & Littlefield, 2004), p. 11

9   R. Gooding, 'Pamela, Shamela and the politics of the Pamela vogue', *Eighteenth-Century Fiction*, 7 (1995), pp. 109–30.

10 L. Spira and A.K. Richards, 'On being lonely, socially isolated and single: A multi-perspective approach', *Psychoanalysis and Psychotherapy*, 20 (2003), pp. 3–21; S. Freud, *The problem of anxiety*, 1916–1917 (New York: Norton, 1936), pp. 392–411.

11 M. Seeman, 'On the meaning of alienation', *American Sociological Review*, 24 (1959), pp. 783–91; E. Durkheim, *The elementary forms of the religious life*, K.E. Fields, trans. (New York: Free Press, 1996).

12 J.-P. Sartre, *No exit* (New York: Caedmon, 1968).

13 J.T. Cacioppo et al., 'Alone in the crowd: The structure and spread of loneliness in a large social

network', *Journal of Personality and Social Psychology*, 97 (2009), pp. 977–91.

2장 피에 새겨진 질병?

1   S. Plath, *The unabridged journals of Sylvia Plath, 1950–1962*, edited by K.V. Kukil (New York: Anchor, 2000), p. 31. I am grateful to Faber and Faber, Harper Collins, and Penguin for permission to cite from Sylvia Plath's work in this chapter.

2   S. Plath, *Letters of Sylvia Plath, volume I: 1940–1956*, edited by P.K. Steinberg and K.V. Kukil (London: Faber & Faber, 2017) and *Letters of Sylvia Plath, volume 2: 1956–1963* (London: Faber and Faber, 2018).

3   Plath, *Unabridged journals*, p. 33.

4   J.T. Cacioppo, J.H. Fowler, and N.A. Christakis, 'Alone in the crowd: The structure and spread of loneliness in a large social network', *Journal of Personality and Social Psychology*, 97 (2009), pp. 977–91.

5   M.J. Bernstein and H.M. Claypool, 'Social exclusion and pain sensitivity: Why exclusion sometimes hurts and sometimes numbs', *Personality and Social Psychology Bulletin*, 38 (2012), pp. 185–96.

6   A. Stravynski and R. Boyer, 'Loneliness in relation to suicide ideation and parasuicide: A population-wide study', *Suicide and Life-Threatening Behavior*, 31 (2001), pp. 32–40.

7   O. Sletta et al., 'Peer relations, loneliness, and self-perceptions in schoolaged children', *British Journal of Educational Psychology*, 66 (1996), pp. 431–45.

8   H. Sweeting and P. West, 'Being different: Correlates of the experience of teasing and bullying at age 11', *Research Papers in Education*, 16 (2001), pp. 225–46.

9   C. Waddell, 'Creativity and mental illness: Is there a link?', *The Canadian Journal of Psychiatry*, 43 (1998), pp. 166–72.

3장 외로움과 결핍

1   D. Vaisey, *The diary of Thomas Turner, 1754–1765* (East Hoathly: CTR Publishing, 1994), p. 229. See the discussion of Thomas Turner's diary, and the context in which he spoke about his wife in this manner, in Chapter 4 of this book.

2   F. Bound [Alberti], 'An "uncivill" culture: Marital violence and domestic politics in York, c. 1660–c.1760', in M. Hallett and J. Rendall (eds), *Eighteenth-century York: Culture, space and society* (York: Borthwick Institute, 2003).

3   J. Bhattacharyya, *Emily Bronte's Wuthering Heights* (New Delhi: Atlantic Publishers & Dist, 2006), p. 67.

4   S.R. Gorsky, ' "I'll cry myself sick": Illness in *Wuthering Heights'*, *Literature and Medicine*, 18 (1999), pp. 173–91.

5   S. R. Gorsky, *Femininity to feminism: Women and literature in the nineteenth century* (New York; Toronto: Macmillan, 1992), p. 44.

6   S. Wooton, *Byronic heroes in nineteenth-century women's writing and screen adaptation* (Houndmills, Basingstoke: Palgrave Macmillan, 2016).

7   L. Kokkola, 'Sparkling vampires: Valorizing self-harming behavior in Stephenie Meyer's *Twilight series', Bookbird: A Journal of International Children's Literature*, 49 (2011), pp. 33–46; J. Taylor, 'Romance and the female gaze obscuring gendered violence in the *Twilight saga', Feminist Media Studies*, 14 (2014), pp. 388–402.

8   A. McRobbie, 'Notes on post-feminism and popular culture: Bridget Jones and the new gender regime', in A. Harris (ed.), *All about the girl: Culture, power and identity* (Abingdon: Routledge, 2004), pp. 3–14.

9   A. Ford, *The soulmate secret* (HarperCollins e-books, 2014); C. Ozawa-de Silva, 'Too lonely to die alone: Internet suicide pacts and existential suffering in Japan', *Culture, Medicine, and Psychiatry*, 324 (2008), pp. 516–51; L. TerKeurst, *Uninvited: Living loved when you feel less than, left out, and lonely* (Nashville, TN: Nelson Books, 2016).

10   V. Walkerdine, 'Some day my prince will come: Young girls and the preparation for adolescent sexuality', in A. McRobbie and M. Nava (eds), *Gender and generation: Youth questions* (London: Palgrave Macmillan, 1984), pp. 162-84

11   A dated but still relevant study is P. Parmelee and C. Werner, 'Lonely losers: Stereotypes of single dwellers', *Personality and Social Psychology Bulletin*, 4 (1978), pp. 292–5.

12   K. Lahad, ' "Am I asking for too much?": The selective single woman as a new social problem', *Women's Studies International Forum*, 40 (2013), pp. 23–32.

13   C. Shipman, 'The anomalous position of the unmarried woman', *The American Review*, 190 (1909), pp. 338–46.

4장 배우자를 잃은 상실감

1   Van den Hoonaard, *The widowed self*, p. 38.

2   See the widow of Zarephath, 1 Kings 17.10–24 and the discussion in R.A. Anselment,

'Katherine Austen and the widow's might', *Journal for Early Modern Cultural Studies*, 5 (2005), 5–25.

3   S. Mendelson and P. Crawford, *Women in early modern England, 1550–1720* (Oxford: Oxford University Press, 1998).

4   T. Fuller, *The holy and the profane states* (Boston, MA, 1864), pp. 52–3, discussed in M. Macdonald, *Mystical bedlam: Madness, anxiety and healing in seventeenth-century England* (Cambridge: Cambridge University Press, 1984), p. 77.

5   N. Rowe, *The royal convert: A tragedy* (London: Jacob Tonson, 1714), p. 35.

6   M. Pavlikova, 'Despair and alienation of modern man in society', *European Journal of Science and Theology*, 11 (2015), pp. 191–200.

7   S. Solicari, 'Selling sentiment: The commodification of emotion in Victorian visual culture', *Interdisciplinary Studies in the Long Nineteenth Century*, 4 (2007), pp. 1–21.

8   D. Marshall, *The life and times of Queen Victoria* (London: Weidenfeld & Nicolson, 1992), p. 27.

9   C. Hibbert, *Queen Victoria: A personal history* (London: Harper Collins, 2000), p. 123.

10   D. Russell, L.A. Peplau, and M.L. Ferguson, 'Developing a measure of loneliness', *Journal of Personality Assessment*, 42 (1978), pp. 290–4; C. Vega et al., 'Symptoms of anxiety and depression in childhood absence epilepsy', *Epilepsia*, 52 (2011), pp. 70–4; S. Ueda and Y. Okawa, 'The subjective dimension of functioning and disability: What is it and what is it for?', *Disability and Rehabilitation*, 25 (2003), pp. 596–601.

11   First published in 1890; see: http://www.kiplingsociety.co.uk/rg_widowatwindsor1.htm.

5장 우울한 인스타그램

1   C.A. Kahn et al., 'Distracted driving, a major preventable cause of motor vehicle collisions: "Just hang up and drive" ', *Western Journal of Emergency Medicine*, 16 (2015), pp. 1033–6.

2   S.D. Vogt, 'The digital underworld: Combating crime on the dark web in the modern era', *Santa Clara Journal of International Law*, 15 (2017), p. 104; D. Clay, V.L. Vignoles, and H. Dittmar, 'Body image and selfesteem among adolescent girls: Testing the influence of sociocultural factors', *Journal of Research on Adolescence*, 15 (2005), pp. 451–77; J. Carter, 'Patriarchy and violence against women and girls', *The Lancet*, 385 (2015), pp. e40–1.

3   https://www.ons.gov.uk/peoplepopulationandcommunity/wellbeing/ articles/lonelinesswhatc haracteristicsandcircumstancesareassociated withfeelinglonely/2018-04-10, accessed 1 June

2018.

4   http://www.bbc.co.uk/programmes/articles/2yzhfv4DvqVp5nZyxB D8G23/who-feels-lonely-the-results-of-the-world-s-largest-lonelinessstudy, accessed 2 October 2018.

5   C. Beaton, 'Why millennials are lonely', *Forbes Magazine*, 9 February 2017: https://www.forbes.com/sites/carolinebeaton/2017/02/09/whymillennials- are-lonely/#24e5e5407c35, accessed 1 June 2018.

6   T. Ryan and S. Xenos, 'Who uses Facebook? An investigation into the relationship between the Big Five, shyness, narcissism, loneliness and Facebook usage', *Computers in Human Behavior*, 27 (2011), p. 1842

7   J. Lewis and A. West, ' "Friending": London-based undergraduates' accounts of Facebook', *New Media & Society*, 11 (2009), pp. 1209–29.

8   A.D. Kramer, J.E. Guillory, and J.T. Hancock, 'Experimental evidence of massive-scale emotional contagion through social networks', *Proceedings of the National Academy of Sciences*, 111 (2014), pp. 8788–90.

9   G. Rosen, 'Psychopathology in the social process: I. A study of the persecution of witches in Europe as a contribution to the understanding of mass delusions and psychic epidemics', *Journal of Health and Human Behavior*, 1 (1960), pp. 200–11; G. Le Bon, *The crowd* (London: Routledge, 2017); W.R. Doherty, 'The emotional contagion scale: A measure of individual differences', *Journal of Nonverbal Behavior*, 21 (1997), pp. 131–54.

10   J.T. Cacioppo, J.H. Fowler, and N.A. Christakis, 'Alone in the crowd: The structure and spread of loneliness in a large social network', *Journal of Personality and Social Psychology*, 97 (2009), p. 977.

11   L.A. Frakow, 'Women and the telephone: The gendering of a communications technology', in C. Kramarae (ed.), *Technology and women's voices: Keeping in touch* (Routledge & Kegan Paul: New York and London, 1988), pp. 179–99, 179.

12   J. Tacchi, K.R. Kitner, and K. Crawford, 'Meaningful mobility: Gender, development and mobile phones', *Feminist Media Studies*, 12 (2012), pp. 528–37.

13   Cited in C.S. Fischer, *America calling: A social history of the telephone to 1940* (Berkeley, CA: University of California Press, 1992), p. 1.

14   Fischer, *America calling*, p. 247.

15   B. Anderson, *Imagined communities: Reflections on the origin and spread of nationalism* (London: Verso, 1991).

16　H. Rheingold, *Virtual community: Finding connection in a computerised world* (London: Secker and Warburg, 1994), introduction.

17　J. Ronson, *So you've been publicly shamed* (New York: Riverhead Books, 2015).

18　R. Yuqing et al., 'Building member attachment', p. 843.

19　M. Tiggemann and I. Barbato, ' "You look great!": The effect of viewing appearance-related Instagram comments on women's body image', *Body Image*, 27 (2018), pp. 61–6; T.M. Dumas et al., 'Lying or longing for likes? Narcissism, peer belonging, loneliness and normative versus deceptive like-seeking on Instagram in emerging adulthood', *Computers in Human Behaviour*, 71 (2017), pp. 1–10.

6장 똑딱거리는 시한폭탄?

1　T.J. Holwerda et al., 'Feelings of loneliness, but not social isolation, predict dementia onset: Results from the Amsterdam Study of the Elderly (AMSTEL)', *Journal of Neurology, Neurosurgery and Psychiatry*, 85 (2012), pp. 135–42; R.S. Wilson et al., 'Loneliness and risk of Alzheimer disease', *Archives of General Psychiatry*, 64 (2007), pp. 234–40; W. Moyle et al., 'Dementia and loneliness: An Australian perspective', *Journal of Clinical Nursing*, 20 (2011), pp. 1445–53.

2　K. Holmen and H. Furukawa, 'Loneliness, health and social network among elderly people: A follow-up study', *Archives of Gerontology and Geriatrics*, 35 (2002), pp. 261–74.

3　C. Harrefors, S. Savenstedt, and K. Axelsson, 'Elderly people's perceptions of how they want to be cared for: An interview study with healthy elderly couples in northern Sweden', *Scandinavian Journal of Caring Sciences*, 23 (2009), pp. 353–60.

4　E. Shanas et al., *Old people in three industrialised societies* (London: Routledge, 2017), p. 2.

5　https://www.nhs.uk/Livewell/women60-plus/Pages/Loneliness-inolder- people.aspx, accessed 8 March 2018.

6　N.R. Nicholson, 'A review of social isolation: An important but underassessed condition in older adults', *Journal of Primary Prevention*, 33 (2012), pp. 137–52.

7　K. Windle, J. Francis, and C. Coomber, 'Preventing loneliness and social isolation: Interventions and outcomes', *Social Care Institute for Excellence*, 39 (2011); S. Kinsella and F. Murray, 'Older people and social isolation: A review of the evidence', *Wirral Council Business and Public Health Intelligence Team* (2015), pp. 1–16.

8　Cited in M. Glauber and M.D. Day, 'The unmet need for care: Vulnerability among older adults', *Carsey Research*, 98 (Spring 2016): https://carsey.unh.edu/publication/vulnerabilityolder-adults, accessed 8 June 2018.

9   Walters, Iliffe, and Orrell, 'An exploration of help-seeking behaviour.

10   Vlachantoni et al., 'Measuring unmet need'.

11   Vlachantoni et al., 'Measuring unmet need'.

12   J.M. Montepare and M.E. Lachman, ' "You're only as old as you feel": Self-perceptions of age, fears of ageing, and life satisfaction from adolescence to old age', *Psychology and Ageing*, 4 (1989), pp. 73–8.

13   J. Carper, *Stop aging now! The ultimate plan for staying young and reversing the aging process* (London: HarperCollins, 1995).

14   See, for instance, C.F. Karlsen, *The devil in the shape of a woman: Witchcraft in colonial New England* (New York: Vintage, 1989).

15   F. Bound Alberti, *This mortal coil: The human body in history and culture* (Oxford: Oxford University Press, 2016), introduction.

16   A. Vickery, 'Mutton dressed as lamb? Fashioning age in Georgian England', *Journal of British Studies*, 52 (2013), pp. 858–86.

17   P. Sharpe, *Adapting to capitalism: Working women in the English economy*, 1700–1850 (Basingstoke: Macmillan, 2000).

18   J. de Jong-Gierveld, F. Kamphuis, and P. Dykstra, 'Old and lonely?', *Comprehensive Gerentology*, 1 (1987), pp. 13–17.

19   J. Kempton and S. Tomlin, *Ageing alone: Loneliness and the 'oldest old'* (London: CentreForum, 2014), p. 7.

20   https://www.huffingtonpost.co.uk/fran-whittakerwood/the-rise-ofthe- silver-su_b_16255428. html?guccounter=1, accessed 30 May 2018.

21   H. Song et al., 'Does Facebook make you lonely? A meta analysis', *Computers in Human Behavior*, 36 (2014), pp. 446–52.

7장 노숙자와 난민

1   L. Woodbridge, 'The neglected soldier as vagrant, revenger, tyrant slayer in early modern England', in A.L. Beier and P.R. Ocobock (eds), *Cast out: Vagrancy and homelessness in global and historical perspective* (Athens, OH: Ohio University Press, 2008), pp. 64–87.

2   J. Taylor, *The eighth wonder of the world, or Coriats escape from his supposed drowning* (London: Nicholas Okes, 1613), n.p.

3   J. Henley, 'The homelessness crisis in England: A perfect storm', *The Guardian*, 25 June 2018: https://www.theguardian.com/society/2014/jun/ 25/homelessness-crisis-england-perfect-storm, accessed 29 May 2018.

4   S. Madden, *Themistocles, the lover of his country, a tragedy* (London: R. King, 1729), p. 2.

5   'Homelessness in Canada: Past, Present, Future', keynote address at Growing Home: Housing and Homelessness in Canada University of Calgary, 18 February 2009.

6   A. Bloom, 'Review essay: Toward a history of homelessness', *Journal of Urban History*, 31 (2005), pp. 907–17.

7   Rokach, 'Loneliness of the marginalized', p. 148.

8   A. Rokach, 'Private lives in public places: Loneliness of the homeless', *Social Indicators Research*, 72 (2005), pp. 99–114.

9   Rokach, 'Private lives in public places', p. 103.

10 P.J.M. Strijk, B. van Meijel, and C.J. Gamel, 'Health and social needs of traumatized refugees and asylum seekers: An exploratory study', *Perspectives in Psychiatric Care*, 47 (2011), pp. 48–55.

11 Strijk, van Meijel, and Gamel, 'Health and social needs'.

12 J. Strong et al., 'Health status and health needs of older refugees from Syria in Lebanon', *Conflict and Health*, 9 (2015), pp. 8–10: https://doi. org/10.1186/s13031-014-0029-y.

13 Strong et al., 'Health status and health needs', p. 8.

8장 결핍 채우기

1   C. Buse, D. Martin, and S. Nettleton, 'Conceptualising "materialities of care": Making visible mundane material culture in health and social care contexts', *Sociology of Health and Illness*, 40 (2018), pp. 243–55, 244.

2   A. Pechurina, *Material cultures, migrations, and identities: What the eye cannot see* (Dordrecht: Springer, 2016).

3   S.H. Dudley, *Materialising exile: Material culture and embodied experience among Karenni refugees in Thailand* (New York; Oxford: Berghahn Books, 2010).

4   M. Epp, ' "The dumpling in my soup was lonely just like me": Food in the memories of Mennonite women refugees', *Women's History Review*, 25 (2016), pp. 365–81.

5   J.T. Cacioppo and W. Patrick, *Loneliness: Human nature and the need for social connection* (New York: W.W. Norton & Company, 2008).

6   http://www.contemporaryartsociety.org/news/friday-dispatch-news/ daria-martin-hunger-artist-maureen-paley-london, accessed 1 February 2019.

7   F. Bound Alberti, *This mortal coil: The human body in history and culture* (Oxford: Oxford University Press, 2016).

8   M.A. Bauer et al., 'Cuing consumerism: Situational materialism undermines personal and social well-being', *Psychological Science*, 23 (2012), pp. 517–23.

9   R.M. Ryan and E.L. Deci, 'Self-determination theory and the facilitation of intrinsic motivation, social development and well-being', *American Psychologist*, 555 (2000), pp. 68–78.

10 For example, N. Epley et al., 'Creating social connection through inferential reproduction: Loneliness and perceived agency in gadgets, gods, and greyhounds', *Psychological Science*, 19 (2008), pp. 114–20.

11 L.A. Keefer et al., 'Attachment to objects as compensation for close others' perceived unreliability', *Journal of Experimental Social Psychology*, 48 (2012), pp. 912–17.

12 Y.K. Kim, J. Kang, and M. Kim, 'The relationships among family and social interaction, loneliness, mall shopping motivation, and mall spending of older consumers', *Psychology & Marketing*, 22 (2005), pp. 995–1015.

13 R.L. Rubenstein, 'The significance of personal objects to older people', *Journal of Ageing Studies*, 1 (1987), p. 236.

14 J. Fast, *Body language* (New York: M. Evans, 1970, repr. 2002), pp. 7–8.

15 Fast, Body language, p. 7.

16 Queen Victoria's journal, RA VIC/MAIN/WVJ, 3 June 1862.

17 Queen Victoria's journal, RA VIC/MAIN/WVJ, 22 February 1864.

18 L. Blair, 'Loneliness isn't inevitable: A guide to making new friends as an adult', *The Guardian*, 30 April 2018: https://www.theguardian.com/ lifeandstyle/2018/apr/30/how-to-make-new-friends-adult-lonelyleap- of-faith, accessed 8 April 2019.

19 A. Beetz et al., 'Psychosocial and psychophysiological effects of human–animal interactions: The possible role of oxytocin', *Frontiers in Psychology*, 3 (2012), p. 234.

20 S. Sussman, *Substance and behavioural addictions: Concepts, causes and cures* (Cambridge: Cambridge University Press, 2017), p. 4.

21 J.T. Cacioppo and L.C. Hawkley, 'Loneliness', in M.R. Leary and R.H. Hoyle (eds), *Handbook of individual differences in social behavior* (New York: Guilford Press, 2009), pp. 227–40, abstract.

22 https://www.mind.org.uk/information-support/tips-for-everydayliving/ loneliness/#.
    WvQenyPMzVo, accessed 9 May 2017.

23 F. Fromm-Reichmann, 'Loneliness', *Psychiatry: Journal for the Study of Interpersonal Processes*,
    22 (1959), pp. 1–15, discussed in W.G. Bennis et al., *Interpersonal dynamics: Essays and
    readings on human interaction* (London: Dorsey Press; Irwin-Dorsey International, 1973), p.
    131.

24 B. Bruce and W.S. Agras, 'Binge eating in females: A populationbased investigation',
    International Journal of Eating Disorders, 12 (1992), pp. 365–73.

25 J.F. Schumaker et al., 'Experience of loneliness by obese individuals', *Psychological Reports*, 57
    (1985), pp. 1147–54.

26 T. Matthews et al., 'Sleeping with one eye open: Loneliness and sleep quality in young adults',
    Psychological Medicine, 47 (2017), pp. 2177–86.

27 https://www.ageuk.org.uk/doncaster/our-services/circles-for-independence- in-later-life and
    https://www.ageuk.org.uk/services/ in-your-area/men-in-sheds, accessed 8 April 2019; F.
    Bound Alberti, 'Loneliness is a modern illness of the body, not just the mind', *The Guardian*,
    1 November 2018: https://www.theguardian.com/commentisfree/ 2018/nov/01/loneliness-
    illness-body-mind-epidemic, accessed 8 April 2019.

28 K. Thomas, 'Introduction', in J. Bremmer and H. Roodenburg (eds), *A cultural history of
    gesture: From antiquity to the present day* (Utrecht: Polity Press, 1991), pp. 1–14, 2.

29 A. Forbes, 'Caring for older people: Loneliness', *British Medical Journal*, 313 (1996), pp.
    352–4, 353.

30 F. Murphy, 'Loneliness: A challenge for nurses caring for older people', *Nursing Older People*,
    18 (2006), pp. 22–5.

9장 쓸쓸한 구름과 빈 배

1   L. Nocblin, 'Edward Hopper and the imagery of alienation', *Art Journal*, 41 (1981), pp.
    136–41.

2   W. Deresiewicz, 'The end of solitude', *The Chronicle of Higher Education*, 55 (2009), 6.

3   W. Blake, Jerusalem (1804), foreword by Geoffrey Keynes (London: William Blake Trust,
    1953).

4   S. de Vries et al., 'Streetscape greenery and health: Stress, social cohesion and physical activity
    as mediators', *Social Science & Medicine*, 94 (2013), pp. 26–33.

5   J.C. Kaufman (ed.), *Creativity and mental illness* (Cambridge: Cambridge University Press, 2014).

6   S. Cain, *Quiet: The power of introverts in a world that can't stop talking* (New York: Crown, 2012).

7   R.M. Rilke, *Rilke and Andreas-Salome: A love story in letters*, trans. E. Snow and M. Winkler (New York; London: W.W. Norton, 2008), p. 248.

8   M. Sarton, *Journal of a solitude* (London: The Women's Press, 1994), p. 23.

9   K. Kuyper and T. Fokkema, 'Loneliness among older lesbian, gay, and bisexual adults: The role of minority stress', *Archives of Sexual Behavior*, 39 (2010), pp. 1171–80.

10   M. Sullivan and J.S. Wodarski, 'Social alienation in gay youth', *Journal of Human Behaviour in the Social Environment*, 5 (2002), pp. 1–17.

11   M.-L. Bernadac, *Louise Bourgeois: Destruction of the father reconstruction of the father: Writings and interviews 1923–1997* (London: Violette Editions, 1998), p. 132.

12   L. Chittaro, and A. Vianello, 'Evaluation of a mobile mindfulness app distributed through online stores: A 4-week study', *International Journal of Human-Computer Studies*, 86 (2016), pp. 63–80; P. O'Morain, *Mindfulness for worriers: Overcome everyday stress and anxiety* (London: Yellow Kite, 2015).

결론

1   P.N. Stearns and C.Z. Stearns, 'Emotionology: Clarifying the history of emotions and emotional standards', *The American Historical Review*, 90 (1985), pp. 813–36; B. Rosenwein, *Emotional communities in the early middle ages* (Ithaca, NY: Cornell University Press, 2006); W.M. Reddy, *The navigation of feeling: A framework for the history of emotions* (Cambridge: Cambridge University Press, 2001).

2   S. Ahmed, *The cultural politics of emotion* (New York: Routledge, 2004), p. 9.

3   P. Bourdieu, *Outline of a theory of practice*, trans. Richard Nice (Cambridge: Cambridge University Press, 1977), introduction.

4   R. Wright, *The moral animal: Why we are, the way we are: The new science of evolutionary psychology* (London: Vintage, 2010).

5   G. Monbiot, 'Neoliberalism is creating loneliness: That's what's wrenching society apart', *The Guardian*, 12 October 2016: https://www. theguardian.com/commentisfree/2016/oct/12/neoliberalism-creatingloneliness- wrenching-society-apart, accessed 1 December 2017.

6   D. Leshem, *The origins of neoliberalism: Modelling the economy from Jesus to Foucault* (Abingdon: Routledge, 2017).

7   See M. Hawkins, *Social Darwinism and European and American thought, 1860–1945: Nature as model and nature as threat* (Cambridge: Cambridge University Press, 1997) and the discussion in Claeys, 'The "survival of the fittest" ', p. 228.

8   https://venturebeat.com/2018/03/12/tim-berners-lee-we-need-a-legalor- regulatory-framework-to-save-the-web-from-dominant-techplatforms, accessed 1 June 2018.

9   M. Harris and K.C. Richards, 'The physiological and psychological effects of slow-stroke back massage and hand massage on relaxation in older people', *Journal of Clinical Nursing*, 19 (2010), pp. 917–26.

10 https://www.spitz.org.uk, accessed 10 September 2018.

11 J. Troisi and S. Gabriel, 'Chicken soup really is good for the soul: "Comfort food" fulfils the need to belong', *Psychological Science*, 22 (2011), pp. 747–53.

12 B. Rubenking et al., 'Defining new viewing behaviours: What makes and motivates TV binge-watching?', *International Journal of Digital Television*, 9 (2008), pp. 69–85; J. Blankenship and J. Hayes-Conroy, 'The flaneur, the hot-rodder, and the slow food activist: Archetypes of capitalist coasting', *ACME: An International E-Journal for Critical Geographies*, 16 (2017), pp. 185–209.

13 C. Niedzwiedz et al., 'The relationship between wealth and loneliness among older people across Europe: Is social participation protective?', *Preventive Medicine*, 91 (2016), pp. 24–31.

14 C. J. Davis, 'Contagion as metaphor', American Literary History, 14 (2002), pp. 828–36.

15 M. Brown et al., 'Is the cure a wall? Behavioural immune system responses to a disease metaphor for immigration', *Evolutionary Psychological Science*, 17 (2019), pp. 1–14.

16 L. Entlis, 'Scientists are working on a pill for loneliness', *The Guardian*, 26 January 2019: https://www.theguardian.com/us-news/2019/jan/26/ pill-for-loneliness-psychology-science-medicine, accessed 1 March 2019.

17 S. Cacioppo et al., 'Loneliness: Clinical import and interventions', *Perspectives on Psychological Science*, 10 (2015), pp. 238–49.

우리가 외로움이라고 부르는 것에 대하여

초판 1쇄 발행 2022년 12월 21일

지은이 페이 바운드 알베르티
옮긴이 서진희
펴낸이 성의현
펴낸곳 (주)미래의창

편집주간 김성옥
편집진행 정보라
디자인 공미향
홍보 및 마케팅 연상희 · 이보경 · 정해준 · 김제인

출판 신고 2019년 10월 28일 제2019-000291호
주소 서울시 마포구 잔다리로 62-1 미래의창빌딩(서교동 376-15, 5층)
전화 070-8693-1719 팩스 0507-1301-1585
홈페이지 www.miraebook.co.kr
ISBN 979-11-92519-28-9 03900

※ 책값은 뒤표지에 있습니다.

생각이 글이 되고, 글이 책이 되는 놀라운 경험. 미래의창과 함께라면 가능합니다.
책을 통해 여러분의 생각과 아이디어를 더 많은 사람들과 공유하시기 바랍니다.
투고메일 togo@miraebook.co.kr (홈페이지와 블로그에서 양식을 다운로드하세요)
제휴 및 기타 문의 ask@miraebook.co.kr